이번엔
중국어다

순위

중드표현
1200

이번엔 중국어다! 0순위·중드표현1200

초판 1쇄 인쇄   2019년 6월 21일
초판 2쇄 발행   2020년 10월 26일

지은이	김정은
발행인	임충배
홍보/마케팅	양경자
편집	김민수
디자인	정은진
펴낸곳	도서출판 삼육오 (PUB.365)
제작	(주)피앤엠123

출판신고 2014년 4월 3일
등록번호 제406-2014-000035호

경기도 파주시 산남로 183-25
TEL 031-946-3196 / FAX 031-946-3171
홈페이지   www.pub365.co.kr

ISBN 979-11-90101-04-2[13720]
© 2019 PUB.365 & 김정은

이 도서의 국립중앙도서관 출판예정도서목록 (CIP)은 서지정보유통지원시스템 홈페이지 (http://seoji.nl.go.kr)와
국가자료공동목록시스템 (http://kolis-net.nl.go.kr)에서 이용하실 수 있습니다. (CIP제어번호: CIP2019023589)

이번엔
중국어다

김정은 지음

0순위·중드표현
1200

::::::: Pub.365

저에게는 〈나만의 중국어 노트〉가 여러 권 있습니다. 학교에서 공부하면서, 친구들과 놀면서, TV를 보면서, 일하면서, 여행을 다니면서, 그리고 책을 읽으면서 발견한 표현들을 빼곡하게 적어놓은 노트입니다. 손으로 하나하나 적은 것부터 타이핑해 놓은 것, 캡처해 놓은 것, 잡지를 오려 놓은 것 등등, 시간이 흐르자 그 표현 자료만 해도 엄청난 분량이 되었습니다. 몇 년 전부터 그렇게 흩어져 있던 자료들을 한데 모으는 작업을 하였습니다. 그리고 그 과정 속에서 『0순위 중드 표현 1200』이 탄생하게 되었습니다.

저는 원래 표현 수집하는 것을 좋아합니다. 책을 읽다가 좋은 글귀가 있으면 꼭 적어두거나 표시해 두었다가 생각이 날 때 다시 읽어봅니다. 이런 습관이 남아 있어서인지 언젠가부터 중국어 표현과 문장도 야금야금 모으게 되었습니다. 감성 글귀부터 내가 모르는 일상 표현들까지 하나씩 모았습니다. 양이 제법 쌓여가면서 이것은 누구도 가르쳐주지 않은 나만의 중국어 학습법이 되었습니다.

Action Chinese

석사 논문도 중국 드라마를 활용해서 썼습니다. 드라마를 좋아한 것도 이유가 되었지만 외국어를 공부하는 데 있어 드라마만큼 실생활 표현이 그대로 녹아 있는 최고의 학습 자료가 없다고 믿었기 때문입니다. 한국에 살면 아무래도 원어민이 실제 사용하는 중국어를 들을 기회가 많지 않는데, 저의 경우 이때 드라마가 좋은 길잡이가 되어주었습니다. 논문을 쓰기 위해 여러 중국 드라마를 보면서 생생한 이 시대의 중국어를 직접 마주했습니다.

여러분이 보고 있는 이 책은 오랜 기간 저의 중국어 학습법이자 중국어 취미의 흔적을 담고 있습니다.
그렇게 쌓인 저의 보물 같은 문장들을 이제 공개하려고 합니다.

이 책에 담긴 문장들은 교과서에 나오는 틀에 박힌 표현들이 아닙니다. 한국인이 만들어내 어딘가 어색한 중국어 문장도 없습니다. 저의 많은 중국인 지인들이 인정한 살아있는 중국식 중국어 표현 그대로입니다. 중국 드라마와 영화, 예능 프로그램, 잡지, SNS 등에서 뽑아냈으며 중국인들이 사용해 왔고 지금도 사용하는 표현들입니다. 『0순위 중드 표현 1200』은 상황에 맞는 대화 능력을 향상시키기 위해 표현과 문장을 통째로 외워 사용하시면 좋습니다. 서브 교재로 활용하셔도 좋습니다. 확실한 것은 이 한 권을 열심히 학습하고 나면 안 들리던 드라마 표현들이 들리게 될 것이라는 점입니다.

여러분이 중국인 친구들과 더 재미있는 중국어 표현으로 대화할 수 있기를 바랍니다. 우리 모두 센스 있는 중국어를 구사하는 그날까지 『0순위 중드 표현 1200』과 함께 찌아요(加油)!

김정은

0순위
중드 표현
1200

1 ▶ 교과서 표현 不! 최신 영화와 드라마 표현 是!

0521
멘탈붕괴
我已经**崩溃**了。
Wǒ yǐjīng bēngkuì le
- 난 이미 멘붕이야

0522
我**水平太菜**了。
Nǐ shuǐpíng tài cài le
- 수준이 너무 구리군
太菜了는 太差의 의미입니다. 菜는 나쁘다, 좋지 않다, 표준에 못 미치다 등의 의미를 가지고 있어요.

0523
꽃미남
这组全是**花美男**。
Zhè zǔ quán shi huāměinán
- 이 팀은 전부 꽃미남이군

- 멘붕, 구리다, 꽃미남 등등 자주 쓰는 입말 표현들, 중국어로 궁금하다면 『0순위 중드 표현 1200』이 답이다!
- 여러 중국 드라마와 영화에서 실제 대사로 쓰인 1200 문장을 엄선하여 귀에 쏙쏙 꽂히는 우리말 단짝과 함께 제시하였습니다.
- 트랜디한 우리말을 중국어로 말해 보고 싶다면, 중국 감성 백 프로 진짜 중국어를 알고 싶다면, 자막 방해 없이 숭국 드라마와 영화에 빠져들고 싶다면, 『0순위 중드 표현 1200』을 학습하세요.

2 ▶ 쏙쏙 암기하기 좋은 짧고 쉬운 표현부터 단계적으로 학습하기 ~

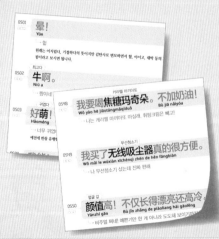

0501
룰!
Yūn
- 헐
원래는 어지럽다, 가멸하다의 뜻이지만 감탄사로 변모하면서 헐, 아이고, 대박 등의 뜻이라고 보시면 됩니다.

0502
최고다
牛啊。
Niú a

0503
好**萌**!
Hǎoméng!
- 너무 귀엽다
예전에 한창 유행했던...

카라멜 마키아또
我要喝**焦糖玛奇朵**。 **不加奶油**!
Wǒ yào hē jiāotángmǎqíduǒ Bù jiā nǎiyóu
- 나는 캐러멜 마키아토 마실래. 휘핑크림은 빼고!

무선청소기
我买了**无线吸尘器**真的很方便。
Wǒ mǎi le wúxiàn xīchénqì zhēn de hěn fāngbiàn
- 나 무선청소기 샀는데 진짜 편해

얼굴 값
颜值高! **不仅长漂亮还高冷**
Yánzhí gāo! Bù jǐn zhǎng de piàoliang hái gāolěng
- 비주얼 쩌네! 예쁜기만 한 게 아니라 도도해 보이기까지...

- 천리길도 한걸음부터 짧고 간단한 문장부터 하나씩하나씩 다 암기하자~ 1200 문장!
- 주제별로 가장 많이 쓰이면서도 짧고 간단해서 누구나 쉽게 외울 수 있는 문장들을 맨 앞에 배치하였습니다.
- 일단 표현들이 쉽게 암기되는 재미가 붙으면 조금씩 더 길어지는 문장들도 부담 없이 도전할 수 있습니다.
- 짧은 표현들부터 성실하게 암기하면서 학습해 나가시길 권유합니다.

3 ▶ 저자 직강 무료 유튜브 강의로
표현의 배경 의미까지 파악하기 ~

- 묻지도 따지지도 말고 반드시 알아야 할 저자가 직접 들려주는 중국어 표현과 중국에 대한 이야기
- 중국어 표현 수집광이며 중국 드라마와 영화 시청 전문가인 저자가 직접 교재와 표현에 대해 설명해 드립니다.
- 혼자서는 잘 외워지지 않는 표현이 있다면 저자의 친절한 설명과 강의의 도움을 받아보세요.

보너스 최신 중국어 표현이 쏟아진다 ~
저자 강추! 중국 현대극 드라마 10선

 都挺好 도정호
중국 가정의 일상과 삶을 엿볼 수 있는 가족의 갈등과 화해를 그린 드라마

我的前半生 아적전반생
갑작스러운 이혼을 겪은 한 여성의 사회 적응 및 성장 드라마. 30대 이상 여성에게 추천

青春斗 청춘투
다섯 명의 대학 친구들이 대학 졸업 후 겪는 실업, 사업 실패, 실연 등의 현실 이야기

欢乐颂 환락송
중국판 〈섹스 앤 더 시티〉. 직업과 개성이 다른 다섯 명 직장 여성들의 다양한 에피소드

致我们单纯的小美好 치아문단순적소미호
중국판 〈응답하라〉 시리즈. 젊고 풋풋한 청춘들의 사랑 이야기. 중드 입문용으로 추천

漂亮的李慧珍 표량적이혜진
〈그녀는 예뻤다〉 중국판 리메이크 드라마. 회사 중국어 학습에 추천

何以笙箫默 하이생소묵(마이 선샤인)
대학시절 헤어졌던 연인이 다시 재회하는 사랑 이야기

北京女了图鉴 북경여자도감
북경에 상경한 한 여성의 좌충우돌 성공기

周末父母 주말부모
80后 세대 (1가구 1자녀 정책 아래 태어난 소황제 세대) 중국 맞벌이 부부의 육아기

我是杜拉拉 아시두라라
기혼 직장인 여성의 고군분투를 그린 드라마. 회사 중국어 학습에 추천

0순위 쫑드 표현 1200

차례

chapter 01 ▶ 일상   0001~0100

01. 인사	012
02. 감사 인사	018
03. 통신	020
04. 외식	024
05. 교통	028

chapter 02 ▶ 연애   0101~0200

06. 알콩달콩	042
07. 티격태격	050
08. 친구들과의 대화	058

chapter 03 ▶ 결혼   0201~0300

09. 결혼은 현실	074
10. 그래도 사랑해	087
11. 음식남녀	090
12. 건강이 최고	093

chapter 04 ▶ 학교   0301~0400

13. 수업 · 공부	106
14. 친구 사이	112

chapter 05 ▶ 회사   0401~0500

15. 업무	136
16. 회식	151
17. 감정	153
18. 구직	155

chapter
06 ▶ **SNS**　　　　　　　　　　　　　　　0501~0600

19. 인터넷 · SNS　　　　　　　　　　　　168
20. 신조어　　　　　　　　　　　　　　181

chapter
07 ▶ **요청 · 명령**　　　　　　　　　　　0601~0700

21. 요청 (부탁)　　　　　　　　　　　　200
22. 명령　　　　　　　　　　　　　　218

chapter
08 ▶ **거절**　　　　　　　　　　　　　　0701~0800

23. 거절　　　　　　　　　　　　　　230

chapter
09 ▶ **불평**　　　　　　　　　　　　　　0801~0900

24. 불평　　　　　　　　　　　　　　260

chapter
10 ▶ **제안**　　　　　　　　　　　　　　0901~1000

25. 제안　　　　　　　　　　　　　　292

chapter
11 ▶ **질문**　　　　　　　　　　　　　　1001~1100

26. 질문　　　　　　　　　　　　　　320

chapter
12 ▶ **사과 · 칭찬**　　　　　　　　　　1101~1200

27. 사과　　　　　　　　　　　　　　348
28. 칭찬 – 외모　　　　　　　　　　　358
29. 칭찬 – 능력　　　　　　　　　　　362
30. 칭찬 – 성격　　　　　　　　　　　366

부록 ▶ **정답 · INDEX**　　　　　　　　　378

Chapter

1

Action Chinese

01.mp3

어쩌면 우리가 평소에 가장 많이 쓰는 표현일 수 있겠습니다.

인사·전화·교통 등 우리 주변에서 매일 일어날 수 있는 이야기들이 담겨있습니다.

인사할 때 「니하오」·「짜이찌엔」 말고 중국인들은 어떤 표현들을 자주 쓸까요?

일상에서 만날 수 있는 친그한 표현들을 하나씩 살펴보아요.

일상

01 인사

02 감사 인사

03 통신

04 외식

05 교통

0001

□□□

幸会。
Xìnghuì

↳ 만나서 반가워요

幸会幸会 이렇게 중첩해서 사용하기도 합니다. 만나서 반갑습니다의 很高兴认识你와는 조금 다르게 사용되는데요. 이 표현은 서로 중간에 알고 지낸 사이의 사람이 있어서 평소 얘기를 많이 들어오다 만났을 때 사용됩니다. 주로 나이와 지위가 있는 사람들이 사용하는 표현이에요.

0002

□□□

이따가

待会儿见。
Dāihuìr jiàn

↳ 좀 이따가 만나

비슷한 표현으로 一会儿见 도 있어요. 곧바로 만나게 되는 상황에서 인사할때 사용됩니다.

0003

□□□

拜拜。
Bàibai

↳ 바이바이

영어의 BYE를 그대로 가져온 표현입니다.

0004

□□□

您慢走。
Nín màn zǒu

↳ 안녕히 가세요, 조심히 가세요

0005

□□□

辛苦了。
Xīnkǔ le

↳ 수고하셨습니다

0006 ☐☐☐

应该的。

Yīnggāi de

↳ 당연한 걸요

당연히 해야 한 일을 한 거라는 표현으로 상대방이 고맙다고 얘기했을 때 답변으로 사용됩니다.

공교롭다

0007 ☐☐☐

好巧啊。

Hǎo qiǎo a

↳ 이런 우연이 있나

뜻하지 않은 곳에서 상대방을 만났을 때 쓸 수 있습니다.

0008 ☐☐☐

久仰久仰。

Jiǔyǎng jiǔyǎng

↳ 말씀 많이 들었습니다

정식으로 인사 드리거나 비즈니스 상에서 쓰는 말투입니다. 친구끼리 만나는 등의 좀 편한 자리에서 쓰면 살짝 어색할 수 있어요. 어른들에게 쓰거나 나이 많은 사이에서는 꼭 비즈니스가 아니라도 사용합니다. 비슷한 표현으로 久仰大名이 있습니다. 존함은 오래 전부터 들었다는 표현으로 이건 본인보다 높으신 분이나 사업 상으로 더 많이 사용합니다. 久仰久仰 보다는 더 높은 표현이라 할 수 있어요.

0009 ☐☐☐

好久不见。

Hǎo jiǔ bú jiàn

↳ 오랜만이에요

폐를 끼치다

0010 ☐☐☐

打扰你了。

Dǎrǎo nǐ le

↳ 실례했습니다

0011
☐☐☐

我先走了。
Wǒ xiān zǒu le

↳ 나 먼저 갈게

0012
☐☐☐

不送你了。
Bú sòng nǐ le

↳ 안 나간다~ (배웅 안 할게)

친구가 집에 놀러 왔을 때 멀리 배웅하지 않을게 집 밖으로 인사 나가지는 않겠다는 표현입니다. 보통 현관에서 이렇게 얘기하죠.

0013
☐☐☐

不见不散。
Bújiàn búsàn

↳ 꼭 만나지

직역을 하자면 만나지 않으면 흩어지지도 않겠다, 만날 때까지 기다린다는 뜻입니다. 꼭 보자는 의미를 담고 있지요.

0014
☐☐☐

一路平安。
Yí lù píng'ān

↳ 먼 길 조심히 가세요

가는 길 평안하길 바란다는 의미로 다른 사람이 해외로 가거나 먼길 떠날 때 배웅하는 말로 쓰입니다.

조심하다

0015
☐☐☐

注意安全。
Zhùyì ānquán

↳ 조심해서 가 / 조심하세요

표지판에 이렇게 적혀있다면 안전에 주의하십시오라고 해석할 수 있지만 내가 어느 곳을 떠날 때 상대방이 이렇게 말한다면 가는 길 조심하라는 인사라고 생각하면 된답니다.

0016
□□□

让你久等了。
Ràng nǐ jiǔ děng le

↳ 오래 기다리셨습니다

음식이 늦게 나왔거나, 대기를 오래했을 때도 쓸 수 있고요. 친구와 약속에서 늦었을 때 오래 기다렸지?로 사용하실 수 있습니다.

0017
□□□

부르다

我怎么称呼您。
Wǒ zěnme chēnghū nín

↳ 성함이 어떻게 되시나요?

직역을 하자면 어떻게 당신을 부르면 될까요?인데요. 이름을 물어보는 정중한 표현이라고 생각하시면 됩니다. 중국에서는 보통 비즈니스 상에서 처음 보는 사람들 사이에서는 您贵姓 성이 어떻게 되시나요?라고 성을 물어보지 우리나라처럼 성+이름까지 물어보는 경우는 드물어요. 친구나 동년배처럼 가볍게 만나는 경우 성과 이름을 함께 물어본답니다.

0018
□□□

你跟我谢什么。
Nǐ gēn wǒ xiè shénme

↳ 나한테 뭘 감사야

친한 사이에서 쓸 수 있는 말입니다. 비슷하게는 우리가 누구냐! 咱们谁跟谁呀 나한테는 예의차리지 않아도 돼 不用跟我客气了라는 표현이 있습니다.

0019
□□□

과찬이다

没有。您过奖了。
Méiyǒu　　Nín guòjiǎng le

↳ 아니에요. 과찬이십니다

0020
□□□

你爸妈还好吗?
Nǐ bà mā hái hǎo ma

↳ 엄마 아빠는 잘 지내시고?

0021

알다

你们先**认识**一下。

Nǐmen xiān rènshi yíxià

↳ 먼저 서로 인사부터 나누시죠

처음 만난 두 사람을 소개할 때 상대방에게 쓸 수 있는 문장입니다. 서로 알아가자는 의미로 쓰이며 보통은 이름이랑 간단한 본인 소개를 합니다.

0022

早就听说过你了。

Zǎo jiù tīng shuō guo nǐ le

↳ 말씀 많이 들었습니다

0023

你叫什么名字来着?

Nǐ jiào shénme míngzi lái zhe

↳ 이름이 뭐였더라?

그 사람 이름이 뭐였더라라고 묻고 싶으면 你 자리에 他/她를 넣어주시면 됩니다.

0024

你一定要注意身体啊。

Nǐ yídìng yào zhùyì shēntǐ a

↳ 꼭 건강 챙기세요

헤어질 때 몸 챙기세요, 건강 조심하세요 등의 인사입니다.

0025

慢走。欢迎下次光临。

Màn zǒu   Huānyíng xià cì guānglín

↳ 조심히 가세요. 다음에 또 오세요

샵에서 나갈 때 의례적으로 하는 인사입니다.

0026
순조롭다

今天怎么样？还顺利吗？
Jīntiān zěnmeyàng, hái shùn lì ma

↳ 오늘 어땠어? 별일 없었어?

顺利는 순조롭다는 뜻으로, 직역을 하자면 여전히 순조롭지가 되겠지만 여기서는 하루의 일과를 물어보면서 별일 없었냐고 해석해주면 된답니다.

0027
어서오세요

欢迎光临。想买什么东西呢？
Huānyíng guānglín　　Xiǎng mǎi shénme dōngxi ne

↳ 어서 오세요. 어떤 물건 보시나요?

샵에 들어가면 직원 분들이 보통 이렇게 인사를 합니다.

0028
마침내

她总是提起你，终于见面了。
Tā zǒngshì tí qǐ nǐ, zhōngyú jiànmiàn le

↳ 그녀에게서 말씀 많이 들었는데, 드디어 이렇게 뵙네요

0029

你是小金吧。我经常听她说起你。
Nǐ shì xiǎo jīn ba　　　　Wǒ jīngcháng tīng tā shuō qǐ nǐ

↳ 샤오진시죠. 그녀에게 말씀 많이 들었습니다

0030

一直听小林提起你们，我这都快听成熟人了。
지인

Yìzhí tīng xiǎolín tí qǐ nǐmen, wǒ zhè dōu kuài tīng chéng shúrén le

↳ 샤오린에게 하도 얘기를 들어서, 이미 잘 아는 사람인 거 같아요

02 감사 인사

0031

谢谢 | 谢你啦 | 感谢感谢。

Xièxie　　Xiè nǐ la　　　Gǎnxiè gǎnxiè

↳ 고맙습니다

0032

心领了。

Xīn lǐng le

↳ 마음만 받겠습니다

0033

我先谢你了。

Wǒ xiān xiè nǐ le

↳ 먼저 감사드려야겠네요

감사하기 그지없다

0034

你帮我，我感激不尽。

Nǐ bāng wǒ, wǒ gǎnjī bújìn

↳ 도움 주셔서 감사하기 그지없습니다

감사에 대한 감격스러움의 표현입니다.

0035

没什么。算是谢谢你。

Méi shénme　　Suàn shì xièxie nǐ

↳ 별것 아니에요. 제 감사함이라고 생각해주세요

0036
□□□

谢谢你每次都帮助我。
Xièxie nǐ měicì dōu bāngzhù wǒ

↳ 매번 나 도와줘서 고마워

0037
□□□

今天玩得可开心了。谢谢。
Jīntiān wán de kě kāixīn le　　　　Xièxie

↳ 오늘 너무 즐거웠어. 고마워

0038
□□□

谢谢你帮我。
Xièxie nǐ bāng wǒ

↳ 도와줘서 고마워

돌보다

0039
□□□

谢谢你一直在公司对我的照顾。
Xièxie nǐ yìzhí zài gōngsī duì wǒ de zhàogù

↳ 회사에서 줄곧 잘 챙겨줘서 고마워요

보답하다

0040
□□□

我会尽量多找机会，报答大家。
Wǒ huì jǐnliàng duō zhǎo jī huì, bàodá dàjiā

↳ 제가 최대한 여러분께 보답하겠습니다

직역을 하자면 최대한 많은 기회를 찾아서 여러분께 보답하겠다는 의미입니다.

03 통신

이런 표현 모르면 OUTSIDER!!!

0041
☐☐☐

누구

(未知电话) 您好，哪位?

(wèizhī diànhuà) Nín hǎo, nǎ wèi

↳ (모르는 번호) 네, 누구신가요?

(전화를) 끊다

0042
☐☐☐

先挂了。

Xiān guà le

↳ 먼저 끊을게

연결하다

0043
☐☐☐

我接个电话。

Wǒ jiē ge diànhuà

↳ 전화 좀 받을게요

거들다

0044
☐☐☐

你帮我接一下。

Nǐ bāng wǒ jiē yíxià

↳ 나 대신 좀 받아줘

여기서 接는 接电话 전화를 받다의 의미로 대신 전화를 받아달라는 표현입니다.

삭제하다

0045
☐☐☐

她把你给删了?

Tā bǎ nǐ gěi shān le

↳ 널 지워버렸다고?

SNS, 대화창 등에서 지우거나 차단할 때 쓰는 말이에요.

0046
☐☐☐

받을 수 없다

我现在**接不了**电话。

Wǒ xiànzài jiē bu liǎo diànhuà

↳ 나 지금 전화를 받을 수 없어

0047
☐☐☐

잡담하다

好呀，那就见面**聊**。

Hǎo ya, nà jiù jiànmiàn liáo

↳ 응, 그럼 만나서 얘기 해

0048
☐☐☐

휴대전화

我的**手机**去哪里了。

Wǒ de shǒujī qù nǎ lǐ le

↳ 내 휴대전화 어디 갔지

0049
☐☐☐

화답하다

看到微信一定要**回**我。

Kàndào wēixìn yídìng yào huí wǒ

↳ 위챗 보면 나한테 꼭 연락해

微信 웨이신 : 위챗, 우리로 치면 카카오톡 같은 전국민이 사용하는 채팅앱 입니다.

0050
☐☐☐

위챗을 보내다

我一会儿给你**发微信**。

Wǒ yíhuìr gěi nǐ fā wēixìn

↳ 내가 이따가 너한테 위챗할게

0051
□□□

기억하다

到了**记得**给我打电话！

Dào le jìde gěi wǒ dǎ diànhuà

↳ 도착하면 전화하는 거 기억하고!

0052
□□□

아무때나

有什么事**随时**打我电话。

Yǒu shénme shì suíshí dǎ wǒ diànhuà

↳ 무슨 일 있음 언제든 전화해

0053
□□□

스피커폰

你开一下**免提**我跟她说。

Nǐ kāi yíxià miǎntí wǒ gēn tā shuō

↳ 스피커폰으로 틀어줘 내가 얘기할게

0054
□□□

블루투스를 켜다

用我手机**打开蓝牙**放首歌。

Yòng wǒ shǒujī dǎkāi lányá fàng shǒu gē

↳ 내 휴대전화 블루투스 연결해서 노래 좀 틀어줘

0055
□□□

(전화가)안 된다

他的电话怎么会**打不通**呢?

Tā de diànhuà zěnme huì dǎbutōng ne

↳ 걔 왜 전화가 안 되지?

打不通 전화 연결이 안되다. 전화가 불통이다, 안 걸린다 등의 의미를 가지고 있습니다.

울리다

谁的电话在**响**啊。赶紧接一下。

Shéi de diànhuà zài xiǎng a　　　Gǎnjǐn jiē yíxià

↳ 누구 전화가 울리는 거야. 얼른 받아봐

귀에 익다

怎么感觉你的声音这么**耳熟**呢?

Zěnme gǎnjué nǐ de shēngyīn zhème ěrshú ne

↳ 뭐가 이렇게 많이 들어본 목소리지?

사용자

您好，您所拨打的电话(**用户**)已关机。

Nín hǎo, nín suǒ bōdǎ de diànhuà (yònghù) yǐ guānjī

↳ 지금은 전화기가 꺼져있어 연결이 되지 않습니다

중국에서 상대방 휴대전화 전원이 꺼져있는 데 전화를 걸면 이런 메시지가 나옵니다.
전화 혹은 用户(가입자) 둘 중 하나로 사용됩니다.

차단(수신거부)

你为什么**拉黑**我? 给你打电话你也不接。

Nǐ wèi shénme lā hēi wǒ　　　Gěi nǐ dǎ diànhuà nǐ yě bù jiē

↳ 나 왜 차단했어? 전화도 안 받고

我给他打了无数个电话，可是他的手机一直**关机**。

전원을 끄다

Wǒ gěi tā dǎ le wúshù ge diànhuà, kěshì tā de shǒujī yìzhí guānjī

↳ 내가 걔한테 무진장 전화를 했는데, 전화기 계속 꺼져있더라

04 외식

0061
☐☐☐

您几位?

Nín jǐ wèi

→ 몇 분이신가요?

0062
☐☐☐

两位，这边请。

Liǎng wèi, zhè biān qǐng

→ 두 분 이쪽으로 모시겠습니다

0063
☐☐☐

请慢用。

Qǐng mànyòng

→ 맛있게 드세요

직역을 하면 천천히 이용하시기 바랍니다인데요 보통 음식을 먹기 전에 대접하는 사람이나 식당 직원이 하는 말이기 때문에 맛있게 드세요라고 표현할 수 있겠습니다.

주류 메뉴판

0064
☐☐☐

有酒单吗?

Yǒu jiǔdān ma

→ 주류 메뉴판 있나요?

0065
☐☐☐

买单!

Mǎidān

→ 계산서요!

같은 표현으로 结账이 있습니다

예약하다

您预定了吗?

Nín yùdìng le ma

↳ 예약하셨습니까?

주문하다

特地为你点的。

Tèdì wèi nǐ diǎn de

↳ 특별히 널 위해 주문했어

你还要别的吗?

Nǐ hái yào bié de ma

↳ 다른 것 필요하신 것 있으신가요?

음식을 가리다

有什么忌口的吗?

Yǒu shénme jìkǒu de ma

↳ 가리는 것 있으신가요?

음식재료 중에 못 먹는 게 있는지 물어보는 표현이에요. 한국사람들은 보통 고수 넣는 걸 좋아하지 않아서 싫어하신다면 不要放香菜 고수는 넣지 말아주세요라고 하시면 됩니다.

요리를 내다

服务员。请上菜。

Fúwùyuán　　　Qǐng shàng cài

↳ 저기요. 음식 올려주세요

중국은 미리 주문을 해두고 손님 오기를 기다렸다가 도착하면 음식을 올리는 경우가 있어요. 服务员은 웨이터나 웨이트리스 같은 서비스업에 종사하는 종업원을 부르는 말입니다.

Chapter 1

음식

0071
□□□

再过几分钟就好了。

Zài guò jǐ fēnzhōng jiù hǎo le

↳ 조금만 기다리시면 바로 됩니다

음식이 왜 이렇게 안 나오냐고 물었을 때 몇 분만 더 기다리시면 된다는 표현이에요.

아메리카노

0072
□□□

您点的**美式咖啡**好了。

Nín diǎn de měishì kāfēi hǎo le

↳ 주문하신 아메리카노 나왔습니다

(음식이)다 나오다

0073
□□□

您点的菜已经**上齐**了。

Nín diǎn de cài yǐjīng shàngqí le

↳ 주문하신 요리가 다 나왔습니다

종업원

0074
□□□

服务员。给我来瓶啤酒。

Fúwùyuán　　　Gěi wǒ lái píng píjiǔ

↳ 저기요. 맥주 한 병 주세요

服务员은 웨이터나 웨이트리스 같은 서비스업에 종사하는 종업원을 부르는 말입니다. 한국에서는 웨이터!라고 부르기보다는 저기요라고 불러서 주문하는 경우가 많기 때문에 이렇게 표현하였습니다.

0075
□□□

这是你点的酒。现在打开吗?

Zhè shì nǐ diǎn de jiǔ　　　Xiànzài dǎkāi ma

↳ 주문하신 술 입니다. 지금 열어드릴까요?

와인을 마실 때 보통 확인하고 마시는 것 처럼 백주도 종류랑 도수가 여러 가지이기 때문에 술을 주문하면 확인 한번 하고 열어 준답니다.

0076
☐☐☐

(현금) (카드결제)

请问是**现金**还是**刷卡**?

Qǐngwèn shì xiànjīn háishi shuākǎ

→ 결제는 어떻게 하시나요? (현금인가요 카드인가요?)

0077
☐☐☐

(잔돈을 거슬러주다)

您稍等一下。给您**找零**。

Nín shāo děng yíxià　　Gěi nín zhǎo líng

→ 잠시만 기다리세요. 잔돈 거슬러 드릴게요

0078
☐☐☐

不用找了。不用找零了。

Bú yòng zhǎo le　　Bú yòng zhǎo líng le

→ (거스름돈은) 안 주셔도 됩니다. 잔돈은 괜찮아요

0079
☐☐☐

你们经理在吗? 我跟他说。

Nǐmen jīnglǐ zài ma　　Wǒ gēn tā shuō

→ 매니저 있어요? 매니저랑 얘기할게요

0080
☐☐☐

(~입에 맞다)

吃得怎么样? 合您**口味**吗?

Chī de zěnmeyàng　　Hé nín kǒuwèi ma

→ 어떠신가요? 입에는 맞으시나요?

05 교통

0081

조심하다

路上**小心**。

Lùshàng xiǎoxīn

↳ 조심히 가

0082

막히다

这么**堵**啊?

Zhème dǔ a

↳ 이렇게나 막혀?

0083

교통사고

我出**车祸**了。

Wǒ chū chēhuò le

↳ 나 차 사고 났어

0084

차를 몰다

我**开车**去接你。

Wǒ kāichē qù jiē nǐ

↳ 내가 차로 데리러 갈게

0085

你稍微开慢点。

Nǐ shāowēi kāi màn diǎn

↳ 차 좀 천천히 몰아줄래

0086

옆으로

靠边停一下车。

Kàobiān tíng yíxià chē

↳ 저 옆쪽에 세워주세요

택시에서 내릴 때쯤 되어서 쓸 수 있는 표현입니다.

0087

비행기를 갈아타다

我在上海**转机**。

Wǒ zài Shànghǎi zhuǎnjī

↳ 상하이에서 경유합니다

0088

옮기다

赶紧把车给我**挪走**。

Gǎnjǐn bǎ chē gěi wǒ nuó zǒu

↳ 빨리 차 빼세요

0089

기사님, 아저씨

师傅，你再快一点。

Shīfu, nǐ zài kuài yìdiǎn

↳ 기사님, 좀만 더 빨리요

0090

속도를 늘리다

那我**加速了**。你小心。

Nà wǒ jiāsù le　　　Nǐ xiǎoxīn

↳ 그럼 제가 속도 좀 올리겠습니다. 조심하세요

급하게 차를 운전할 때 상대방을 배려해서 이렇게 말할 수 있겠죠.

0091
천천히 (차를) 몰다

回去路上你**开慢**一点。
Huí qù lùshàng nǐ kāi màn yìdiǎn

↳ 가는 길에 운전 천천히 하고

0092
출발하다

我们往浦东机场**出发**了。
Wǒmen wǎng pǔdōng jīchǎng chūfā le

↳ 저희는 푸동공항으로 갑니다

0093
어렵다

你开车来吗？这边停车**难**。
Nǐ kāichē lái ma　　　　Zhè biān tíngchē nán

↳ 차 끌고 와? 여기 주차하기 힘들어

0094
속도

小心开车。**速度**一定要慢。
Xiǎoxīn kāi chē　　　Sùdù yídìng yào màn

↳ 운전 조심해. 속도 줄이고

0095
주차

这里不能**停车**的。把车开走吧。
Zhè lǐ bù néng tíngchē de　　　Bǎ chē kāi zǒu ba

↳ 여기 주차하시면 안 됩니다. 차 빼세요

타다

我还是**搭**你的车走。

Wǒ háishi dā nǐ de chē zǒu

↳ 아무래도 네 차 타고 가야겠다

데려가다

要不要我顺便**带**你啊?

Yào bu yào wǒ shùnbiàn dài nǐ a

↳ 가는 길에 데려갈까?

가는 길에 가져가다

我车又坏了。麻烦**捎**我一程啊。

Wǒ chē yòu huài le　　　Máfan shāo wǒ yìchéng a

↳ 제 차가 고장 나서. 그런데 저 좀 태워 주실 수 있을까요

묶다　　**안전벨트**

先生您好，麻烦您**系**好**安全带**。谢谢。

Xiānshēng nínhǎo, máfan nín jìhǎo ānquándài　　　　　Xièxie

↳ 안녕하십니까, 안전벨트 착용해주시기 바랍니다. 감사합니다

보통 기내에서 승무원이 이렇게 얘기하는 경우가 많습니다. 친구에게 간단하게 안전벨트 매라고 얘기할 때는 系好完全带라고 하셔도 됩니다.

러시아워

不好意思我来晚了。**高峰期**路上特别堵车。

Bùhǎoyìsi wǒ lái wǎn le　　　　　Gāofēngqī lù shàng tèbié dǔchē

↳ 죄송해요 너무 늦었죠. 러시아워 때라 차가 엄청 막히네요

빈칸 채우기

애애애~~~~액션

앞에서 학습한 내용 중 보라색으로 칠을 괜히 한 게 아니겠지요?
기억을 더듬으며 빈칸을 채워나가 볼까요?

빈칸에 들어가는 단어가 아는 단어인가~ 모르는 단어인가~~
주황색 바에 체크해보세요!
감도 안잡힌다에 체크된 문장은 복습하기로 해요!

← 감도 안잡힌다. | 이정도는 알지 →

01 좀 이따가 만나. 　　　　　见

02 이런 우연이 있나. 好　　阿。

03 실례했습니다. 　　　你了。

04 조심해서 가. / 조심하세요. 　　　安全。

05 성함이 어떻게 되시나요? 我怎么　　　您。

06 아니에요. 과찬이십니다. 没有，您　　　了。

07 먼저 서로 인사부터 나누시죠. 你们先　　　一下。

32

이면엔 중국어오다!

0순위 ◆ 중드 표현 1200

08 오늘 어땠어? 별일 없었어?

今天怎么样? 还[____]吗?

09 어서 오세요. 어떤 물건 보시나요?

[_____]。想买什么东西呢?

10 그녀에게서 말씀 많이 들었는데, 드디어 이렇게 뵙네요.

她总是提起你, [____]见面了。

11 샤오린에게 하도 얘기를 들어서, 이미 잘 아는 사람인 거 같아요.

一直听小林提起你们, 我这都快听成[____]了。

12 도움 주셔서 감사하기 그지없습니다.

你帮我, 我[_____]。

13 회사에서 줄곧 잘 챙겨줘서 고마워요.

谢谢你一直在公司对我的[____]。

14 제가 최대한 여러분께 보답하겠습니다.

我会尽量多找机会, [____]大家。

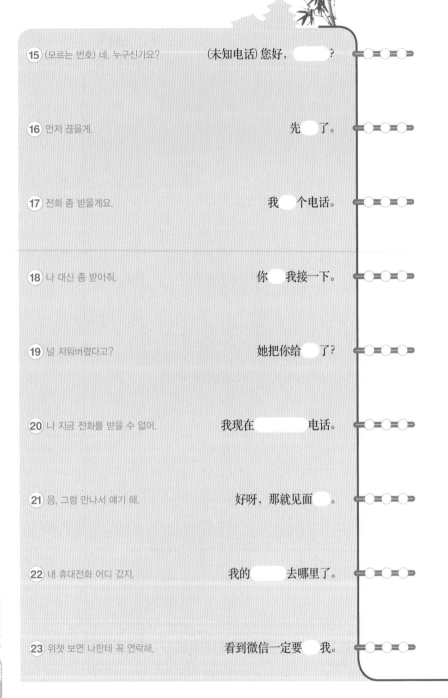

15 (모르는 번호) 네, 누구신가요?   (未知电话) 您好，[　　　]？

16 먼저 끊을게.   先[　]了。

17 전화 좀 받을게요.   我[　]个电话。

18 나 대신 좀 받아줘.   你[　]我接一下。

19 널 지워버렸다고?   她把你给[　]了？

20 나 지금 전화를 받을 수 없어.   我现在[　　　]电话。

21 응, 그럼 만나서 얘기 해.   好呀，那就见面[　]。

22 내 휴대전화 어디 갔지.   我的[　　]去哪里了。

23 위챗 보면 나한테 꼭 연락해.   看到微信一定要[　]我。

24 내가 이따가 너한테 위챗할게.

我一会儿给你 _____。

25 도착하면 전화하는 거 기억하고!

到了 ____ 得给我打电话！

26 무슨 일 있음 언제든 전화해.

有什么事 ____ 打我电话。

27 스피커폰으로 틀어줘 내가 얘기할게.

你开一下 ____ 提我跟她说。

28 내 휴대전화 블루투스 연결해서 노래 좀 틀어줘.

用我手机 _____ 放首歌。

29 걔 왜 전화가 안 되지?

他的电话怎么会 _____ 呢？

30 누구 전화가 울리는 거야. 얼른 받아봐.

谁的电话在 ____ 啊。赶紧接一下。

31 뭐가 이렇게 많이 들어본 목소리지?

怎么感觉你的声音这么 _____ 呢？

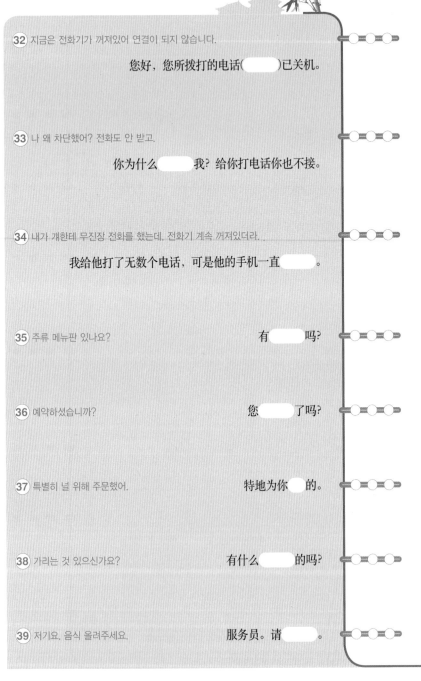

32 지금은 전화기가 꺼져있어 연결이 되지 않습니다.

您好，您所拨打的电话(　　　)已关机。

33 나 왜 차단했어? 전화도 안 받고.

你为什么　　　我? 给你打电话你也不接。

34 내가 걔한테 무진장 전화를 했는데, 전화기 계속 꺼져있더라.

我给他打了无数个电话，可是他的手机一直　　　。

35 주류 메뉴판 있나요?

有　　　吗?

36 예약하셨습니까?

您　　　了吗?

37 특별히 널 위해 주문했어.

特地为你　　的。

38 가리는 것 있으신가요?

有什么　　　的吗?

39 저기요, 음식 올려주세요.

服务员。请　　　。

40 주문하신 아메리카노 나왔습니다.　　　　您点的 ⬚⬚⬚ 好了。

41 주문하신 요리가 다 나왔습니다.　　　　您点的菜已经 ⬚⬚ 了。

42 저기요. 맥주 한 병 주세요.　　　　⬚⬚⬚。给我来瓶啤酒。

43 현금으로 하시나요 카드로 하시나요?　　请问是 ⬚⬚ 还是 ⬚⬚ ?

44 잠시만 기다리세요. 잔돈 거슬러 드릴게요.

　　　　　　　　　　　　您稍等一下。给您 ⬚⬚ 。

45 어떠신가요? 입에는 맞으시나요?　　吃得怎么样? 您 ⬚⬚ 吗?

46 조심히 가.　　　　　　　　　　　路上 ⬚⬚ 。

47 이렇게나 막혀?　　　　　　　　　这么 ⬚ 啊?

48 나 차 사고 났어.　　　　　　　　我出 ⬚⬚ 了。

49 내가 차로 데리러 갈게.   我 ＿＿＿ 去接你。

50 저 옆쪽에 세워주세요.   ＿＿＿ 停一下车。

51 상하이에서 경유합니다.   我在上海 ＿＿＿。

52 빨리 차 빼세요.   赶紧把车给我 ＿＿＿。

53 기사님, 좀만 더 빨리요.   ＿＿＿，你再快一点。

54 그럼 제가 속도 좀 올리겠습니다. 조심하세요.

          那我 ＿＿＿ 了。你小心。

55 가는 길에 운전 천천히 하고.   回去路上你 ＿＿＿ 一点。

56 저희는 푸동공항으로 갑니다.   我们往浦东机场 ＿＿＿ 了。

57 차 끌고 와? 여기 주차하기 힘들어.   你开车来吗？这边停车 ＿＿＿。

58 운전 조심해. 속도 줄이고.

小心开车。□□□一定要慢。

59 여기 주차하시면 안 됩니다. 차 빼세요.

这里不能□□□的。把车开走吧。

60 아무래도 네 차 타고 가야겠다.

我还是□你的车走。

61 가는 길에 데려갈까?

要不要我顺便□你啊?

62 제 차가 고장 나서. 그런데 저 좀 태워 주실 수 있을까요.

我车又坏了。麻烦□我一程啊。

63 안녕하십니까. 안전벨트 착용해주시기 바랍니다. 감사합니다.

先生您好，麻烦您□好□□□□□。谢谢。

64 죄송해요 너무 늦었죠. 러시아워 때라 차가 엄청 막히네요.

不好意思我来晚了。□□□路上特别堵车。

Chapter

2

Action Chinese

02.mp3

○ 알콩달콩 낯간지러운 표현들 교과서나 일반 교재에서는 만나기 어렵죠.

○ 하지만 『중드 표현 1200』은 오글오글한 드라마 표현들을 그대로 담았습니다.

○ 꿀 떨어지는 표현 때문에 몸이 간질간질 해질 수도 있으니 주의하세요.

○ 그럼 중국 연인들은 어떤 대화를 나누는지 함께 볼까요?

연애

06 알콩달콩

07 티격태격

08 친구들과의 대화

06 알콩달콩

0101
☐☐☐

(안다)

抱抱我。

Bàobao wǒ

↳ 안아줘용~

抱抱我는 동사를 중첩하면서 애교가 과한 느낌이 있어요. 보통 안아줘 정도의 말은 抱一下로 사용됩니다.

0102
☐☐☐

(로맨틱하다)

好浪漫!

Hǎo làngmàn

↳ 너무 로맨틱해!

0103
☐☐☐

(필요하다)

我需要你。

Wǒ xūyào nǐ

↳ 난 네가 필요해

0104
☐☐☐

(업다)

我背你吧。

Wǒ bēi nǐ ba

↳ 내가 업어줄게

0105
☐☐☐

(뜻밖의 좋은일로) 놀라다

给你惊喜。

Gěi nǐ jīngxǐ

↳ 깜짝 놀래켜줄게

0106
□□□

没多少钱。
Méi duōshao qián

↳ 얼마 안 해

이 옷 비싼 거야?라고 어떤 물건에 대한 값어치를 물으면 아냐 얼마 안해~라고 대답할 때 사용하는 표현입니다.

오글거리다

0107
□□□

好**肉麻**呀。
Hǎo ròumá ya

↳ 정말 오글거려 / 진짜 닭살이야

손가락 걸고 약속

0108
□□□

来，**拉钩**!
Lái, lāgōu

↳ 자, 손가락 걸고 약속!

뽀뽀

0109
□□□

亲我一下。
Qīn wǒ yíxià

↳ 뽀뽀해줘

키스

0110
□□□

我可以**吻**你吗?
Wǒ kěyǐ wěn nǐ ma

↳ 키스해도 돼?

0111

过来。让我亲一口。

Guò lái   Ràng wǒ qīn yì kǒu

↳ 이리 와. 뽀뽀 좀 하게

0112

인연

这就叫缘分。

Zhè jiù jiào yuánfèn

↳ 이게 바로 인연이라는 거야

0113

你对我真好。

Nǐ duì wǒ zhēn hǎo

↳ 넌 나한테 진짜 잘해

0114

看着你真好。

Kànzhe nǐ zhēn hǎo

↳ 너 보고 있으니까 너무 좋다

0115

기꺼이 ~하다

我乐意等你。

Wǒ lèyì děng nǐ

↳ 기꺼이 기다리지요

여자친구가 데이트 준비로 좀 늦게 출발해서 약속 시간에 늦겠다고 말할 때 남자친구가 이렇게 대답하더군요.

보호하다

我想保护你。

Wǒ xiǎng bǎohù nǐ

↳ 널 지켜주고 싶어

감기 걸리다

担心着凉啊。

Dānxīn zháoliáng a

↳ 너 감기 걸릴까 걱정된다

我不能没有你。

Wǒ bù néng méi yǒu nǐ

↳ 네가 없으면 안 돼

산책하다

和你散步真好。

Hé nǐ sànbù zhēn hǎo

↳ 너랑 같이 걸으니까 정말 좋다

잘 어울린다

我们俩特别般配。

Wǒmen liǎ tèbié bānpèi

↳ 우리 너무 잘 어울려

0121
⬜⬜⬜

첫눈에 반하다

我好像**一见钟情**了。

Wǒ hǎoxiàng yí jiàn zhōng qíng le

↳ 나 아무래도 첫눈에 반한 것 같아

0122
⬜⬜⬜

함께

只想和你在**一起**。

Zhǐ xiǎng hé nǐ zài yìqǐ

↳ 그냥 너랑 같이 있고 싶어

0123
⬜⬜⬜

떨어지다

我舍不得跟你**分开**。

Wǒ shěbude gēn nǐ fēnkāi

↳ 너랑 떨어지기 아쉽다

여기서 分开는 이별을 의미하는 것이 아니라 데이트 후에 각자 집으로 가야하는 상황을 말합니다. 이별의 헤어짐을 의미할 때는 分手를 사용합니다.

0124
⬜⬜⬜

안목

哼! 他们没有**眼光**。

Hēng　Tāmen méiyǒu yǎnguāng

↳ 흥! 걔네가 보는 눈이 없네

0125
⬜⬜⬜

생각

我的**心思**都在你身上。

Wǒ de xīnsi dōu zài nǐ shēn shàng

↳ 내 마음은 온통 너에게 있어

0126

⌐ 입맛이 좋다

我看你吃得挺**香**的。

Wǒ kàn nǐ chī de tǐng xiāng de

↳ 너 먹는 거 보니까 나도 먹고 싶네

香은 맛있다, 향기롭다는 뜻이 있지만 입맛이 돈다는 뜻도 있어요.

0127

你不让我吻你就是**酷刑**。

Nǐ bú ràng wǒ wěn nǐ jiù shì kùxíng

↳ 너한테 뽀뽀를 못 하게 하는 건 내게 넘 가혹한 벌이야

0128

⌐ 자기야

亲爱的，出来见个面吧。

Qīn'àide, chū lái jiàn ge miàn ba

↳ 자기야, 나와 얼굴 좀 보자

0129

⌐ 기장하다

你不必在我面前**伪装**什么。

Nǐ bú bì zài wǒ miàn qián wěizhuāng shénme

↳ 내 앞에서는 너를 포장 안 해도 돼 / 내 앞에서는 그런 척 안 해도 돼

0130

⌐ 남겨두다

明天的时间一定要**留**给我。

Míngtiān de shíjiān yídìng yào liú gěi wǒ

↳ 내일 시간은 나한테 쓰기

0131
□□□

행복

我要让你过最**幸福**的生活。

Wǒ yào ràng nǐ guò zuì xìngfú de shēnghuó

↳ 난 너 제일 행복하게 해줄거야

0132
□□□

영원히

我对你的心是**永远**没变过的。

Wǒ duì nǐ de xīn shì yǒngyuǎn méi biànguo de

↳ 너를 향한 내 마음은 한 번도 변한 적이 없어

0133
□□□

호흡이 잘맞다

我觉得咱么两个太有**默契**了。

Wǒ juéde zánme liǎng ge tài yǒu mòqì le

↳ 우리 둘 너무 잘 맞는 것 같아

0134
□□□

也许这就是我们之间的默契吧。

Yěxǔ zhè jiù shì wǒmen zhījiān de mòqì ba

↳ 아마도 이게 우리가 케미가 좋다는 거겠지

0135
□□□

기대다

有点儿累了。能借你肩膀**靠**靠吗？

Yǒu diǎnr lèi le　　　　Néng jiè nǐ jiānbǎng kàokao ma

↳ 나 좀 힘드네. 어깨 좀 빌려 줄래?

직역을 하자면 너의 어깨를 빌려 기댈 수 있을까 입니다. 靠는 몸을 기댄다는 뜻도 있고 맡기다는 뜻도 있어요. 全靠你了 너에게 맡긴다, 너만 믿는다는 뜻입니다.

(보고 싶다)

我**想**你。你在哪里，我好想你。
Wǒ xiǎng nǐ　　　Nǐ zài nǎ lǐ, wǒ hǎoxiǎng nǐ

↳ 보고 싶어. 네가 어디 있든, 네가 너무 보고 싶어

(유달리)

你每天都很漂亮，今天**格外**地
漂亮。
Nǐ měitiān dōu hěn piàoliang, jīntiān géwài de piàoliang

↳ 매일 예쁘지만, 오늘은 유달리 더 예쁘네

你不排斥我在公共场合跟你
秀恩爱啦。

(애정과시)

Nǐ bù páichì wǒ zài gōnggòng chǎnghé gēn nǐ xiù ēn'ài lā

↳ 내가 공공장소에서 애정행각 하는데도 뭐라고 안 하네

秀恩爱는 恩爱 애정을 秀 SHOW 한다는 말로 애정을 과시하다, 애정행각을 하다, 커플이 솔로 염장질하다라는 의미를 담고 있습니다.

我一分钟也离不开你。我完全
被你**迷住**了。

(빠지다, 홀리다)

Wǒ yì fēnzhōng yě líbùkāi nǐ　　　Wǒ wánquán bèi nǐ mízhù le

↳ 나 1분도 너랑 떨어져 있기 싫어. 너한테 완전 빠졌나 봐

明天我们终于要见面了。心里
有一点点小**激动**。

(흥분하다)

Míngtiān wǒmen zhōngyú yào jiànmiàn le　　Xīn li yǒu yìdiǎndiǎn xiǎo jīdòng

↳ 내일 우리 드디어 만난다. 나 좀 흥분돼

책망하다

0141
□□□
都**怪**你。
Dōu guài nǐ

↳ 다 너 때문이야

슬퍼하다

0142
□□□
很**伤感**。
Hěn shānggǎn

↳ 너무 슬프다

0143
□□□
说得好。
Shuō de hǎo

↳ 말 한번 잘했다

0144
□□□
想得美。
Xiǎng de měi

↳ 꿈 깨

질투하다

0145
□□□
吃醋了?
Chī cù le

↳ 질투해?

0146

싫어하다

你**嫌弃**我?

Nǐ xiánqì wǒ

↳ 내가 싫어?

0147

놓아주다

你**放开**我。

Nǐ fàngkāi wǒ

↳ 나 놔줘

0148

부서지다

心全**碎**了。

Xīn quán suì le

↳ 맘이 다 부서졌어

0149

마음이 여리다

不要**心软**。

Bú yào xīnruǎn

↳ 맘 약해지지 마

0150

속이다

别**瞒**着我。

Bié mánzhe wǒ

↳ 나한테 숨기지 마

0151
□□□

화해하다

我们**和好**吧。

Wǒmen héhǎo ba

↳ 우리 화해하자

우리 다시 잘해보자, 다시 합치자는 의미로 쓰입니다.

0152
□□□

멈추다

你给我**站住**!

Nǐ gěi wǒ zhànzhù

↳ 거기 서! / 멈춰!

0153
□□□

독촉하다, 죄다

你别**逼**我了。

Nǐ bié bī wǒ le

↳ 나한테 억지로 시키지 마

0154
□□□

가능성이 없다

我们**没可能**了。

Wǒmen méi kěnéng le

↳ 우린 안 될 것 같아 (가능성이 없다)

0155
□□□

복잡하다

感觉有点**复杂**。

Gǎnjué yǒudiǎn fùzá

↳ 맘이 좀 복잡하네

0156

끝나다

我们已经**结束**了。

Wǒmen yǐjīng jiéshù le

↳ 우린 이미 끝났어

0157

제정신이 아니다

你是不是**有病**啊？

Nǐ shì bu shì yǒu bìng a

↳ 너 정신 나갔어?

0158

거짓말을 하다

我不会对你**撒谎**。

Wǒ bú huì duì nǐ sāhuǎng

↳ 난 너한테 거짓말 안 해

0159

你把话说清楚再走。

Nǐ bǎ huà shuō qīngchǔ zài zǒu

↳ 너 말 제대로 하고 가

0160

탄로나다

一定不会**露馅儿**的。

Yídìng bú huì lòuxiànr de

↳ (거짓말이) 탄로 나지 않을 거야

0161
□□□

~에게 장난치다

骗你的。逗你玩儿呢。

Piàn nǐ de　Dòu nǐ wánr ne

└ 거짓말이야. 장난친 거야

0162
□□□

你看看，现在几点了?

Nǐ kànkan, xiànzài jǐ diǎn le

└ 야, 지금 몇 시야?

0163
□□□

자신을 좋아하는 줄로 착각하다

你不要自作多情啦!

Nǐ bú yào zìzuò duōqíng la

└ 너 혼자 착각하지 마!

상대방이 자신을 좋아하는 줄 알고 착각하는 걸 말합니다.

0164
□□□

희망

看来一点希望都没有了。

Kànlái yìdiǎn xīwàng dōu méiyǒu le

└ 일말의 희망도 없어 보인다

0165
□□□

농담

这种玩笑是能开的吗?

Zhè zhǒng wánxiào shì néng kāi de ma

└ 이게 할 농담이야?

54

이번엔 중국어다! ◆ 중도 표현 1200 ◆ 0순위

어리광부리다

干嘛这么**嗲**。好难听啊。
Gànmá zhème diǎ　　Hǎo nántīng a

↳ 뭐야 이 콧소리는. 못 들어주겠네

응석부리는 소리, 앵알앵알거리는 콧소리, 어리광 피우는 소리를 뜻하며 비슷한 표현으로는 **嗲声嗲气, 发嗲**가 있습니다.

말로는 이겨낼 수 없다

算了。我真的是**说不过**你。
Suàn le　　Wǒ zhēnde shì shuōbuguò nǐ

↳ 됐어. 말로 내가 널 어떻게 당해

说不过 말로는 이겨낼(당할) 수 없다, 설득시킬 수 없다는 의미입니다.

마음 아파하다

你说的这句话让我很**伤心**。
Nǐ shuō de zhè jù huà ràng wǒ hěn shāngxīn

↳ 너 지금 그 말 나 엄청 상처받았어

울다

我不想再哭了。我**哭**够了。
Wǒ bù xiǎng zài kū le　　Wǒ kū gòu le

↳ 다신 울고 싶지 않아. 나 울 만큼 울었어

괴롭나

今天会**难过**得睡不着觉的。
Jīntiān huì nánguò de shuìbuzháo jiào de

↳ 오늘은 맘이 불편해서 잠을 잘 자지 못할 거 같아

0171
비정상이다

你怎么了? 你这样太**反常**了。
Nǐ zěnmele　　　Nǐ zhèyàng tài fǎncháng le

↳ 너 왜 이래? 너 이러는 거 정상 아니야

0172
덥다　　　　춥다

天气这么**热**，你何必要这么**冷**？
Tiānqì zhème rè, nǐ hébì yào zhème lěng

↳ 날도 이렇게 더운데, 이렇게 쌀쌀맞을 필요 있어?

0173
귀찮게 굴다

我要警告你以后别再**缠**着她了。
Wǒ yào jǐnggào nǐ yǐhòu bié zài chánzhe tā le

↳ 내가 경고했어 앞으로 걔한테 질척거리지 마

0174
개입하다

你**介入**的方式，我非常不喜欢。
Nǐ jièrù de fāngshì, wǒ fēicháng bù xǐhuān

↳ 네가 이렇게 개입하는 거, 나 진짜 싫어

0175
말투가 세다

她就是**嘴硬**，其实不会当真的。
Tā jiù shì zuǐ yìng, qíshí bú huì dàng zhēn de

↳ 쟤가 말투가 세서 그렇지, 정작 안 그래

嘴硬은 고집이 세고 말투가 좀 못된 사람들에게 하는 말입니다.

상대방의 기분을 건드리다

是不是我哪做得不好，惹你生气了?

Shì bu shì wǒ nǎ zuò de bù hǎo, rě nǐ shēngqì le

↳ 내가 뭐 잘못해서, 널 이렇게 화나게 한 거야?

발산하다

如果打我可以让你发泄一下那你就打吧。

Rúguǒ dǎ wǒ kěyǐ ràng nǐ fāxiè yíxià nà nǐ jiù dǎ ba

↳ 만약 네가 날 때려서 화가 풀린다면 때려

有谁规定我一定要每天都跟打了鸡血似的。

어떤 사람이 흥분한 상태

Yǒu shéi guīdìng wǒ yídìng yào měitiān dōu gēn dǎ le jīxiě shìde

↳ 나는 항상 흥에 넘쳐야 한다고 누가 정해놨다구

打鸡血는 일종의 인터넷 용어로 어떤 사람이 흥분한 상태, 흥 넘치는 상태를 말합니다

你的优点是你很帅。你的缺点是你帅得不明显。

Nǐ de yōudiǎn shì nǐ hěn shuài　　　Nǐ de quēdiǎn shì nǐ
shuài de bù míngxiǎn

↳ 네 장점은 잘생긴 거야. 단점은 그 잘생김이 드러나지 않는 거야

해치다

我不知道我这些话会不会伤害你，但我必须说了。

Wǒ bù zhīdào wǒ zhè xiē huà huì bu huì shānghài nǐ, dàn wǒ bìxū shuō le

↳ 이 말이 너에게 상처를 준 건지는 모르겠다만, 난 꼭 말해야 했어

이런 표현 모르면 OUTSIDER!!!

08 친구들과의 대화

0181

세상에

我的天啊。

Wǒ de tiān a

↳ 세상에

0182

갈팡질팡하다

很不知所措。

Hěn bù zhī suǒ cuò

↳ 나 어떻게 해야 할지 모르겠어

0183

뜸들이다

别卖关子啊。

Bié mài guānzǐ a

↳ 그만 뜸들여

예전에 이야기꾼들이 장편 애기를 할 때 중요한 대목에서 이야기를 멈추고 조바심 나에 하는 걸 卖关子라고 했습니다. 중요한 대목에서 뜸들이고 시치미 뗄 때 그러지 말라는 표현입니다.

0184

십중팔구

八九不离十吧。

Bā jiǔ bù lí shí ba

↳ 십중팔구 그렇지

0185

초조해하다

爱情是急不来的。

Àiqíng shì jíbulái de

↳ 사랑은 조급하게 해서 되는 게 아니야

0186
□□□

你们俩太般配了。

Nǐmen liǎ tài bānpèi le

↳ 너네 둘이 진짜 잘 어울린다

두루두루 사랑받다

0187
□□□

她真是**人见人爱**的。

Tā zhēn shì rén jiàn rén ài de

↳ 쟤는 사람마다 다 좋아해

짝사랑하다

0188
□□□

你是不是**暗恋**他呀?

Nǐ shì bu shì ànliàn tā ya

↳ 너 걔 짝사랑하지?

히죽거리다

0189
□□□

干什么，**嬉皮笑脸**的。

Gàn shénme, xī pí xiào liǎn de

↳ 뭔데, 이렇게 히죽거려

적어도

0190
□□□

至少说明你们相爱过。

Zhìshǎo shuōmíng nǐmen xiāng'ài guo

↳ 적어도 너희 둘이 사랑했단 뜻이잖아

아예, 전혀

他的心里**根本**没有我。

Tā de xīn li gēnběn méiyǒu wǒ

↳ 그의 맘속엔 내가 아예 없는 거 같아

화제를 전환하다

你别故意**转移话题**啊。

Nǐ bié gùyì zhuǎnyí huàtí a

↳ 의도적으로 말 돌리지 마라

싱글, 솔로

你们就虐我们**单身狗**吧。

Nǐmen jiù nuè wǒmen dānshēngǒu ba

↳ 너네 지금 우리 싱글들 괴롭히는 거냐

单身狗 독신개라는 이 단어는 솔로,싱글,연애상대가 없는 사람들을 말합니다.

정서, 기분

最近我的**情绪**太反常了。

Zuìjìn wǒ de qíngxù tài fǎncháng le

↳ 나 요즘 제정신이 아닌 거 같아

끌어당기다

你们俩的事，别把我**扯**进来。

Nǐmen liǎ de shì, bié bǎ wǒ chě jìnlái

↳ 너희 둘의 일에, 나까지 끌어들이지 마

같은 곳을 빙빙돌다

你**绕来绕去**就是为了说这个?

Nǐ rào lái rào qù jiù shì wèi le shuō zhè ge

↳ 말 빙빙 돌린 게 이 얘기 하려고 그런 거였어?

흥이 깨지다

我突然说这个会不会太**扫兴**?

Wǒ tūrán shuō zhè ge huì bu huì tài sǎoxìng

↳ 내가 갑자기 이 말 해서 분위기 깨는 거 아냐?

남자친구

我还没介绍呢,这是我**男朋友**。

Wǒ hái méi jièshào ne, zhè shì wǒ nán péngyou

↳ 내가 아직 소개 안 했는데, 내 남자친구야

为什么女人就不能像男人一样 寻欢作乐?

즐거움만 추구하다

Wèi shénme nǚrén jiù bù néng xiàng nánrén yíyàng xúnhuānzuòlè

↳ 왜 여자는 남자처럼 그냥 즐기면 안 되는데?

寻欢作乐는 향락을 추구하다, 즐거움을 찾아 즐기다는 뜻이 담겨있습니다. 여기서는 남녀 사이에 진지한 만남을 고려하지 않고 그때 그때 즐기려고 만나는 걸 의미합니다.

헤어지다

你们总算是**分手**了。那男的太 **不靠谱**了。

미덥지 못하다

Nǐmen zǒngsuàn shì fēnshǒu le   Nà nán de tài bú kàopǔ le

↳ 드디어 헤어진 거네. 그 남자 너무 못 미더웠어

빈칸 채우기

애애애애~~~~액션

앞에서 학습한 내용 중 보라색으로 칠을 괜히 한 게 아니겠지요?
기억을 더듬으며 빈칸을 채워나가 볼까요?

빈칸에 들어가는 단어가 아는 단어인가~ 모르는 단어인가~~
주황색 바에 체크해보세요!
감도 안잡힌다에 체크된 문장은 복습하기로 해요!

← 감도 안잡힌다. | 이정도는 일재 →

01 안아줘용~ ⬭抱我。

02 너무 로맨틱해! 好⬭⬭！

03 난 네가 필요해. 我⬭你。

04 내가 업어줄게. 我⬭你吧。

05 깜짝 놀래켜줄게. 给你⬭⬭。

06 정말 오글거려. / 진짜 닭살이야. 好⬭呀。

07 자, 손가락 걸고 약속! 来，⬭⬭！

08 뽀뽀해줘. ⬭我一下。

0순위 ◆ 중드 표현 1200
이러면 중국어다!

62

09 키스해도 돼?　　　　　　　　　　　　　我可以　　你吗?

10 이게 바로 인연이라는 거야.　　　　　　　这就叫　　　。

11 기꺼이 기다리지요.　　　　　　　　　　　我　　等你。

12 널 지켜주고 싶어.　　　　　　　　　　　我想　　你。

13 너 감기 걸릴까 걱정된다.　　　　　　　　担心　　　啊。

14 너랑 같이 걸으니까 정말 좋다.　　　　　和你　　真好。

15 우리 너무 잘 어울려.　　　　　　　　　我们俩特别　　　。

16 나 아무래도 첫눈에 반한 것 같아.　　　我好像　　　　了。

17 그냥 너랑 같이 있고 싶어.　　　　　　只想和你在　　　。

⑱ 너랑 떨어지기 아쉽다.　　　　　　我舍不得跟你 ⬭⬭ 。

⑲ 흥! 걔네가 보는 눈이 없네.　　　　哼！他们没有 ⬭⬭ 。

⑳ 내 마음은 온통 너에게 있어.　　　我的 ⬭⬭ 都在你身上。

㉑ 너 먹는 거 보니까 나도 먹고 싶네.　我看你吃得挺 ⬭ 的。

㉒ 자기야, 나와 얼굴 좀 보자.　　　⬭⬭⬭ ，出来见个面吧。

㉓ 내 앞에서는 너를 포장 안 해도 돼. / 내 앞에서는 그런 척 안 해도 돼.

　　　　　　　　　　　　　　你不必在我面前 ⬭⬭ 什么。

㉔ 내일 시간은 나한테 쓰기.　　　明天的时间一定要 ⬭ 给我。

㉕ 난 너 제일 행복하게 해줄거야.　我要让你过最 ⬭⬭ 的生活。

㉖ 너를 향한 내 마음은 한 번도 변한 적이 없어.

　　　　　　　　　　　　　我对你的心是 ⬭⬭ 没变过的。

27 우리 둘 너무 잘 맞는 것 같아.　　　我觉得咱么两个太有　　　了。

28 나 좀 힘드네. 어깨 좀 빌려 줄래?
　　　有点儿累了。能借你肩膀　　靠吗?

29 보고 싶어. 네가 어디 있든. 네가 너무 보고 싶어.
　　　我　　你，你在哪里，我好想你。

30 매일 예쁘지만, 오늘은 유달리 더 예쁘네.
　　　你每天都很漂亮，今天　　　地漂亮。

31 내가 공공장소에서 애정행각 하는데도 뭐라고 안 하네.
　　　你不排斥我在公共场合跟你　　　啦。

32 나 1분도 너랑 떨어져 있기 싫어. 너한테 완전 빠졌나 봐.
　　　我一分钟也离不开你。我完全被你　　了。

33 내일 우리 드디어 만난다. 나 좀 흥분돼.
　　　明天我们终于要见面了。心里有一点点小　　　。

34 다 너 때문이야.　　　都　你。

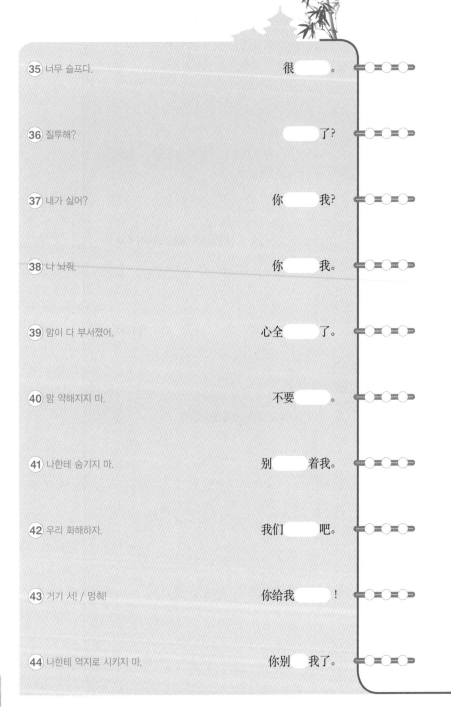

35 너무 슬프다.　　　　　　很 ⬭ 。

36 질투해?　　　　　　⬭ 了?

37 내가 싫어?　　　　　　你 ⬭ 我?

38 나 놔줘.　　　　　　你 ⬭ 我。

39 맘이 다 부서졌어.　　　　　　心全 ⬭ 了。

40 맘 약해지지 마.　　　　　　不要 ⬭ 。

41 나한테 숨기지 마.　　　　　　别 ⬭ 着我。

42 우리 화해하자.　　　　　　我们 ⬭ 吧。

43 거기 서! / 멈춰!　　　　　　你给我 ⬭ !

44 나한테 억지로 시키지 마.　　　　　　你别 ⬭ 我了。

45 우린 안 될 것 같아. (가능성이 없다)　　　　我们 [   ] 了。

46 맘이 좀 복잡하네.　　　　感觉有点 [   ]。

47 우린 이미 끝났어.　　　　我们已经 [   ] 了。

48 너 정신 나갔어?　　　　你是不是 [   ] 啊?

49 난 너한테 거짓말 안 해.　　　　我不会对你 [   ]。

50 (거짓말이) 탄로 나지 않을 거야.　　　　一定不会 [   ] 的。

51 거짓말이야. 장난친 거야.　　　　骗你的。[   ] 你 [   ] 呢。

52 너 혼자 착각하지 마!　　　　你不要 [   ] 啦!

53 일말의 희망도 없어 보인다.　　　　看来一点 [   ] 都没有了。

54 이게 할 농담이야?　　　　这种 [   ] 是能开的吗?

(55) 뭐야 이 콧소리는. 못 들어주겠네.　　　干嘛这么 ⬭ 。好难听啊。

(56) 됐어. 말로 내가 널 어떻게 당해.　　　算了。我真的是 ⬭⬭ 你。

(57) 너 지금 그 말 나 엄청 상처받았어.　　　你说的这句话让我很 ⬭ 。

(58) 다신 울고 싶지 않아. 나 울 만큼 울었어.

　　　　　　　　　　　我不想再 ⬭ 了。我 ⬭ 够了。

(59) 오늘은 맘이 불편해서 잠을 잘 자지 못할 거 같아.

　　　　　　　　　　　今天会 ⬭ 得睡不着觉的。

(60) 너 왜 이래? 너 이러는 거 정상 아니야.

　　　　　　　　　　　你怎么了？你这样太 ⬭ 了。

(61) 날도 이렇게 더운데, 이렇게 쌀쌀맞을 필요 있어?

　　　　　　　　　　　天气这么 ⬭ ，你何必要这么 ⬭ ？

(62) 내가 경고했어 앞으로 걔한테 질척거리지 마.

　　　　　　　　　　　我要警告你以后别再 ⬭ 着她了。

63 네가 이렇게 개입하는 거, 나 진짜 싫어.

你 　　　　的方式，我非常不喜欢。

64 쟤가 말투가 세서 그렇지, 정작 안 그래.

她就是 　　　　，其实不会当真的。

65 내가 뭐 잘못해서, 널 이렇게 화나게 한 거야?

是不是我哪做得不好， 　　你生气了？

66 만약 네가 날 때려서 화가 풀린다면 때려.

如果打我可以让你 　　　　一下那你就打吧。

67 나는 항상 흥에 넘쳐야 한다고 누가 정해놨다구.

有谁规定我一定要每天都跟 　　了 　　　　似的。

68 이 말이 너에게 상처를 준 건지는 모르겠지만, 난 꼭 말해야 했어.

我不知道我这些话会不会 　　　　你，但我必须说了。

69 세상에.

我的 　　　　。

70 나 어떻게 해야 할지 모르겠어.

很 　　　　。

(71) 그만 뜸들여.　　　　　　　　　　別　　　　啊。

(72) 십중팔구 그렇지.　　　　　　　　　　　　　　吧。

(73) 사랑은 조급하게 해서 되는 게 아니야.　　爱情是　　不来的。

(74) 쟤는 사람마다 다 좋아해.　　　　　　她真是　　　　的。

(75) 너 걔 짝사랑하지?　　　　　　　　你是不是　　他呀?

(76) 뭔데, 이렇게 히죽거려.　　　　　干什么，　　　　的。

(77) 적어도 너희 둘이 사랑했던 뜻이잖아.　　　　说明你们相爱过。

(78) 그의 맘속엔 내가 아예 없는 거 같아.　　他的心里　　没有我。

(79) 의도적으로 말 돌리지 마라.　　　你别故意　　啊。

(80) 너희 지금 우리 싱글들 괴롭히는 거냐.　你们就虐我们　　吧。

81 나 요즘 제정신이 아닌 거 같아.　　　　最近我的　　　太反常了。

82 너희 둘의 일에, 나까지 끌어들이지 마.

　　　　　　　　你们俩的事，别把我　　进来。

83 말 빙빙 돌린 게 이 얘기 하려고 그런 거였어?

　　　　　　　　你　　　就是为了说这个？

84 내가 갑자기 이 말 해서 분위기 깨는 거 아냐?

　　　　　　　我突然说这个会不会太　　　？

85 내가 아직 소개 안 했는데, 내 남자친구야.

　　　　　　　我还没介绍呢，这是我　　　。

86 왜 여자는 남자처럼 그냥 즐기면 안 되는데?

　　　　　为什么女人就不能像男人一样　　　？

87 드디어 헤어진 거네. 그 남자 너무 못 미더웠어.

　　　你们总算是　　　了，那男的太　　　了。

Chapter 3

Action Chinese

03.mp3

결혼은 현실이자 일상입니다. 연애보다는 더 생활 속으로 들어간 표현들이 많습니다. 「자기가 있어 다행이다~」라는 달콤부부의 대화부터 「똑같은 말 좀 계속 하지마·잔소리 그만해」라며 다투는 현실부부까지 다양한 대화를 만나 볼 수 있습니다.

결혼

09 결혼은 현실

10 그래도 사랑해

11 음식남녀

12 건강이 최고

09 결혼은 현실

0201
☐☐☐

老公。
lǎo gōng

↳ 남편

0202
☐☐☐

老婆。
lǎo po

↳ 아내

0203
☐☐☐

亲家。
qìng jia

↳ 사돈

발음 주의하셔야 해요. 亲(qīn) 이 아니예요.

0204
☐☐☐

公公。
gōng gong

↳ 시아버지

0205
☐☐☐

婆婆。
pó po

↳ 시어머니

0206
□□□

女婿。
nǚ xu

↳ 사위

0207
□□□

儿媳妇。
érxífù

↳ 며느리

0208
□□□

亲家公。
qìng jiagōng

↳ 바깥사돈

0209
□□□

亲家母。
qìng jiamǔ

↳ 사돈댁 / 안사돈

0210
□□□

丈母娘 / 岳母。
zhàng·muniáng   yuèmǔ

↳ 장모님

0211

丈人 / 老丈人 / 岳父。
zhàng·ren　lǎo zhàng·ren　yuèfù

↳ 장인어른

0212

(잔소리)

别啰嗦。
Bié luōsuō

↳ 잔소리 그만해

0213

(되풀이하여 말하다, 질질끌다)

别磨叽。
Bié mòji

↳ 똑같은 말 계속하지 마 / 뭉그적거리지 좀 마

한 말 또 하고 또 하면서 쉴 새 없이 잔소리 하거나 꾸물거리면서 죽치고 앉아 있을 때 비난하는 투로 하는 말입니다. "你磨叽什么呢" 뭘 그렇게 꾸물거리려는 표현이에요. 동북 사투리이긴 하나 젊은이들 사이에서 많이 사용되고 있습니다.

0214

(미치다)

你疯了?
Nǐ fēng le

↳ 너 미쳤어?

0215

有利有弊。
Yǒu lì yǒu bì

↳ 일장일단이 있지

0216

궁상맞다

真是寒酸。
Zhēn shì hánsuān

↳ 진짜 궁상맞다

0217

我回来了。
Wǒ huí lái le

↳ 나 왔어

0218

说话算数。
Shuō huà suàn shù

↳ 말한 거는 꼭 지킨다

0219

후회하다

后悔啦? 嫁太早?
Hòuhuǐ la   Jià tài zǎo

↳ 후회해? 너무 일찍 시집가서?

0220

화제와 동떨어진 말

这是题外话。
Zhè shì tí wài huà

↳ 이건 주제랑 벗어난 말이잖아

0221

자다

我要**睡觉**了。

Wǒ yào shuìjiào le

↳ 나 잘래

0222

몰래 손쓰다

我**做**了**手脚**。

Wǒ zuò le shǒujiǎo

↳ 내가 수를 좀 썼지

0223

사주팔자가 좋다

你真是**命好**。

Nǐ zhēn shì mìng hǎo

↳ 너 사주팔자가 정말 좋네

0224

大姨妈来了。

Dà yímā lái le

↳ 생리 시작했어

0225

화내다

你惹我**生气**了。

Nǐ rě wǒ shēngqì le

↳ 넌 날 열 받게 했어

이번엔 중국어다! 0순위 ◆ 중드 표현 1200

0226

(돈을 벌다)

我继续努力赚钱。

Wǒ jìxù nǔlì zhuànqián

↳ 나 계속 열심히 돈 벌게

0227

(몸을 씻다, 샤워하다)

赶紧洗澡睡觉吧。

Gǎnjǐn xǐzǎo shuìjiào ba

↳ 얼른 씻고 자

0228

(부러워하다)

有什么可羡慕的。

Yǒu shénme kě xiànmù de

↳ 부러울 게 뭐 있어

0229

(설거지 하다)

待会儿帮我洗碗。

Dàihuìr bāng wǒ xǐ wǎn

↳ 이따 설거지 좀 해줘

0230

(출근하다)

老公，我去上班了。

Lǎogōng, wǒ qù shàngbān le

↳ 여보(남편), 나 출근한다

0231

아쉬운대로 참고 견디다

咱们就将就将就嘛。

Zánmen jiù jiāngjiù jiāngjiù ma

↳ 우리가 우선 아쉬운 대로 참자

0232

혼수

嫁妆方面你们随意。

Jiàzhuāng fāngmiàn nǐmen suíyì

↳ 혼수 준비는 마음대로 하세요

0233

你们已经三十多岁了。

Nǐmen yǐjīng sānshí duō suì le

↳ 너네 이미 삼십대야

0234

뺨을 후려치다

我真想扇她几巴掌。

Wǒ zhēn xiǎng shàn tā jǐ bāzhǎng

↳ 진짜 그 여자 뺨을 후려갈겨 주고 싶네

0235

복

你们俩真是好有福气。

Nǐmen liǎ zhēn shì hǎo yǒu fúqì

↳ 두 분은 정말 복이 많으시네요

0236

행복한 생활을 영위하면서 막상 고마움을 모른다

真是身在福中不知福。

Zhēn shì shēn zài fú zhōng bù zhī fú

↳ 아주 복에 겨워서 행복이 뭔지도 모르는구먼

身在福中不知福는 행복 속에서 종종 행복이 무엇인지를 알지 못한다, 행복한 생활을 영위하면서도 막상 그 고마움을 알지 못한다라는 표현입니다.

0237

월급, 임금

一个月的工资就没了。

Yí ge yuè de gōngzī jiù méi le

↳ 한 달 월급 순삭

한달 월급이 카드값, 대출비, 공과금 등등을 내고 나니 하나도 남지 않고 사라졌다는 얘기를 할 때 씁니다.

0238

대출

每个月要还两万的贷款。

Měi ge yuè yào huán liǎngwàn de dàikuǎn

↳ 우린 매달 320만원씩 대출 갚아야 해

환율을 대략 1위안에 160원으로 계산했습니다.

0239

친정

我老婆今天回娘家了。

Wǒ lǎopo jīntiān huí niángjiā le

↳ 오늘 아내 친정 갔어요

0240

임신테스트기

验孕棒上有两条杠！

Yànyùnbàng shàng yǒu liǎngtiáo gàng

↳ 임신테스트기가 두 줄이야!

0241

~하려고 하다

打算什么时候要小孩啊？

Dǎsuàn shénme shíhou yào xiǎohái a

└ 언제 아이 가질 거니?

0242

휴가를 받다

我总不能跟公司**请假**呀。

Wǒ zǒng bù néng gēn gōngsī qǐngjià ya

└ 내가 회사에 계속 휴가를 낼 순 없잖아

0243

속이다

你以为我那么好**糊弄**啊？

Nǐ yǐwéi wǒ nàme hǎo hùnòng a

└ 넌 내가 그렇게 쉽게 속아넘어갈 거라 생각했어?

0244

잔소리

到时候妈又**唠叨**怎么办？

Dào shíhou mā yòu láodao zěnme bàn

└ 어머님이 그때 가서 또 잔소리하시면 어떡해?

0245

고부간의 갈등

你们又闹**婆媳矛盾**了。

Nǐmen yòu nào póxí máodùn le

└ 둘이 또 고부간의 갈등이야

82

집으로 돌아가다

咱们有话**回家**说，好吗？

Zánmen yǒu huà huí jiā shuō, hǎo ma

↳ 우리 할 말 있으면 (집에) 가서 하자, 응?

기분이 안 나다

我现在真的**没心情**跟你说话。

Wǒ xiànzài zhēn de méi xīnqíng gēn nǐ shuōhuà

↳ 나 지금 진짜 너랑 대화할 기분 아니야

기다릴 수 없다

我都**等不及**了呢。赶快来吧。

Wǒ dōu děng bu jí le ne　　　　　　Gǎn kuài lái ba

↳ 나 못 기다리겠어. 빨리 와

부탁히다

我是受我的女儿的**委托**来的。

Wǒ shì shòu wǒ de nǚér de wěituō lái de

↳ 딸아이 부탁을 받고 왔습니다

(내리)누르다

这被子是我的。全被你**压**着了。

Zhè bèizi shì wǒ de　　　　　　Quán bèi nǐ yāzhe le

↳ 이 이불 내 꺼야. 네가 다 깔고 있잖아

0251

말에 가시가 있다(비아냥 거리는 어조)

你说话能别这么夹枪带棒的吗?

Nǐ shuōhuà néng bié zhème jiāqiāng dàibàng de ma

↳ 말 꼭 이렇게 비아냥거릴 필요 없잖아?

夹枪带棒은 유명한 소설 홍루몽에 나왔던 말이고요. 총을 끼고 막대기를 지니다라는
뜻으로 말속에 뼈가 있다. 말에 가시가 있다는 뜻입니다.

0252

생일

下个星期是我的生日，你没忘吧。

Xià ge xīngqī shì wǒ de shēngrì, nǐ méi wàng ba

↳ 다음 주 내 생일인 거, 잊지 마세요

0253

아쉽다

我越来越舍不得我女儿嫁人了呢。

Wǒ yuè lái yuè shěbude wǒ nǚér jiàrén le ne

↳ 나는 점점 우리 딸 시집 보내기가 아까워

0254

你可以没有钱，但是内心必须丰富。

넉넉하다

Nǐ kěyǐ méiyǒu qián, dànshì nèixīn bìxū fēngfù

↳ 너 돈 없어도 되는데, 마음만큼은 꼭 부자여야 해

0255

你是不是做了什么对不起我的事情?

Nǐ shì bu shì zuò le shénme duìbuqǐ wǒ de shìqing

↳ 너 나한테 무슨 미안할 짓 했지?

0256

사전

这种事你应该**事先**问一下我的意见。

Zhè zhǒng shì nǐ yīnggāi shìxiān wèn yíxià wǒ de yìjiàn

↳ 이런 일은 사전에 나한테 물어봤어야지

0257

사랑   결혼

爱情是一回事，**婚姻**是另外一回事！

Àiqíng shì yìhuí shì□hūnyīn shì lìngwài yìhuí shì

↳ 사랑이랑 결혼은 별개야!

A一回事, B另一回事 A와B는 별개의 일이다라는 표현입니다.

0258

어쩔 수 없이

公司派我出差我就**身不由己**，是不是？

Gōngsī pài wǒ chūchāi wǒ jiù shēnbùyóujǐ, shì bu shì

↳ 회사가 출장 가라는데 나라고 별수 있나, 안 그래?

자신의 견해를 고집하다

如果你要**执意**说不想让我去的话我就不去了。

Rúguǒ nǐ yào zhíyì shuō bù xiǎng ràng wǒ qù de huà wǒ jiù bú qù le

↳ 만약 네가 기어코 나 가지 말라고 한다면 안 갈게

老婆，我去小屋睡了。明天一早我就要**出门**了。

외출하다

Lǎopo, wǒ qù xiǎowū shuì le   Míngtiān yì zǎo wǒ jiù yào chūmén le

↳ 여보(부인), 난 작은 방에서 잘게. 내일 일찍 나가야 하거든

10 그래도 사랑해

0261
□□□

有你真好。
Yǒu nǐ zhēn hǎo

↳ 네가 있어서 다행이다

0262
□□□

如胶似漆。
Rú jiāo sì qī

↳ 찰떡같이 사이가 좋아요

아교풀 같이 딱 붙어서 떨어지지 않다, 남녀간의 사랑이 깊어서 가를 수 없는 뜻입니다.

(결혼하다)

0263
□□□

我们结婚吧。
Wǒmen jiéhūn ba

↳ 우리 결혼하자

(시집가다)

0264
□□□

嫁给我好吗?
Jià gěi wǒ hǎo ma

↳ 나랑 결혼해 줄래?

(안심하다)

0265
□□□

放心吧，有我在!
Fàngxīn ba, yǒu wǒ zài

↳ 걱정 마, 내가 있잖아!

0266

달콤하다, 행복하다

新婚**甜蜜蜜**呀。

Xīnhūn tiánmìmì ya

↳ 신혼 생활 달달하지

0267

우연히 만나다, 해후하다

命中注定的**邂逅**。

Mìng zhōng zhùdìng de xièhòu

↳ 운명적인 만남

0268

청첩장

这是你们俩的结婚**喜帖**啊。

Zhè shì nǐmen liǎ de jiéhūn xǐtiě a

↳ 이게 너희 청첩장이구나

0269

지지하다

你做什么我都会**支持**你。

Nǐ zuò shénme wǒ dōu huì zhīchí nǐ

↳ 네가 뭘 하든 내가 응원할게(지지할게)

0270

~하기를 바란다

为了你，再疯一次我也**愿意**。

Wèi le nǐ, zài fēng yí cì wǒ yě yuànyì

↳ 널 위해서라면 다시 미친다 해도 기꺼이 할 거야

미치도록 사랑했는데 다시 또 그짓을 하라고 한다면 그럴 수 있다는 오글 멘트랍니다.

0271

□□□

(팔꿈치가 바깥쪽으로 돌다)

我们可不能胳膊肘往外拐。

Wǒmen kě bù néng gēbózhǒu wǎng wài guǎi

↳ 팔은 원래 안으로 굽는 거야

胳膊肘往外拐는 팔꿈치가 바깥쪽으로 돌다, 자기 편(집안 식구·매우 친한 사람)을 두둔하는 것이 아니라 남을 두둔한다는 뜻으로 여기서는 앞에 부정을 써서 팔이 바깥으로 돌면 안 되는 거야 즉, 팔은 안으로 굽는다는 의미입니다.

0272

□□□

(맛있는 것)

我这一辈子都给你买好吃的。

Wǒ zhè yíbèizi dōu gěi nǐ mǎi hǎochī de

↳ 내가 평생 맛있는 것 사줄게

0273

□□□

(평생)

你是我这辈子见过的最好的人。

Nǐ shì wǒ zhè bèizi jiànguo de zuìhǎo de rén

↳ 넌 내가 평생 만난 최고의 사람이야

0274

□□□

(현모양처)

你越来越有贤妻良母的样子了。

Nǐ yuè lái yuè yǒu xiánqī liángmǔ de yàngzi le

↳ 너 점점 현모양처가 되는 거 같은데

0275

□□□

我们在一起没有越不过去的坎儿。

(고비)

Wǒmen zài yìqǐ méiyǒu yuè bu guòqù de kǎnr

↳ 우리가 함께라면 넘지 못할 장애물은 없어

11 음식남녀

물건을 용기에 담다

0276
我来盛吧。
Wǒ lái shèng ba

↳ 내가 담을게

국이나 밥 등을 담을 때 쓰는 말입니다.

입을 대다, 병나발을 불다

0277
不能对嘴喝。
Bù néng duì zuǐ hē

↳ 입대고 마시는 건 안 돼

누군가가 병나발을 불려고 할 때 사용할 수 있겠죠.

타다

0278
肉有点焦了。
Ròu yǒudiǎn jiāo le

↳ 고기가 좀 탔어

타다, 눌어붙다

0279
炸得好像有点糊。
Zhà de hǎoxiàng yǒudiǎn hú

↳ (튀긴 게) 좀 탄 거 같긴 하네

마음껏

0280
那我敞开吃啦。
Nà wǒ chǎngkāi chī la

↳ 그럼 맘껏 먹을게요

맛이 없다

你不许嫌它难吃。

Nǐ bù xǔ xián tā nánchī

↳ 맛없다고 싫어하면 안 돼

식감

吃起来口感很好。

Chī qǐlái kǒugǎn hěn hǎo

↳ 식감 좋다

데우다

我自己拿出来热吧。

Wǒ zìjǐ ná chulai rè ba

↳ 내가 꺼내서 데울게

냉장고

我帮你放在冰箱里了。

Wǒ bāng nǐ fàngzài bīngxiāng li le

↳ 내가 냉장고에 넣어놨어

(지나치게)뜨겁다

小心烫啊。你慢点儿。

Xiǎoxīn tàng a   Nǐ màn diǎnr

↳ 뜨거워 조심해. 천천히 먹어

你慢点儿은 천천히라는 의미지만 식사 중에 나온 표현이라 천천히 먹어라고 표현했습
니다.

0286

（씹는 맛）

面条太软没有嚼劲儿。

Miàntiáo tài ruǎn méiyǒu jiáojìnr

↳ 면이 너무 흐물거려서 씹는 맛이 없어

0287

（야식）

不吃夜宵。我要减肥了。

Bù chī yèxiāo　　　　Wǒ yào jiǎnféi le

↳ 야식 안 먹어. 나 다이어트 해

0288

你想吃什么，我就给你做什么。

Nǐ xiǎng chī shénme, wǒ jiù gěi nǐ zuò shénme

↳ 뭐 먹고 싶으면, 그거 만들어 줄게

0289

（배달음식）

你不能吃外卖。外卖对身体不好。

Nǐ bù néng chī wàimài　　　　Wàimài duì shēntǐ bù hǎo

↳ 배달시켜 먹지 마. 배달음식 몸에 안 좋아

0290

你现在工作那么辛苦，吃那些没营养。

（영양）

Nǐ xiànzài gōngzuò nàme xīnkǔ, chī nàxiē méi yíngyǎng

↳ 일도 그렇게 힘든데, 저런 거 먹으면 무슨 영양가가 있겠냐

12 건강이 최고

0291
식욕

没胃口。

Méi wèikǒu

↳ 입맛이 없어요

0292
출혈

出血了。

Chū xuè le

↳ 피 난다

0293
더위 먹다

我中暑了。

Wǒ zhòngshǔ le

↳ 나 더위 먹었어요

0294
목이 메다

我噎到了。

Wǒ yē dào le

↳ 목 메어

고구마를 막 먹었을 때처럼 엄청 목이 메이는 상황에서 주로 사용됩니다. 또 체한 것 같을 때 답답함을 호소할 때도 사용합니다.

0295
편안하다

好舒服啊。

Hǎo shūfu a

↳ 와 편하다

0296
□□□

(칼로) 자르다

哎呀，**切**到手啦。

Āiyā, qiē dào shǒu lā

└→ 아야, 나 손 베었어

칼질 하다가 손을 베었을 때 나온 문장이었어요.

0297
□□□

구역질이 나다

突然有点**反胃**。

Tūrán yǒudiǎn fǎnwèi

└→ 속이 급 울렁거려

0298
□□□

어지럽다

我的头好**晕**啊。

Wǒ de tóu hǎo yūn a

└→ 나 너무 어지러워

0299
□□□

필름이 끊기다

昨天我喝**断片**了。

Zuótiān wǒ hē duànpiàn le

└→ 어제 나 필름 끊겼어

0300
□□□

피곤하다

好**困**呢！我的眼皮像黏在一起
睁不开。

Hǎo kùn ne   Wǒ de yǎnpí xiàng niánzài yìqǐ zhēngbukāi

└→ 너무 피곤해! 내 눈꺼풀이 달라붙은 듯이 안 떨어져

빈칸 채우기

앞에서 학습한 내용 중 보라색으로 칠을 괜히 한 게 아니겠지요?
기억을 더듬으며 빈칸을 채워나가 볼까요?

빈칸에 들어가는 단어가 아는 단어인가~ 모르는 단어인가~~
주황색 바에 체크해보세요!
감도 안잡힌다에 체크된 문장은 복습하기로 해요!

← 감도 안잡힌다. | 이정도는 알지 →

01 잔소리 그만해.　　　　　　　　　　别 ⬜⬜⬜ 。

02 똑같은 말 계속하지 마. / 뭉그적거리지 좀 마.　　别 ⬜⬜⬜ 。

03 너 미쳤어?　　　　　　　　　　　　你 ⬜ 了?

04 진짜 궁상맞다.　　　　　　　　　　真是 ⬜⬜⬜ 。

05 후회해? 너무 일찍 시집가서?　　　⬜⬜⬜ 啦? 嫁太早?

06 이건 주제랑 벗어난 말이잖아.　　　这是 ⬜⬜⬜ 。

07 나 잘래.　　　　　　　　　　　　我要 ⬜⬜ 了。

08 내가 수를 좀 썼지.　　　　　　　我 ⬜ 了 ⬜⬜⬜ 。

09 너 사주팔자가 정말 좋네.　　　你真是 〔　　〕 。

10 넌 날 열 받게 했어.　　　你惹我 〔　　〕 了。

11 나 계속 열심히 돈 벌게.　　　我继续努力 〔　　〕 。

12 얼른 씻고 자.　　　赶紧 〔　　〕 睡觉吧。

13 부러울 게 뭐 있어.　　　有什么可 〔　　〕 的。

14 이따 설거지 좀 해줘.　　　待会儿帮我 〔　　〕 。

15 여보(남편), 나 출근한다.　　　老公，我去 〔　　〕 了。

16 우리가 우선 아쉬운 대로 참자.　　　咱们就 〔　　〕 将就嘛。

17 혼수 준비는 마음대로 하세요.　　　〔　　〕 方面你们随意。

18 진짜 그 여자 뺨을 후려갈겨 주고 싶네.　　　我真想 〔　　〕 她几 〔　　〕 。

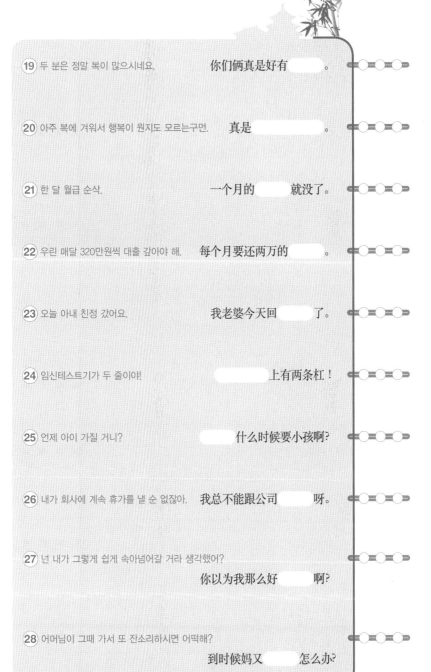

⑲ 두 분은 정말 복이 많으시네요.　　　　你们俩真是好有　　　　。

⑳ 아주 복에 겨워서 행복이 뭔지도 모르는구먼.　　真是　　　　　　。

㉑ 한 달 월급 순삭.　　　　　　一个月的　　　就没了。

㉒ 우린 매달 320만원씩 대출 갚아야 해.　　每个月要还两万的　　　。

㉓ 오늘 아내 친정 갔어요.　　　　我老婆今天回　　　了。

㉔ 임신테스트기가 두 줄이야!　　　　　　　上有两条杠！

㉕ 언제 아이 가질 거니?　　　　什么时候要小孩啊？

㉖ 내가 회사에 계속 휴가를 낼 순 없잖아.　我总不能跟公司　　呀。

㉗ 넌 내가 그렇게 쉽게 속아넘어갈 거라 생각했어?

　　　　　　你以为我那么好　　啊？

㉘ 어머님이 그때 가서 또 잔소리하시면 어떡해?

　　　　　到时候妈又　　怎么办？

29 둘이 또 고부간의 갈등이야.　你们又有闹　　　　　　了。

30 우리 할 말 있으면 (집에) 가서 하자, 응?

咱们有话　　　说，好吗?

31 나 지금 진짜 너랑 대화할 기분 아니야.

我现在真的　　　跟你说话。

32 나 못 기다리겠어. 빨리 와.　我都　　　　了呢。赶快来吧。

33 딸아이 부탁을 받고 왔습니다.　我是受我的女儿的　　　来的。

34 이 이불 내 꺼야. 네가 다 깔고 있잖아.

这被子是我的。全被你　着了。

35 말 꼭 이렇게 비아냥거릴 필요 없잖아?

你说话能别这么　　　　　的吗?

36 다음 주 내 생일인 거, 잊지 마세요.

下个星期是我的　　　，你没忘吧。

98

37 나는 점점 우리 딸 시집 보내기가 아까워.

我越来越 ⬚⬚⬚⬚⬚ 我女儿嫁人了呢。

38 너 돈 없어도 되는데, 마음만큼은 꼭 부자여야 해.

你可以没有钱，但是内心必须 ⬚⬚⬚⬚ 。

39 이런 일은 사전에 나한테 물어봤어야지.

这种事你应该 ⬚⬚⬚ 问一下我的意见。

40 사랑이랑 결혼은 별개야!

⬚⬚⬚ 是一回事，⬚⬚⬚ 是另外一回事！

41 회사가 출장 가라는데 나라고 별수 있나, 안 그래?

公司派我出差我就 ⬚⬚⬚⬚ ，是不是？

42 만약 네가 기어코 나 가지 말라고 한다면 안 갈게.

如果你要 ⬚⬚⬚ 说不想让我去的话我就不去了。

43 여보(부인), 난 작은 방에서 잘게. 내일 일찍 나가야 하거든.

老婆，我去小屋睡了。明天一早我就要 ⬚⬚⬚ 了。

㊹ 우리 결혼하자. 我们____吧。

㊺ 나랑 결혼해 줄래? ____给我好吗?

㊻ 걱정 마, 내가 있잖아! ____吧。有我在！

㊼ 신혼 생활 달달하지. 新婚____呀。

㊽ 운명적인 만남. 命中注定的____。

㊾ 이게 너희 청첩장이구나. 这是你们俩的结婚____啊。

㊿ 네가 뭘 하든 내가 응원할게(지지할게).

你做什么我都会____你。

(51) 널 위해서라면 다시 미친다 해도 기꺼이 할 거야.

为了你，再疯一次我也____。

(52) 팔은 원래 안으로 굽는 거야. 我们可不能____。

(53) 내가 평생 맛있는 것 사줄게. 我这一辈子都给你买____。

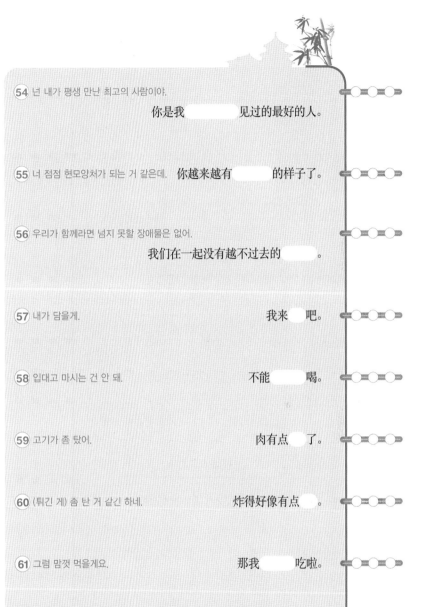

54 넌 내가 평생 만난 최고의 사람이야.

你是我   见过的最好的人。

55 너 점점 현모양처가 되는 거 같은데. 你越来越有   的样子了。

56 우리가 함께라면 넘지 못할 장애물은 없어.

我们在一起没有越不过去的   。

57 내가 담을게.

我来 吧。

58 입대고 마시는 건 안 돼.

不能   喝。

59 고기가 좀 탔어.

肉有点 了。

60 (튀긴 게) 솜 탄 거 같긴 하네.

炸得好像有点 。

61 그럼 맘껏 먹을게요.

那我   吃啦。

62 맛없다고 싫어하면 안 돼.

你不许嫌它   。

63 식감 좋다.

吃起来   很好。

64 내가 꺼내서 데울게.　　　　　　我自己拿出来⬚吧。

65 내가 냉장고에 넣어놨어.　　　　　我帮你放在⬚⬚里了。

66 뜨거워 조심해. 천천히 먹어.　　　小心⬚啊。你慢点儿。

67 면이 너무 흐물거려서 씹는 맛이 없어.　　面条太软没有⬚⬚。

68 야식 안 먹어. 나 다이어트 중이야.　　不吃⬚⬚。我要减肥了。

69 배달시켜 먹지 마. 배달음식 몸에 안 좋아.

　　　　　　　　　你不能吃⬚⬚。外卖对身体不好。

70 일도 그렇게 힘든데, 저런 거 먹으면 무슨 영양가가 있겠냐.

　　　　　　你现在工作那么辛苦，吃那些没⬚⬚。

71 입맛이 없어요.　　　　　　　　　　没⬚⬚。

72 피 난다.　　　　　　　　　　　　　⬚了。

73 나 더위 먹었어요.　　　　　　　我⬚⬚了。

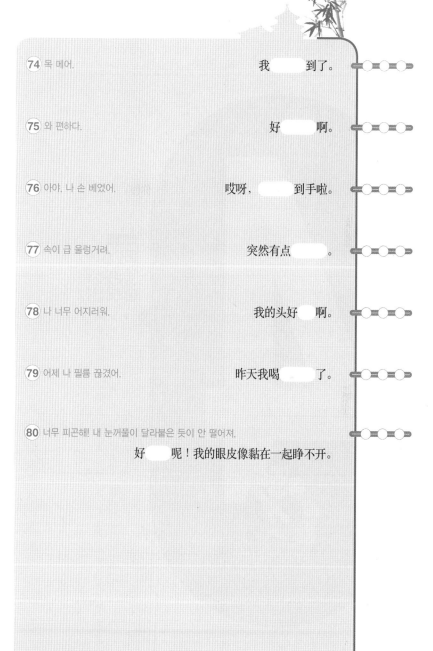

74 목 메어.　　　　　　　　　　　　我 　　 到了。

75 와 편하다.　　　　　　　　　　好 　　 啊。

76 아야, 나 손 베었어.　　　　　哎呀, 　　 到手啦。

77 속이 급 울렁거려.　　　　　　突然有点 　　 。

78 나 너무 어지러워.　　　　　　我的头好 　 啊。

79 어제 나 필름 끊겼어.　　　　昨天我喝 　 了。

80 너무 피곤해! 내 눈꺼풀이 달라붙은 듯이 안 떨어져.

　　　　好 　 呢！我的眼皮像黏在一起睁不开。

Chapter 3
걸다

103

Chapter

4

Action Chinese

04.mp3

선생님이나 같은 반 친구들 등과 나누는 대화 속에서 발췌한 표현입니다.

친구 사이에 쓸 수 있는 유용한 표현들이 많이 담겨있으니

나중에 중국 친구에게 꼭 사용해 보세요.

학교

13 수업 · 공부
14 친구 사이

이런 표현 모르면 OUTSIDER!!!

13 수업·공부

능력

0301

真是有**本事**。

Zhēn shì yǒu běnshi

↳ 진짜 능력있네

옳게 대답하다

0302

答对了。

Dá duì le

↳ 정답

졸다

0303

别打瞌睡。

Bié dǎ kēshuì

↳ 졸지 마

맞히다

0304

全猜中了。

Quán cāi zhòng le

↳ 전부 맞혔어

청강하다

0305

我在旁听。

Wǒ zài pángtīng

↳ 나 청강하는거야

0306
□□□

好好学习。

Hǎohāo xuéxí

↳ 공부 열심히 해 / 공부 잘해

0307
□□□

멍하다

愣着干吗?

Lèngzhe gànmá

↳ 왜 멍 때리고 있어?

0308
□□□

일어서다

你先站起来。

Nǐ xiān zhàn qǐlái

↳ 너 일단 일어나

0309
□□□

밤을 새다

别再熬夜了。

Bié zài áo yè le

↳ 다신 밤 새지 마

0310
□□□

노력하다

继续努力吧。

Jìxù nǔlì ba

↳ 계속 열심히 해

베끼다

你别**抄**我的。

Nǐ bié chāo wǒ de

↳ 너 내꺼 베끼지 마

내 답 커닝하지 말라는 표현입니다. 커닝은 중국어로 作弊라고 합니다.

请再接再厉。

Qǐng zài jiē zài lì

↳ 더 분발하세요

힘을 내다

我会**加油**的。

Wǒ huì jiāyóu de

↳ 열심히 할 거에요

스릴 있다

天啊! 这么 惊险。

Tiān a!　　Zhème jīngxiǎn

↳ 세상에! 이렇게 스릴 있다니

무턱대고 외우다

只能死记**硬背**。

Zhǐnéng sǐ jì yìng bèi

↳ 그냥 무조건 암기 하는 거죠

0316
☐☐☐

어학적 재능

他有语言天赋啊。

Tā yǒu yǔyán tiānfù a

↳ 걔는 언어에 재능이 있어

0317
☐☐☐

良药苦口利于病。

Lángyào kǔ kǒu lìyú bìng

↳ 몸에 좋은 약이 입에는 쓰다

0318
☐☐☐

일을 도맡다

这些事包我身上。

Zhè xiē shì bāo wǒ shēnshàng

↳ 이 일들은 내가 맡을게

0319
☐☐☐

치열하게 경쟁하다

这两个人比拼嘛。

Zhè liǎng ge rén bǐpīn ma

↳ 둘이 엄청 경쟁하잖아

0320
☐☐☐

열중하다

上课的时候专心点。

Shàngkè de shíhou zhuānxīn diǎn

↳ 수업 시간엔 집중해

0321
□□□

표준에 못미치다, 좋지 않다

为什么数学那么差?

Wèi shénme shùxué nàme chà

└→ 너 수학을 왜 이렇게 못해?

0322
□□□

핏줄

累得眼睛都有血丝了。

Lèi de yǎnjīng dōu yǒu xuèsī le

└→ 피곤해서 눈에 핏줄 터졌어

0323
□□□

망치다

这回可千万别搞砸了。

Zhè huí kě qiānwàn bié gǎo zá le

└→ 이번에는 절대로 망치면 안돼

0324
□□□

선배

以后我要多向前辈学习。

Yǐhòu wǒ yào duō xiàng qiánbèi xuéxí

└→ 앞으로 선배 따라서 열심히 공부할게요

0325
□□□

가혹하다

你对自己的要求太苛刻了。

Nǐ duì zìjǐ de yàoqiú tài kēkè le

└→ 넌 스스로에게 너무 엄격해

0326

你可以慢一点。但不要停下来。

Nǐ kěyǐ màn yì diǎn   Dàn bú yào tíng xialai

→ 좀 천천히 해도 돼. 다만 멈추지만 마

0327

몰두하다, 달라붙다

每天放学后我在屋里**埋头**读书。

Měitiān fàngxué hòu wǒ zài wū li mái tóu dú shū

→ 매일 학교 끝나면 방에 들어앉아서 공부만 해요

0328

집중하다

他看书太**专注**了，都听不到别人说话。

Tā kànshū tài zhuānzhù le, dōu tīngbudào bié rén shuō huà

→ 쟤는 책 볼 때 완전 집중해서, 다른 사람이 말하는 것도 잘 못 들어

0329

더욱 더 힘쓰다

我会**再接再厉**取得更优异的成绩。

Wǒ huì zài jiē zài lì qǔdé gèng yōuyì de chéngjì

→ 더욱 열심히 해서 좋은 성적을 얻겠습니다

0330

우연한 원인으로 인해 일이 발생하다

我本来想去美国留学**阴差阳错**来了中国。

Wǒ běnlái xiǎng qù Měiguó liúxué yīn chà yáng cuò lái le Zhōngguó

→ 원래 미국 유학 가려고 했는데 어쩌다 보니 중국에 와있네

이런 표현 모르면 OUTSIDER!!!

14 친구 사이

절교하다

0331

绝交！
Jué jiāo

↳ 절교야!

같은 표현으로 우정이 끝났다는 友尽이 있습니다. 인터넷에서 유행하는 말이에요.

0332

你少来。
Nǐ shǎo lái

↳ 적당히 좀 해

0333

丑八怪。
Chǒubāguài

↳ 못난이

(남의 말을) 끊다

0334

别打岔。
Bié dǎ chà

↳ 말 꺼들지 마

0335

随便吧。
Suíbiàn ba

↳ 아무거나

예를 들어 뭐 먹을래?라고 물어볼때 뭐든 상관없다는 대답입니다.

0336

멋지다

帅气吧。

Shuài qi ba

↳ 폼나지 / 멋지지

0337

허풍떨다

太浮夸了。

Tài fúkuā le

↳ 너무 오버다 / 너무 과장됐다

0338

창피 당하다

丢死人了。

Diū sǐ rén le

↳ 쪽팔려 죽겠네

0339

신발끈

鞋带开了。

Xiédài kāi le

↳ 너 신발 끈 풀렸어

0340

낯을 가리다

我很腼腆。

Wǒ hěn miǎntiǎn

↳ 제가 낯을 좀 가려요

Chapter 4

0341

□□□

睡过头了。

Shuì guò tóu le

↳ 늦잠 잤어

0342

□□□

发给我啊。

Fā gěi wǒ a

↳ 나한테 보내줘

예를 들어 사진을 찍고나서 보내달라고 하는 상황에 쓸 수 있겠죠.

0343

□□□

투표하다

投票决定。

Tóu piào juédìng

↳ 투표로 결정하자

0344

□□□

말실수하다

说漏嘴了。

Shuō lòu zuǐ le

↳ 말실수한 거야

0345

□□□

대안

有备选吗?

Yǒu bèixuǎn ma

↳ 대안이 있어?

0346
□□□

음모

有什么鬼？
Yǒu shénme guǐ

↳ 무슨 꿍꿍이야?

0347
□□□

祝你好运！
Zhù nǐ hǎoyùn

↳ 행운이 있길! / 굿럭!

0348
□□□

三局两胜。
Sān jú liǎng shèng

↳ 3판 2승이야

0349
□□□

剪刀石头布。
Jiǎndāo shítou bù

↳ 가위바위보

0350
□□□

太有心机了。
Tài yǒu xīnjī le

↳ 너무 꿍꿍이가 있어 보여

가식적이다

0351

她特别**做作**。

Tā tèbié zuòzuo

↳ 쟤는 너무 가식적이야

0352

你听谁说的。

Nǐ tīng shéi shuō de

↳ 누가 그런 소리를 해

전달하다

0353

我去**转告**他。

Wǒ qù zhuǎngào tā

↳ 제가 전달하겠습니다

한마디로 결정하고 바꾸지 않는다

0354

一言为定啊!

Yì yán wéi dìng a

↳ 말한 거 꼭 지켜!

공부를 아주 잘하는 사람, 모범생

0355

他是个**学霸**。

Tā shì ge xuébà

↳ 걔 공부 완전 잘하는 학구파야

学霸는 공부도 열심히 하고 성적도 상위권인 학생들을 말합니다.

이래서일! 중국어다! 0순위 ◆ 중드 표현 1200

절친, 베프

她是我的闺蜜。

Tā shì wǒ de guīmì

↳ 내 절친이야

원래 闺蜜는 여자친구 사이에서만 사용이 되었는데요 요즘은 男闺蜜라고 해서 남사친 (남자 사람 친구)이라는 말로도 사용됩니다. 친한 남자들끼리는 兄弟, 哥们儿이라고 합니다.

0357

你还记得我吗?

Nǐ hái jì de wǒ ma

↳ 너 나 아직 기억나니?

괴롭히다

0358

是他欺负我的。

Bhì tā qīfu wǒ de

↳ 걔가 날 괴롭힌 거라고

어린애 티가 난다

0359

不要孩子气了。

Bú yào háiziqì le

↳ 애처럼 굴지 마

자초하다

0360

都是他自找的。

Dōu shì tā zì zhǎo de

↳ 다 본인이 자초한 거야

0361
□□□

웃다

笑得我肚子疼。

Xiào de wǒ dùzi téng

↳ (너무 웃겨서) 아이고 배야

0362
□□□

좋아하다

希望大家喜欢。

Xīwàng dàjiā xǐhuān

↳ 다들 좋아하셨으면 좋겠어요

0363
□□□

먹을 복

你太有口福了。

Nǐ tài yǒu kǒufú le

↳ 너 진짜 먹을 복 있다

0364
□□□

고집불통

他是个死脑筋!

Tā shì ge sǐnǎojīn

↳ 고집불통 자식!

死脑筋 융통성이 없다는 뜻으로 앞뒤가 꽉 막힌 사람을 일컫습니다.

0365
□□□

어리석다

你是不是傻呀?

Nǐ shì bu shì shǎ ya

↳ 너 바보냐?

0366

쓸모가 있다

这药挺管用的。

Zhè yào tǐng guǎnyòng de

↳ 이 약 잘 들어

0367

의기투합하다, 죽이 척척 맞다

我们俩特别投缘。

Wǒmen liǎ tèbié tóuyuán

↳ 우리 둘은 죽이 아주 척척 맞는구먼

0368

你怎么认识他呀。

Nǐ zěnme rènshi tā ya

↳ 네가 걔를 어떻게 알아?

0369

젊다

我年轻。我不怕累。

Wǒ niánqīng, Wǒ bú pà lèi

↳ 나는 젊은데 뭐. 힘든 건 두렵지 않아

0370

니약히디

怎么这么娇气呢。

Zěnme zhème jiāoqì ne

↳ 뭐가 이렇게 약해빠져서는

몸이 허약하거나 비실거리는 사람들에게 사용됩니다.

0371
□□□

身体不太舒服啊。

Shēntǐ bú tài shūfu a

↳ 몸이 좀 안 좋아

0372
□□□

你真的惹到我了。

Nǐ zhēn de rě dào wǒ le

↳ 넌 날 진짜 열 받게 했어

0373
□□□

怎么这么说话呢。

Zěnme zhème shuōhuà ne

↳ 어떻게 이렇게 말할 수 있어

쓸데없이 참견하다

0374
□□□

你太爱**管闲事**啦。

Nǐ tài ài guǎn xiánshì la

↳ 넌 너무 오지라퍼야

管闲事은 자기와 상관없는 일에 쓸데 없이 참견하다, 자기와 무관한 남의 일에 간섭
하다라는 뜻을 담고 있습니다.

승낙하다

0375
□□□

好的，我答应你。

Hǎo de, wǒ dāying nǐ

↳ 알겠어, 승낙할게

이번엔 중국어다! 0순위 ◆ 중드 표현 1200

□□□

의리 있다

朋友，你**够义气**啊。

Péngyou, nǐ gòu yìqi a

↳ 친구야, 의리 있다잉

비슷한 표현으로는 他很讲义气가 있고요. 반대되는 말인 의리없기는 이란 말은 不讲义气라고 사용됩니다.

□□□

의기소침하다

怎么了？**垂头丧气**的。

Zěnme le　　Chuí tóu sàng qì de

↳ 무슨 일이야? 의기소침해져 가지고

□□□

我怕帮不了你什么。

Wǒ pà bāng bu liǎo nǐ shénme

↳ 난 내가 아무것도 도와줄 수 없을까봐 걱정돼

□□□

(다른 사람들의) 호감을 사다

她挺**招人喜欢**的。

Tā tǐng zhāorén xǐhuān de

↳ 걔는 사람들한테 예쁨 받는 거 같아

□□□

你在玩儿什么东西？

Nǐ zài wánr shénme dōngxi

↳ 뭐 가지고 놀아?

0381

제구실을 못하다

我怎么这么**不争气**呢。

Wǒ zěnme zhème bù zhēngqì ne

↳ 난 뭐 이렇게 모지리 같냐

스스로에 대해 제구실을 못한다, 변변치 않다, 멍청하고 한심하다고 생각할 때 사용합니다.

0382

뇌물

你拿这个东西**贿赂**我。

Nǐ ná zhè ge dōngxi huìlù wǒ

↳ 이런 걸로 나한테 뇌물을 먹이시려는군

0383

예의가 바르다

我们之间你**客气**什么?

Wǒmen zhījiān nǐ kèqi shénme

↳ 우리 사이에 웬 예의를 차리실까?

0384

최우수 학생

你肯定是班上的**尖子生**?

Nǐ kěndìng shì bānshàng de jiānzishēng

↳ 너 반에서 모범생이지?

尖子生은 최우수 학생, 우등생이라는 뜻을 담고 있습니다.

0385

좋은 친구

你永远是我们的**好朋友**。

Nǐ yǒngyuǎn shì wǒmen de hǎo péngyou

↳ 너는 언제나 우리의 좋은 친구야

0386

这件事情我真是气不过。

Zhè jiàn shìqing wǒ zhēn shì qìbuguò

↳ 이 일은 진짜 화나서 참을 수가 없어

0387

공개적으로 말다툼하다

怎么着，你要跟我撕破脸吗?

Zěnme zháo, nǐ yào gēn wǒ sī pòliǎn ma

↳ 뭐야, 나랑 대놓고 싸우자는 거야?

撕破脸은 얼굴을 쥐어 뜯다라는 뜻으로 서로 감정이 틀어져서 체면 불고하고 공개적으로 말다툼한다는 의미가 담겨있습니다.

0388

관여할 자격이 없다

我花自己的钱你管不着。

Wǒ huā zìjǐ de qián nǐ guǎnbuzháo

↳ 내 돈 내가 쓰는데 네가 뭐 상관이야

管不着는 관여할 수 없다, 간섭할 수 없다는 의미입니다.

0389

我们要做一辈子的好朋友。

Wǒmen yào zuò yībèizi de hǎo péngyou

↳ 우리 평생 사이좋게 지내자 / 우리 평생 좋은 친구하자

0390

웃음거리

不许哭，别人该笑话你了。

Bù xǔ kū, bié rén gāi xiàohuà nǐ le

↳ 울지 마, 사람들이 비웃겠다

말썽쟁이이다, 보통내기가 아니다

她一看就**不是省油的灯**呀。

Tā yí kàn jiù bú shì shěngyóu de dēng ya

↳ 쟤 딱 봐도 말썽쟁이일 거 같잖아

省油的灯은 원래 기름이 덜 드는 등이라는 뜻으로 마음을 놓을 수 있는 인물, 손이 덜 가는 사람을 말하는데요. 통상적으로 부정문인 不是省油的灯은 남에게 자주 걱정을 끼쳐서 마음을 놓을 수 없는 사람, 말썽을 자주 일으키는 사람이라는 표현으로 사용됩니다. 또한 꿍꿍이가 있는 교활한 사람들을 보고 보통내기가 아니다라고 말할 때도 사용됩니다.

얼굴

我都没有**脸**回去见你们了。

Wǒ dōu méiyǒu liǎn huí qù jiàn nǐmen le

↳ 내가 가서 너희 얼굴을 볼 면목이 없다

졸업하다

他**毕业**于韩国外国语大学。

Tā bìyè yú Hánguó wàiguóyǔ dàxué

↳ 걔는 한국 외국어 대학교 졸업했어요

전문가이다

还是我比较**在行**，我教你。

Háishi wǒ bǐjiào zàiháng, wǒ jiāo nǐ

↳ 그래도 이 분야는 내가 전문가이니, 내가 알려줄게

빼앗다

她就是喜欢**抢**别人的男朋友。

Tā jiù shì xǐhuān qiǎng bié rén de nán péngyou

↳ 걔 남의 남자친구 뺏어가는 게 취미잖아

0396

看这里，一二三。 再来一张。

Kàn zhè lǐ, yī èr sān　　　Zài lái yì zhāng

↳ 다들 여기 봐, 하나 둘 셋. 다시 한 번 더

사진 찍을 때 사용하는 표현입니다.

0397

안색

我觉得你的**脸色**看上去不太好。

Wǒ juéde nǐ de liǎnsè kànshangqu bú tài hǎo

↳ 너 안색이 좀 안 좋은 거 같아

0398

你不问我一声自己决定了啊?

Nǐ bú wèn wǒ yīshēng zìjǐ juédìng le a

↳ 나한테 한마디 물어보지도 않고 결정했어?

0399

놀리다

能不生气吗? 你老爱这样**捉弄**
人。

Néng bù shēngqì ma　　　Nǐ lǎo ài zhèyàng zhuōnòng rén

↳ 내가 화 안 나게 생겼어? 네가 매번 이렇게 사람을 갖고 노는데

0400

대단히 사이가 좋다

他们俩从小就是**形影不离**的好
朋友。

Tāmen liǎ cóngxiǎo jiù shì xíngyǐngbùlí de hǎo péngyou

↳ 그들은 어려서부터 정말 절친한 친구였어요

形影不离는 그림자가 형체를 따르듯 조금도 떨어지지 않는다는 의미에요. 대단히 사이가 좋을 때 사용되는 성어입니다.

앞에서 학습한 내용 중 보라색으로 칠을 괜히 한 게 아니겠지요?
기억을 더듬으며 빈칸을 채워나가 볼까요?

빈칸에 들어가는 단어가 아는 단어인가~ 모르는 단어인가~~
주황색 바에 체크해보세요!
감도 안잡힌다에 체크된 문장은 복습하기로 해요!

← 감도 안잡힌다. | 이정도는 알지 →

01 진짜 능력있네.

真是有 ___ 。

02 정답.

___ 了。

03 졸지 마.

别 ___ 。

04 전부 맞혔어.

全 ___ 了。

05 나 청강하는거야.

我在 ___ 。

06 왜 멍 때리고 있어?

___ 着干吗?

07 너 일단 일어나.

你先 ___ 起来。

08 다신 밤 새지 마.

别再 ___ 了。

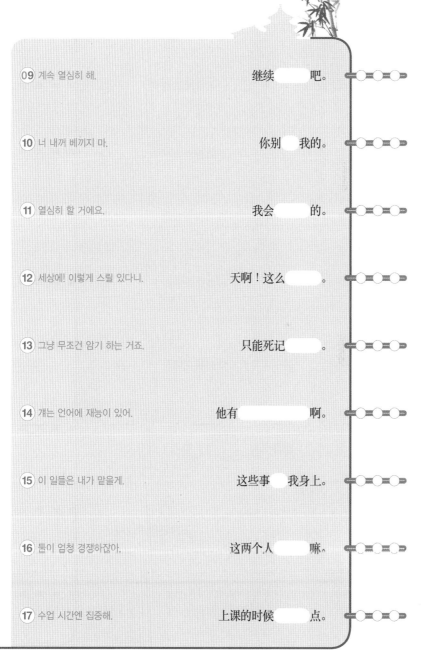

09 계속 열심히 해.　　　继续　　吧。

10 너 내꺼 베끼지 마.　　　你别　我的。

11 열심히 할 거에요.　　　我会　　的。

12 세상에! 이렇게 스릴 있다니.　　　天啊！这么　　　。

13 그냥 무조건 암기 하는 거죠.　　　只能死记　　。

14 걔는 언어에 재능이 있어.　　　他有　　　　啊。

15 이 일들은 내가 맡을게.　　　这些事　我身上。

16 둘이 엄청 경쟁하잖아.　　　这两个人　　嘛。

17 수업 시간엔 집중해.　　　上课的时候　点。

18 너 수학을 왜 이렇게 못해?　　　　　　　为什么数学那么 　　 ?

19 피곤해서 눈에 핏발 섰어.　　　　　　累得眼睛都有 　　 了。

20 이번에는 절대로 망치면 안돼.　　　　这回可千万别 　　 了。

21 앞으로 선배 따라서 열심히 공부할게요.　以后我要多向 　　 学习。

22 넌 스스로에게 너무 엄격해.　　　　　你对自己的要求太 　　 了。

23 매일 학교 끝나면 방에 들어앉아서 공부만 해요.

　　　　　　　　　　　每天放学后我在屋里 　　 读书。

24 쟤는 책 볼 때 완전 집중해서, 다른 사람이 말하는 것도 잘 못 들어.

　　　　　　　他看书太 　　 了，都听不到别人说话。

25 더욱 열심히 해서 좋은 성적을 얻겠습니다.

　　　　　　我会 　　　　 取得更优异的成绩。

26 원래 미국 유학 가려고 했는데 어쩌다 보니 중국에 왔네.

　　　　　　我本来想去美国留学 　　 来了中国。

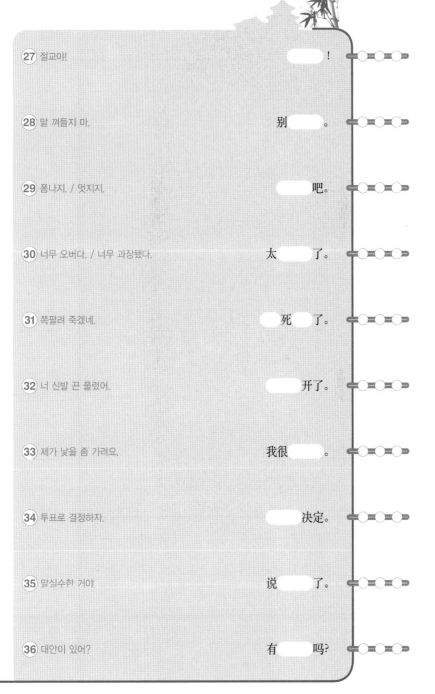

(27) 절교야!

　　　　　　！

(28) 말 껴들지 마.

別　　　　。

(29) 폼나지. / 멋지지.

　　　　吧。

(30) 너무 오버다. / 너무 과장됐다.

太　　了。

(31) 쪽팔려 죽겠네.

　　死　　了。

(32) 너 신발 끈 풀렸어.

　　开了。

(33) 제가 낯을 좀 가려요.

我很　　。

(34) 투표로 결정하자.

　　决定。

(35) 말실수한 거야

说　　了。

(36) 대안이 있어?

有　　吗?

37 무슨 꿍꿍이야?　　　　　　　　　有什么　　？

38 쟤는 너무 가식적이야.　　　　　　她特别　　　。

39 제가 전달하겠습니다.　　　　　　我去　　他。

40 말한 거 꼭 지켜!　　　　　　　　　　啊！

41 걔 공부 완전 잘하는 학구파야.　　　他是个　　　。

42 내 절친이야.　　　　　　　　　　她是我的　　　。

43 걔가 날 괴롭힌 거라고.　　　　　　是他　　我的。

44 애처럼 굴지 마.　　　　　　　　　不要　　　了。

45 다 본인이 자초한 거야.　　　　　　都是他　　的。

46 (너무 웃겨서) 아이고 배야.　　　　　　得我肚子疼。

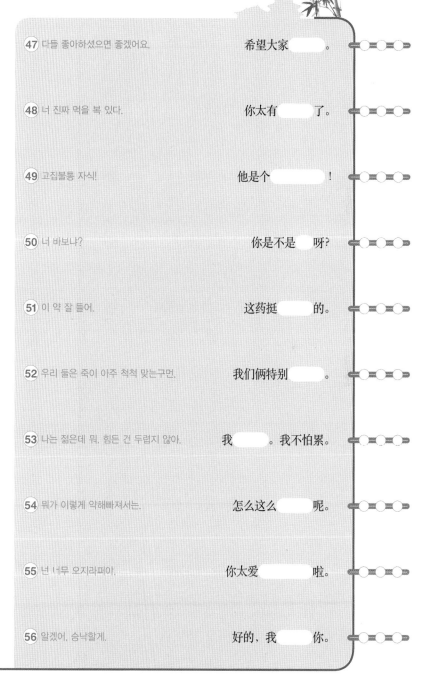

47 다들 좋아하셨으면 좋겠어요.　　　　　希望大家 _____。

48 너 진짜 먹을 복 있다.　　　　　　　　你太有 _____ 了。

49 고집불통 자식!　　　　　　　　　　　他是个 _____！

50 너 바보냐?　　　　　　　　　　　　你是不是 _____ 呀？

51 이 약 잘 들어.　　　　　　　　　　这药挺 _____ 的。

52 우리 둘은 죽이 아주 척척 맞는구먼.　　我们俩特别 _____。

53 나는 젊은데 뭐. 힘든 건 두렵지 않아.　我 _____。我不怕累。

54 뭐가 이렇게 약해빠져서는.　　　　　怎么这么 _____ 呢。

55 넌 너무 오지라퍼야.　　　　　　　你太爱 _____ 啦。

56 알겠어. 승낙할게.　　　　　　　好的，我 _____ 你。

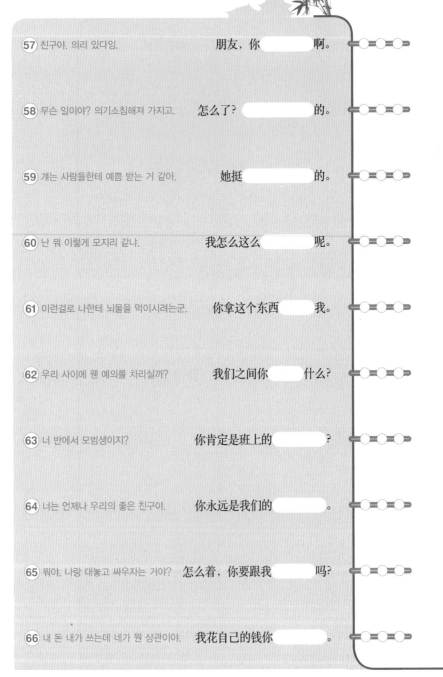

57 친구야. 의리 있다잉.　　　　　　　　朋友，你＿＿＿＿啊。

58 무슨 일이야? 의기소침해져 가지고.　　怎么了？＿＿＿＿的。

59 걔는 사람들한테 예쁨 받는 거 같아.　她挺＿＿＿的。

60 난 뭐 이렇게 모지리 같냐.　　　　　我怎么这么＿＿＿呢。

61 이런걸로 나한테 뇌물을 먹이시려는군.　你拿这个东西＿＿＿我。

62 우리 사이에 웬 예의를 차리실까?　我们之间你＿＿＿什么？

63 너 반에서 모범생이지?　　　　　你肯定是班上的＿＿＿？

64 너는 언제나 우리의 좋은 친구야.　你永远是我们的＿＿＿。

65 뭐야. 나랑 대놓고 싸우자는 거야?　怎么着，你要跟我＿＿＿吗？

66 내 돈 내가 쓰는데 네가 뭔 상관이야.　我花自己的钱你＿＿＿。

67 울지 마, 사람들이 비웃겠다.　　　　　不许哭，别人该 ⬚ 你了。

68 쟤 딱 봐도 말썽쟁이일 거 같잖아.　她一看就 ⬚ 呀。

69 내가 가서 너희 얼굴을 볼 면목이 없다.　我都没有 ⬚ 回去见你们了。

70 걔는 한국 외국어 대학교 졸업했어요.　他 ⬚ 于韩国外国语大学。

71 그래도 이 분야는 내가 전문가이니, 내가 알려줄게.

　　　　　　　　　　　　　还是我比较 ⬚ ，我教你。

72 쟤 남의 남자친구 뺏어가는 게 취미잖아.

　　　　　　　　　　她就是喜欢 ⬚ 别人的男朋友。

73 너 안색이 좀 안 좋은 거 같아.

　　　　　　　　我觉得你的 ⬚ 看上去不太好。

74 내가 화 안 나게 생겼어? 네가 매번 이렇게 사람을 갖고 노는데.

　　　　　　　　能不生气吗？你老爱这样 ⬚ 人。

75 그들은 어려서부터 정말 절친한 친구였어요.

　　　　　　　　他们俩从小就是 ⬚ 的好朋友。

Chapter 5

Action Chinese

05.mp3

아마 회사를 다니는 직장인 분들이라면

격공(격격)한 공감하는 내용들이 담겨져 있지 않을까 싶습니다.

입사부터 회식까지 회사에서 벌어지는 다양한 면모를 담아 보았습니다

회사

15 업무
16 회식
17 감정
18 구직

15 업무

0401
☐☐☐

尽快。
Jǐn kuài

↳ 최대한 빨리요 / 되도록 빨리요

0402
☐☐☐

过来。
Guò lái

↳ 이리 와봐

0403
☐☐☐

您找我?
Nín zhǎo wǒ

↳ 저 찾으셨나요?

0404
☐☐☐

散会。
Sàn huì

↳ (회의 끝) 이상

0405
☐☐☐

没下文。
Méi xiàwén

↳ 진전이 없네요

결과물이 없거나 어떤 일의 후속 조치가 없을 때 사용됩니다.

0406

힘을 다하다

我尽力。

Wǒ jìn lì

↳ 최선을 다하겠습니다

0407

去忙吧。

Qù máng ba

↳ 가서 일하세요

回去继续工作吧라고 말할 수도 있지만 일반적으로 去忙吧를 더 자주 사용합니다.

0408

복사하다

复印一下。

Fùyìn yíxià

↳ 복사 좀

0409

越快越好。

Yuè kuài yuè hǎo

↳ 빠르면 빠를수록 좋아

0410

言归正传。

Yán guī zhèng zhuàn

↳ (앞에 화제에서 벗어난 다른 이야기를 한 뒤) 자, 이제 본론으로 들어가 볼까

0411
□□□

我记一下。

Wǒ jì yíxià

↳ 좀 적겠습니다

0412
□□□

说到做到。

Shuō dào zuò dào

↳ 말한 건 반드시 지킵니다

인턴

0413
□□□

实习生吗?

Shíxíshēng ma

↳ 인턴이세요?

퇴근하다

0414
□□□

还没下班啊?

Hái méi xiàbān a

↳ 아직 퇴근 안 했어?

0415
□□□

终于忙完了。

Zhōngyú máng wánle

↳ 드디어 바쁜 거 끝났다

0416

결정하다

就这么**决定**了。

Jiù zhème juédìng le

↳ 그럼 이렇게 결정합니다

0417

회의하다

十分钟后**开会**。

Shí fēnzhōng hòu kāihuì

↳ 10분 후에 회의합니다

0418

일하다

好好**干活**，加油。

Hǎohāo gànhuó, jiāyóu

↳ 열심히 일해, 파이팅

0419

我们要支持他。

Wǒmen yào zhīchí tā

↳ 우리는 그를 응원해

0420

협력하다

我尽力**配合**他。

Wǒ jìn lì pèihé tā

↳ 제가 최선을 다해서 서포트하겠습니다

0421

这个事交给我。

Zhè ge shì jiāo gěi wǒ

↳ 이 일은 나에게 맡겨

0422

대조 확인하다

我们**核对**一下。

Wǒmen héduì yíxià

↳ 우리 좀 맞춰보자

0423

비밀을 지키다

你一定要**保密**。

Nǐ yídìng yào bǎomì

↳ 너 비밀 꼭 지켜

0424

패기

你这么没**志气**。

Nǐ zhème méi zhìqì

↳ 이렇게 패기가 없어서야

0425

미숙하다

还是有点**生疏**。

Háishi yǒudiǎn shēngshū

↳ 아직은 좀 서툴러요

0426

핑계를 대다

不要再找借口。

Bú yào zài zhǎo jiékǒu

→ 다신 변명하지 마세요

0427

这是你的工作证。

Zhè shì nǐ de gōngzuòzhèng

→ 여기 본인 사원증이요

0428

일어서다

赶紧都动起来吧。

Gǎnjǐn dōu dòng qǐlái ba

→ 빨리들 움직이자

0429

공로

都是大家的功劳。

Dōu shì dàjiā de gōngláo

→ 모두 여러분 덕입니다

0430

문서

这份文件留给您。

Zhè fèn wénjiàn liú gěi nín

→ 이 문서는 드릴게요

두말, 딴말

我绝对不说二话。
Wǒ juéduì bù shuō èrhuà

↳ 내가 절대 두말하지 않을게

PPT是可以做的。
PPT shì kěyǐ zuò de

↳ PPT는 할 줄 알아요

중국어로는 幻灯片이라고 하는데, 요즘 젊은 친구들은 대부분 PPT라고 말합니다. 포토샵의 경우 PS라고 하고요, 修图라고도 합니다.

해임하다

公司准备解聘她。
Gōngsī zhǔnbèi jiěpìn tā

↳ 회사에서 쟤 해고하려고 한대

겸손하다

你实在太谦虚了。
Nǐ shízài tài qiānxū le

↳ 지나치게 겸손하십니다

일하다

你是在这儿工作吗?
Nǐ shì zài zhèr gōngzuò ma

↳ 여기서 일하세요?

0436
☐☐☐

자리

这个就是你的**座位**。

Zhè ge jiù shì nǐ de zuòwèi

↳ 여기가 본인 자리예요

0437
☐☐☐

这儿有我，我帮你。

Zhèr yǒu wǒ, wǒ bāng nǐ

↳ 제가 있잖아요, 제가 도와드릴게요

0438
☐☐☐

정리하다

我都已经**整理**好了。

Wǒ dōu yǐjīng zhěnglǐ hǎo le

↳ 제가 이미 다 정리했습니다

0439
☐☐☐

자료

我要在车上看**资料**。

Wǒ yào zài chē shàng kàn zīliào

↳ 난 차에서 자료 좀 볼게

0440
☐☐☐

큰일을 벌이다

你这次**摊上大事**了。

Nǐ zhè cì tānshàng dà shì le

↳ 너 이번에 큰일 저질렀구나

0441

게으름 피우다

千万不可以**偷懒**啊。

Qiānwàn bù kěyǐ tōulǎn a

↳ 절대 꾀부리시면 안 됩니다

0442

주요 역할을 하는 사람

她是我们公司的**骨干**。

Tā shì wǒmen gōngsī de gǔgàn

↳ 우리 회사의 능력자야

0443

교정하다

这个要拿出来去**校对**。

Zhè ge yào ná chūlái qù jiàoduì

↳ 이거 교정 좀 봐줘요

0444

더블 클릭

双击打开那个文件夹。

Shuāngjī dǎkāi nà ge wénjiànjiā

↳ 그 폴더 더블클릭해 봐

0445

你去帮大家叫外卖吧。

Nǐ qù bāng dàjiā jiào wàimài ba

↳ 사람들 먹을 음식 좀 배달시켜줘

0446
□□□

刚把这些资料打出来。

Gāng bǎ zhè xiē zīliào dǎ chūlái

↳ 방금 이 자료들 출력했습니다

0447
□□□

도와주다

有什么可以帮忙的吗?

Yǒu shénme kěyǐ bāng máng de ma

↳ 뭐 도와드릴까요?

0448
□□□

영문을 모르다

莫名其妙地被调过来了。

Mò míng qí miào de bèi diào guòlái le

↳ 영문도 모른 채 파견 왔어

0449
□□□

힘

吃饱饱就有力气工作啦。

Chī bǎobǎo jiù yǒu lìqi gōngzuò la

↳ 배부르게 먹었으니 힘내서 일해봅시당

배부르게 먹는다는 吃饱입니다. 이렇게 吃饱饱라고 하면 귀여운 척을 하는 느낌이나 아이들이 쓰는 표현이에요. 정상적(?)으로 얘기하고 싶다면 吃饱了就有力气工作啦라고 하시면 됩니다.

0450
□□□

不吃饭哪有力气工作啊。

Bù chīfàn nǎyǒu lìqi gōngzuò a

↳ 밥을 안 먹으면 무슨 힘으로 일을 해

0451
□□□

快点儿，别让大家等你。

Kuài diǎnr, bié ràng dàjiā děng nǐ

→ 빨리 해, 사람들 기다리게 하지 말고

0452
□□□

일당백

你一个人可以**以一抵百**。

Nǐ yí ge rén kěyǐ yǐ yī dǐ bǎi

→ 너 혼자서 일당백 가능하잖아

0453
□□□

일리가 있다

我觉得你讲得很**有道理**。

Wǒ juéde nǐ jiǎng de hěn yǒu dàolǐ

→ 내 생각엔 네 말이 일리가 있어

0454
□□□

꽂다

你要把我给你的U盘**插**上。

Nǐ yào bǎ wǒ gěi nǐ de Upán chāshàng

→ 내가 너한테 준 USB 좀 꽂아줘

0455
□□□

해야하는 말

我觉得**该说的**也都说完了。

Wǒ juéde gāi shuō de yě dōu shuō wán le

→ 할 말은 다 한 것 같습니다

0456

식사 때

都已经过**饭点**了。饿不饿呀?

Dōu yǐjīng guò fàn diǎn le　　　　È bu è ya

↳ 이미 밥때가 지났네. 배 안고파?

0457

我是之前跟你联系过的小金。

Wǒ shì zhīqián gēn nǐ liánxì guo de xiǎojīn

↳ 저는 저번에 연락 드렸던 샤오진입니다

0458

대담하다

大胆说 'no' 也是一种能力。

Dàdǎn shuō 'no' yě shì yì zhǒng nénglì

↳ 대범하게 '노'라고 말하는 것도 능력이야

0459

낙하산, 낙하산병

全公司都知道我是个**空降兵**。

Quán gōngsī dōu zhīdào wǒ shì ge kōngjiàngbīng

↳ 제가 낙하산인 거 회사 전체가 다 아는데요 뭘~

0460

심각하다

没那么**严重**。你先安心工作吧。

Méi nàme yánzhòng　　　　Nǐ xiān ānxīn gōngzuò ba

↳ 그렇게 심각한 것 아냐. 일단 안심하고 일해

0461

让我们一起，为XX公司努力吧。

Ràng wǒmen yìqǐ, wèi XX gōngsī nǔlì ba

→ 우리 함께 XX 회사를 위해 노력합시다

0462

(정당치 못한 방법으로) 잇속을 차리다

我不想让你觉得我是**占你便宜**。

Wǒ bù xiǎng ràng nǐ juéde wǒ shì zhàn nǐ piányi

→ 내가 널 이용해 먹는다고 생각하는 게 싫었어

占便宜는 첫째 부당한 이득을 챙기다, 손해보지 않다, 덕보려한다는 뜻을 가지고 있어요. 둘째는 유리한 조건을 가지다 라는 뜻도 있습니다. 여기서는 첫 번째 뜻으로 사용되었습니다.

0463

자기소개

我们请新同事给大家做**自我介绍**。

Wǒmen qǐng xīn tóngshì gěi dàjiā zuò zìwǒ jièshào

→ 새로 오셨으니까 사람들에게 간단히 자기소개 해주세요

0순위 ◆ 이번엔 중국어다! 중드 표현 1200

0464

접대하다

这次你来韩国**招待**不周。请见谅。

Zhè cì nǐ lái Hánguó zhāodài bùzhōu　　　　　　Qǐng jiànliàng

→ 이번에 한국 오셨을 때 잘 챙겨드리지 못했네요. 죄송합니다

0465

제안

这个**提案**最快你什么时候能给我?

Zhè ge tí'àn zuì kuài nǐ shénme shíhou néng gěi wǒ

→ 이번 제안서 가장 빠르면 언제까지 줄 수 있어?

0466

신참, 햇병아리

我像你这么大的时候,还是**菜鸟**呢。

Wǒ xiàng nǐ zhème dà de shíhou, háishi càiniǎo ne

→ 내가 너만 했을 때, 햇병아리였어

0467

来来来,都认识一下。咱们新来的同事。

Lái lái lái, dōu rènshi yíxià　　　　　　Zánmen xīn lái de tóngshì

→ 자자자, 다들 인사 합시다. 새로 온 직원이에요

0468

你觉得第三项目的价格,是不是还能**商量**?

상의하다

Nǐ juéde dì sān xiàngmù de jiàgé, shì bu shì hái néng shāngliàng

→ 세 번째 항목의 가격을 좀, 다시 협의해 볼 수 있겠습니까?

很高兴认识大家。从今天起我们就要一起工作了。

Hěn gāoxìng rènshi dàjiā Cóng jīntiān qǐ wǒmen jiù yào yìqǐ gōng zuò le

↳ 만나서 반갑습니다. 오늘부터 함께 일하게 되었습니다

这个要的时间比较急。周一客户要看稿子。抓紧时间啊。

고객, 거래처

Zhè ge yào de shíjiān bǐjiào jí Zhōuyī kèhù yào kàn gǎozi Zhuājǐn shíjiān a

↳ 이게 좀 급하게 필요해. 월요일에 클라이언트가 문서 보겠대. 빨리 좀 해줘

16 회식

0471
☐☐☐

没门儿。
Méi ménr

↳ 어림없지

0472
☐☐☐

罚酒三杯!
Fá jiǔ sān bēi

↳ 벌주 석 잔!

술버릇

0473
☐☐☐

你酒品太差了。
Nǐ jiǔpǐn tài chà le

↳ 너 술버릇 안 좋더라

코가 삐뚤어지게 술을 마시다

0474
☐☐☐

咱们一醉方休!
Zánmen yízuì fāngxiū

↳ 코가 삐뚤어질 때까지 마시자!

술에 안 취하면 집에 안 간다

0475
☐☐☐

今天我们不醉不归。
Jīntiān wǒmen bú zuì bù guī

↳ 오늘 다들 안 취하면 집에 못 가요

0476
□□□

那咱们先把这杯干了？
Nà zánmen xiān bǎ zhè bēi gān le

↳ 그럼 우리 이번 잔 먼저 원샷?

0477
□□□

회식, 모임

公司突然搞什么聚会？
Gōngsī tūrán gǎo shénme jùhuì

↳ 회사에서 갑자기 무슨 회식?

0478
□□□

상승하다

最近酒量见涨嘛，敢挑战我。
Zuìjìn jiǔliàng jiànzhǎng ma, gǎn tiǎozhàn wǒ

↳ 요즘 주량 좀 세졌나 보지, 나한테 대적하고

0479
□□□

我实在喝不了了。你别叫我喝了。
Wǒ shízài hē bu liǎo le　　　　Nǐ bié jiào wǒ hē le

↳ 나 진짜 못 마시겠어요. 나 보고 더 마시라고 하지 마요

0480
□□□

먼저 실례하겠습니다 (손님 두고 먼저 떠날 때 하는 말)

失陪了。大家玩得开心点。
Shīpéi le　　　Dàjiā wán de kāixīn diǎn

↳ 먼저 실례하겠습니다. 즐거운 시간 되세요

이런 표현 모르면 OUTSIDER!!!

17 감정

0481

마음을 쓰다

瞎操心。

Xiā cāoxīn

→ 쓸데없는 걱정하지 마

0482

힘들다

有点吃力。

Yǒudiǎn chī lì

→ 좀 힘드네요

0483

아첨쟁이

你这个马屁精!

Nǐ zhè ge mǎpìjīng

→ 너 이 아부쟁이!

拍马屁가 아부하다 라는 뜻인데요. 상대방이 말의 엉덩이를 치면서 좋은 말이라고 칭찬한 데서 나온 말입니다. 아부 잘하는 사람을 뜻하는 말은 马屁精 입니다.

0484

재물을 탐내다

怎么这么贪财啊。

Zěnme zhème tān cái a

→ 뭐 이리 돈 욕심이 많아

0485

이기적이다

想不到你这么自私。

Xiǎngbudào nǐ zhème zìsī

→ 네가 이렇게 이기적일 줄 몰랐다

남의 미움을 사다

我可不敢**得罪**她呀。

Wǒ kě bù gǎn dézuì tā ya

↳ 난 그녀에게 미움을 사고 싶지 않아

여기서 그녀는 직장상사를 가리키는데요. 흔히 회사에서 상사에게 미움 받고 싶지 않다고 말할 때 사용할 수 있는 표현입니다.

心里像被插了一把刀。

Xīn li xiàng bèi chā le yì bǎ dāo

↳ 마음에 비수가 꽂힌 것 같아

스트레스

工作**压力**呢哪儿都有。

Gōngzuò yālì ne nǎr dōu yǒu

↳ 회사 스트레스는 어딜 가나 있어

(직책, 임무를) 감당하다

我怕我不能**胜任**这份工作。

Wǒ pà wǒ bù néng shèngrèn zhè fèn gōngzuò

↳ 제가 이 일을 감당할 수 없을까 걱정입니다

我觉得您对这个问题好像特别**敏感**。

민감하다

Wǒ juéde nín duì zhè ge wèntí hǎoxiàng tèbié mǐngǎn

↳ 넌 이 문제에 대해서 너무 예민한 거 같아

이런 표현 모르면 OUTSIDER!!!

18 구직

0491
☐☐☐

구직서

我要写求职信。

Wǒ yào xiě qiúzhíxìn

↳ 나 구직서 써야 해

이력서, 프로필은 简历(jiǎnlì)라고 합니다.

0492
☐☐☐

채용하다

恭喜你。你被录用了。

Gōngxǐ nǐ   Nǐ bèi lùyòng le

↳ 축하드립니다. 합격하셨습니다

0493
☐☐☐

기회

谢谢您给我机会。

Xièxie nín gěi wǒ jīhuì

↳ 기회를 주셔서 감사합니다

0494
☐☐☐

我一定会努力的。

Wǒ yídìng huì nǔlì de

↳ 반드시 열심히 하겠습니다

0495
☐☐☐

以后请多多关照。

Yǐhòu qǐng duō duō guānzhào

↳ 앞으로 잘 부탁드립니다

0496

기대

一定不辜负您的**期望**。

Yídìng bù gūfù nín de qīwàng

↳ 반드시 기대를 저버리지 않겠습니다

0497

今后我一定会努力工作。

Jīnhòu wǒ yídìng huì nǔlì gōngzuò

↳ 앞으로 열심히 일하겠습니다

0498

실망

您放心。我不会让您**失望**的。

Nín fàngxīn　　　Wǒ bú huì ràng nín shīwàng de

↳ 걱정 마십시오. 실망 시켜드리지 않겠습니다

0499

일부러 자신을 나타내다

给你三个月的时间。好好**表现**。

Gěi nǐ sān ge yuè de shíjiān　　　Hǎohāo biǎoxiàn

↳ 석 달의 기회를 줄게요. 잘 한번 해보세요

0500

怎么样，对今天的面试有没有**信心**?

자신, 확신

Zěnmeyàng, duì jīntiān de miànshì yǒu méiyǒu xìnxīn

↳ 어때, 오늘 면접 자신 있어?

빈칸 채우기

앞에서 학습한 내용 중 보라색으로 칠을 괜히 한 게 아니겠지요?
기억을 더듬으며 빈칸을 채워나가 볼까요?

빈칸에 들어가는 단어가 아는 단어인가~ 모르는 단어인가~~
주황색 바에 체크해보세요!
감도 안잡힌다에 체크된 문장은 복습하기로 해요!

← 감도 안잡힌다. | 이정도는 알지! →

01 최선을 다하겠습니다.　　　　　　　　　　我 ⬭⬭⬭ 。

02 복사 좀.　　　　　　　　　　　　　　　⬭⬭⬭ 一下。

03 인턴이세요?　　　　　　　　　　　　　⬭⬭⬭ 吗?

04 아직 퇴근 안 했어?　　　　　　　　　还没 ⬭⬭⬭ 啊?

05 그럼 이렇게 결정합니다.　　　　　　　就这么 ⬭⬭⬭ 了。

06 10분 후에 회의합니다.　　　　　　　　十分钟后 ⬭⬭⬭ 。

07 열심히 일해, 파이팅.　　　　　　　　好好 ⬭⬭⬭ , 加油。

08 제가 최선을 다해서 서포트하겠습니다. 我尽力　　　　他。

09 우리 좀 맞춰보자. 我们　　　一下。

10 너 비밀 꼭 지켜. 你一定要　　　。

11 이렇게 패기가 없어서야. 你这么没　　　。

12 아직은 좀 서툴러요. 还是有点　　　。

13 다신 변명하지 마세요. 不要再找　　　。

14 빨리들 움직이자. 赶紧都　　　吧。

15 모두 여러분 덕입니다. 都是大家的　　　。

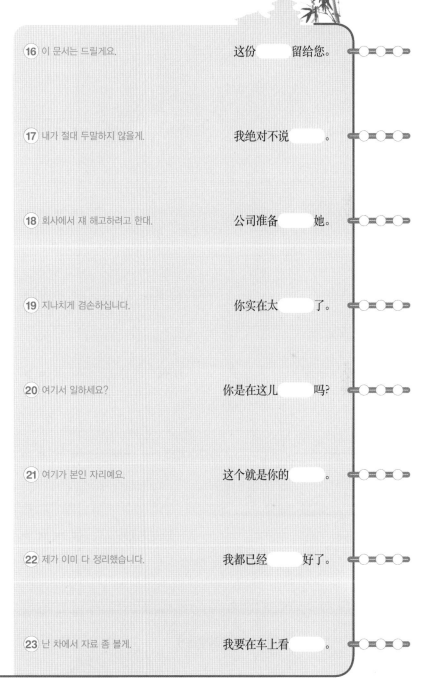

16 이 문서는 드릴게요.

这份　　　留给您。

17 내가 절대 두말하지 않을게.

我绝对不说　　　。

18 회사에서 쟤 해고하려고 한대.

公司准备　　　她。

19 지나치게 겸손하십니다.

你实在太　　　了。

20 여기서 일하세요?

你是在这儿　　　吗?

21 여기가 본인 자리예요.

这个就是你的　　　。

22 제가 이미 다 정리했습니다.

我都已经　　　好了。

23 난 차에서 자료 좀 볼게.

我要在车上看　　　。

24 너 이번에 큰일 저질렀구나.

你这次 [   ] 了。

25 절대 꾀부리시면 안 됩니다.

千万不可以 [   ] 啊。

26 우리 회사의 능력자야.

她是我们公司的 [   ]。

27 이거 교정 좀 봐줘요.

这个要拿出来去 [   ]。

28 그 폴더 더블클릭해 봐.

[   ] 打开那个文件夹。

29 뭐 도와드릴까요?

有什么可以 [   ] 的吗?

30 영문도 모른 채 파견 왔어.

[   ] 地被调过来了。

31 배부르게 먹었으니 힘내서 일해봅시당.

吃饱饱就有 [   ] 工作啦。

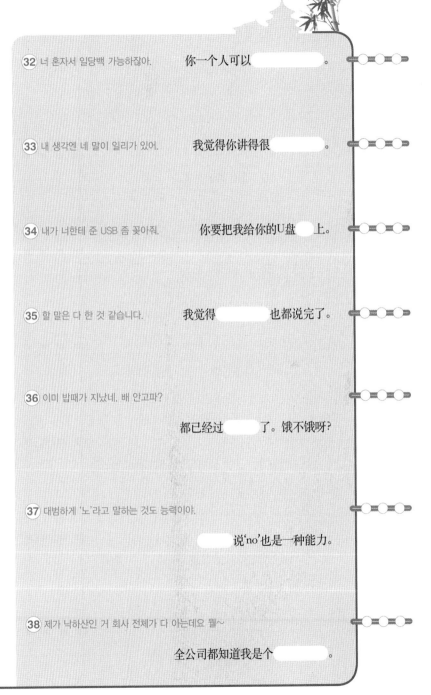

32 너 혼자서 일당백 가능하잖아.　　　　你一个人可以　　　　　　。

33 내 생각엔 네 말이 일리가 있어.　　　　我觉得你讲得很　　　　　。

34 내가 너한테 준 USB 좀 꽂아줘.　　　　你要把我给你的U盘　　上。

35 할 말은 다 한 것 같습니다.　　　　我觉得　　　　也都说完了。

36 이미 밥때가 지났네. 배 안고파?

　　　　　　　都已经过　　　　了。饿不饿呀？

37 대범하게 '노'라고 말하는 것도 능력이야.

　　　　　　　　　说'no'也是一种能力。

38 제가 낙하산인 거 회사 전체가 다 아는데요 뭘~

　　　　　　　全公司都知道我是个　　　　　。

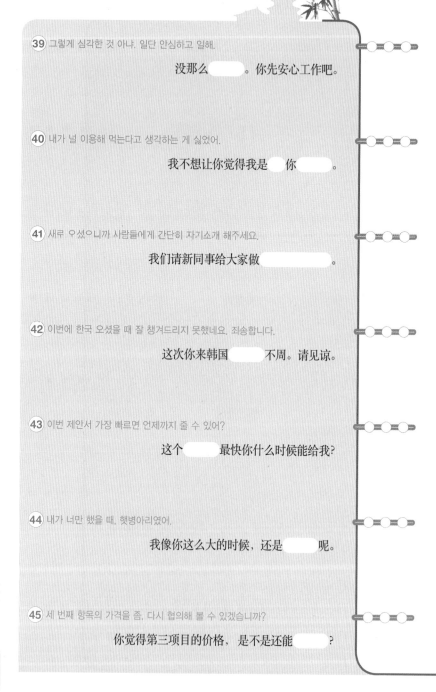

39 그렇게 심각한 것 아냐. 일단 안심하고 일해.

没那么 ____。你先安心工作吧。

40 내가 널 이용해 먹는다고 생각하는 게 싫었어.

我不想让你觉得我是 ___ 你 ____。

41 새로 오셨으니까 사람들에게 간단히 자기소개 해주세요.

我们请新同事给大家做 ____。

42 이번에 한국 오셨을 때 잘 챙겨드리지 못했네요. 죄송합니다.

这次你来韩国 ____不周。请见谅。

43 이번 제안서 가장 빠르면 언제까지 줄 수 있어?

这个 ____最快你什么时候能给我?

44 내가 너만 했을 때, 햇병아리였어.

我像你这么大的时候, 还是 ____呢。

45 세 번째 항목의 가격을 좀, 다시 협의해 볼 수 있겠습니까?

你觉得第三项目的价格, 是不是还能 ____?

46 이게 좀 급하게 필요해. 월요일에 클라이언트가 문서 보겠대. 빨리 좀 해줘.

这个要的时间比较急。周一 ⬚⬚⬚ 要看稿子。抓紧时间啊。

47 너 술버릇 안 좋더라.

你 ⬚⬚⬚ 太差了。

48 코가 삐뚤어질 때까지 마시자!

咱们 ⬚⬚⬚⬚⬚⬚ ！

49 오늘 다들 안 취하면 집에 못 가요.

今天我们 ⬚⬚⬚⬚⬚⬚ 。

50 회사에서 갑자기 무슨 회식?

公司突然搞什么 ⬚⬚⬚ ？

51 요즘 주량 좀 세졌나 보지, 나한테 대적하고.

最近酒量 ⬚⬚⬚⬚ 嘛，敢挑战我。

52 먼저 실례하겠습니다. 즐거운 시간 되세요.

⬚⬚⬚⬚⬚⬚ 。大家玩得开心点。

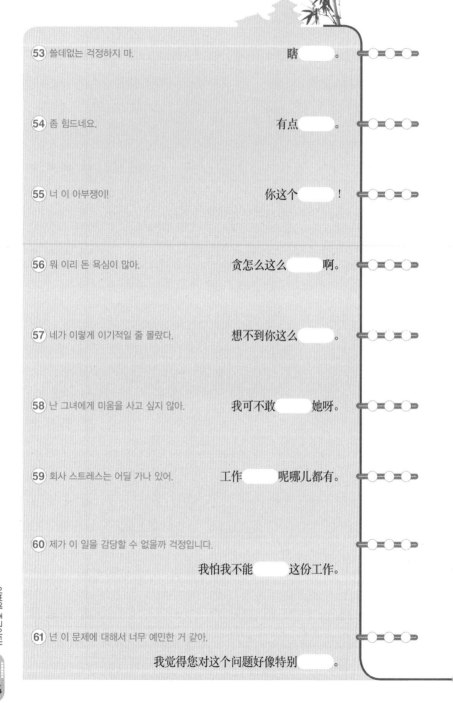

53 쓸데없는 걱정하지 마.　　　　　　　　　　　　　瞎　　　　。

54 좀 힘드네요.　　　　　　　　　　　　　　　　　有点　　　　。

55 너 이 아부쟁이!　　　　　　　　　　　　　　　你这个　　　　!

56 뭐 이리 돈 욕심이 많아.　　　　　　　　　　　贪怎么这么　　　　啊。

57 네가 이렇게 이기적일 줄 몰랐다.　　　　　　　想不到你这么　　　　。

58 난 그녀에게 미움을 사고 싶지 않아.　　　　　　我可不敢　　　　她呀。

59 회사 스트레스는 어딜 가나 있어.　　　　　　　工作　　　　呢哪儿都有。

60 제가 이 일을 감당할 수 없을까 걱정입니다.

　　　　　　　　　　　　　　　　　我怕我不能　　　　这份工作。

61 넌 이 문제에 대해서 너무 예민한 거 같아.

　　　　　　　　　　　　我觉得您对这个问题好像特别　　　　。

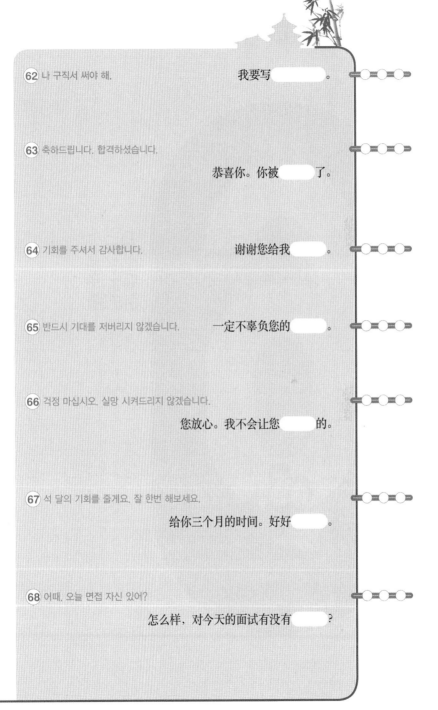

62 나 구직서 써야 해.

我要写〔　　　〕。

63 축하드립니다. 합격하셨습니다.

恭喜你。你被〔　　　〕了。

64 기회를 주셔서 감사합니다.

谢谢您给我〔　　　〕。

65 반드시 기대를 저버리지 않겠습니다.

一定不辜负您的〔　　　〕。

66 걱정 마십시오. 실망 시켜드리지 않겠습니다.

您放心。我不会让您〔　　　〕的。

67 석 달의 기회를 줄게요. 잘 한번 해보세요.

给你三个月的时间。好好〔　　　〕。

68 어때. 오늘 면접 자신 있어?

怎么样，对今天的面试有没有〔　　　〕？

Chapter

6

Action Chinese

06.mp3

● 이 챕터에는 특히 SNS와 관련된 여가 활동에 대한 표현과 SNS에서 만들어진 다양한 신조어를 담았습니다.

● 쫄보·벼락·찌질이·입덕하다·오글거리는 멘트 등

● 대체 이런 말은 중국어로 어떻게 표현할지 궁금하시다면

● 얼른 이 챕터를 펼쳐 보세요.

SNS

19 인터넷 · SNS

20 신조어

19 인터넷·SNS

이런 표현 모르면 OUTSIDER!!!

0501
□□□

晕!
Yūn

↳ 헐

원래는 어지럽다, 기절하다의 뜻이지만 감탄사로 변모하면서 헐, 아이고, 대박 등의 느낌이라고 보시면 됩니다.

최고다

0502
□□□

牛啊。
Niú a

↳ 짱이네

귀엽다

0503
□□□

好萌!
Hǎoméng

↳ 너무 귀엽다!

예전에 한참 유행했던 말 중에 귀요미를 중국어로는 萌萌哒라고 합니다.

0504
□□□

我能!
Wǒ néng

↳ 할 수 있다! / I CAN DO IT!

중국 이동통신 광고에 나왔던 말인데요. 난 할 수 있다라는 의미입니다. 광고 문구라서 더 강하게 느껴지는 표현입니다. 친구들과 가볍게 말할 때는 我可以 / 我能行으로 많이 사용됩니다.

0505
□□□

不许喝了!
Bù xǔ hē le

↳ 그만 마셔!

술 취한 상대방이 계속 술 마신다고 할 때는 이렇게 말하세요.

기르다

你**养**狗?
Nǐ yǎng gǒu

↳ 강아지 길러요?

눈 호강하다

很**养眼**啊。
Hěn yǎngyǎn a

↳ 안구정화 됐어

눈이 휴양한다, 요양한다, 눈 이득이다라는 의미로 예쁜 여자나 멋진 남자를 보고 눈 호강하네라고 말할 수 있어요.

잘난 척하다

她**耍大牌**。
Tā shuǎ dàpái

↳ 쟤 연예인병 걸림

유명인이 잘난 척하다, 거드름 피우다, 탑 스타 행세하다 등의 뜻입니다. 요즘 한국어로는 연예인병 걸렸다는 말이 제일 어울릴 듯합니다. 비슷한 뜻으로 연예인 허세 明星架子가 있습니다.

두려움

我太**怂**了。
Wǒ tài sǒng le

↳ 나는 너무 쫄보야

怂는 놀라다라는 뜻을 가지고 있어요. 비꼬는 어조로 무능하고 연약하고 겁많고 찌질하다는 의미로 쓰입니다. 우리말로는 쫄보다, 찌질하다 정도로 사용될 수 있어요.

제일 선호하는 것

我的**最爱**!
Wǒ de zuì'ài

↳ 나의 최애템!

0511

긍정 에너지

充满正能量！
Chōngmǎn zhèngnéngliàng

↳ 긍정 에너지 충만!

0512

위챗모멘트

发个朋友圈。
Fā ge péngyou quān

↳ 위챗모멘트(SNS)에 올려야지

위챗이라는 카카오톡 같은 중국의 대표적인 메신저 어플에는 카카오스토리처럼 글과 사진을 올리는 곳이 있습니다. 그걸 朋友圈 모멘트라고 하는데요. 사용자가 엄청나게 많아서 기업들도 SNS 마케팅을 하는 플랫폼이기도 합니다. SNS는 社交网站이라고 합니다.

0513

PO个新包包。
PO ge xīn bāobāo

↳ 새로 산 가방 포스팅하기

PO는 POST의 앞 부분만 딴 것 입니다. 포스팅하다, 인터넷에 사진 올리다라고 얘기할 때 PO出照片, PO个图, PO照片到网上 등으로 활용됩니다.

0514

노림수

全都是套路。
Quán dōu shì tàolù

↳ 전부 개수작이구먼

套路는 수작을 부리다, 술책을 쓰다라는 의미예요. 요즘에는 머리 굴리고 밀당하고 이 런 데도 사용을 합니다.

0515

댓글을 남기다

给主播留言。
Gěi zhǔbō liúyán

↳ BJ에게 댓글 남겨 주세요

예전에 主播는 앵커나 아나운서를 말했는데 이제는 모바일방송 BJ를 지칭하는 말이 되었습니다. 개인방송 보면 채팅창이 활발하죠. 그렇게 대화를 유도하는 멘트입니다.

이런게 중국어다! ◆ 중드 표현 1200

0516

노래방에서 노래 부르다

晚上去K歌吧。
Wǎnshàng qù K gē ba

↳ 저녁에 노래방 가자

노래방은 중국어로 KTV, 卡拉OK라고 하고요, K歌는 노래방에서 노래 부르는 것을
말합니다. 여기서 K는 KTV의 약어라고 생각하시면 됩니다. 또 晚上去唱歌吧 저녁에
노래 부르러 가자라고 해도 노래방 가자는 의미가 들어있어요.

0517

오랜 친구

老朋友的聚会。
Lǎo péngyou de jùhuì

↳ 오랜 친구들과의 모임

0518

즐겨 먹는 것

全是我爱吃的。
Quánshì wǒ ài chī de

↳ 전부 내가 즐겨 먹는거야

0519

얼굴로 밥 먹고 살다

靠脸吃饭的人。
Kào liǎn chīfàn de rén

↳ 얼굴로 먹고 사는 사람

직역을 하면 얼굴에 의지해서 밥 벌어 먹는 사람입니다. 보통 연예인을 말해요. 그리고
얼굴에 의지해서 돈을 번다니까 한마디로 잘생기거나 예쁜 사람이라는 뜻입니다.

0520

장거리 연애

异地恋好痛苦。
Yìdìliàn hǎo tòngkǔ

↳ 장거리 연애는 너무 괴로워

0521
□□□

（멘탈붕괴）

我已经**崩溃**了。

Wǒ yǐjīng bēngkuì le

↳ 난 이미 멘붕이야

0522
□□□

你水平太**菜**了。

Nǐ shuǐpíng tài cài le

↳ 수준이 너무 구리군

太菜了는 太差了의 의미입니다. 差는 나쁘다, 좋지 않다, 표준에 못 미치다 등의 의미를 가지고 있어요.

0523
□□□

（꽃미남）

这组全是**花美男**。

Zhè zǔ quán shì huāměinán

↳ 이 팀은 전부 꽃미남이군

0524
□□□

（입에 발린 말）

这都是**场面话**呀。

Zhè dōu shì chǎngmiànhuà ya

↳ 다 그냥 하는 소리들이지

场面话는 입에 발린 말, 듣기 좋으라고 하는 소리라는 뜻입니다.

0525
□□□

（화면 잠김）

锁屏了。等一下。

Suǒpíng le　　　Děng yíxià

↳ 화면 잠겼다. 잠시만

핸드폰 화면을 말합니다.

0526

셀카

自拍是女生的爱好。
Zìpāi shì nǚshēng de àihào

↳ 셀카는 여자들의 취미야

0527

게임하다

我的爱好是打游戏。
Wǒ de àihào shì dǎ yóuxì

↳ 내 취미는 게임 하는 거에요

0528

想吃什么就吃什么。
Xiǎng chī shénme jiù chī shénme

↳ 먹고 싶은 거 있으면 먹어

0529

다이어트

有饱腹感又减肥呢。
Yǒu bǎofùgǎn yòu jiǎnféi ne

↳ 포만감도 있고 다이어트가 되고

요즘 유행하는 곤약 젤리 같은 다이어트 식품을 말합니다.

0530

美女，加个微信吧。
Měinǚ, jiā ge wēixìn ba

↳ 저기요, 우리 위챗 추가해요

美女는 직역하면 미녀이지만 보통 여자들을 부를 때 습관적으로 쓰는 표현입니다. 한국어로는 예쁜 아가씨, 미녀 이런 말로 상대방을 부르지는 않아서 저기요라고 번역했습니다. 요즘에는 전화번호를 따는 멘트보다 위챗 추가할래요?라는 식의 작업멘트를더 많이 쓰더라고요.

0531

부딪히다

来，碰一下，干杯！

Lái, pèng yíxià, gānbēi

↳ 짠~ 원샷!

碰杯가 잔을 부딪치다의 의미입니다. 중국에서 干杯은 원샷의 느낌이 있어요. 그래서 그냥 잔을 부딪치는 짠~ 정도의 말이라면 碰一下 혹은 来，碰杯라고 하고요. 원샷은 干杯, 편하게 드세요라는 의미는 随意라고 말합니다.

0532

바람 쐬다

我睡不着出来透**透气**。

Wǒ shuì buzháo chū lái tòutouqì

↳ 잠도 안 오는데 나가서 바람이나 쐬자

0533

还是自己做的最好吃。

Háishi zìjǐ zuò de zuì hǎochī

↳ 역시 내가 만든 게 제일 맛있어

0534

~할 가치가 있다

今天是**值得**庆祝的日子。

Jīntiān shì zhídé qìngzhù de rìzi

↳ 오늘은 축하할 만한 날이지

0535

금지하다

我住的公寓**禁止**养宠物。

Wǒ zhù de gōngyù jìnzhǐ yǎng chǒngwù

↳ 제가 사는 아파트는 동물을 못 키워요

이번엔 중국어다! ◆ 중드 표현 1200

174

0536
☐☐☐

여행

我决定试着一个人旅行。

Wǒ juédìng shìzhe yí ge rén lǚxíng

↳ 나 혼자 여행 한번 가보려고 해

0537
☐☐☐

뒷담화하다, 불평하다

欢迎在评论区一起吐槽。

Huānyíng zài pínglùnqū yìqǐ tǔcáo

↳ 댓글 창에 얼마든지 하소연해 주세요

吐槽는 일본 만담 프로그램에서 유래된 말이라고 합니다. 비아냥거리다, 툴툴거리다는 뜻으로 시작해서 요즘은 하소연하다라는 의미로도 쓰이고 있어요.

0538
☐☐☐

이성에게 작업 걸다

如何搭讪自己喜欢的人?

Rúhé dāshàn zìjǐ xǐhuān de rén

↳ 어떻게 제가 좋아하는 사람을 꼬실 수 있을까요?

搭讪은 좋아하는 이성에게 작업 거는 걸 말합니다.

0539
☐☐☐

(티켓 등을) 어렵게 구하다

那么难抢的票都买到了啊?

Nàme nán qiǎng de piào dōu mǎi dào le a

↳ 그렇게 구하기 힘든 티켓을 샀어?

0540
☐☐☐

(프로그램) 삭제

正在为您卸载。请稍等。

Zhèngzài wèi nín xièzǎi   Qǐng shāo děng

↳ 지금 삭제 중입니다. 잠시만 기다리세요

인터넷에서 다운받은 파일이나 프로그램을 삭제할 때 쓰는 문장입니다.

저금

不会吧。存款只剩这么点了!
Bú huì ba　　Cúnkuǎn zhǐ shèng zhème diǎn le

└→ 말도 안 돼. 통장에 돈이 이거밖에 안 남았다고!

맥주

我经常一个人在家喝**啤酒**。
Wǒ jīngcháng yí ge rén zài jiā hē píjiǔ

└→ 저는 집에서 혼자 맥주 마시는 거 좋아해요

마음에 들다

我在店里一眼就**看中**它了。
Wǒ zài diàn li yì yǎn jiù kànzhòng tā le

└→ 샵에서 딱 보자마자 맘에 들었어

응시하다

你怎么一直**盯**着手机看啊。
Nǐ zěnme yìzhí dīngzhe shǒujī kàn a

└→ 넌 왜 그렇게 계속 핸드폰만 뚫어지라 보고 있냐

스페어 타이어 (남녀 사이의 어장)

你对她来说只是**备胎**而已。
Nǐ duì tā lái shuō zhǐ shì bèitāi éryǐ

└→ 걔한테 있어서 너는 그냥 어장일 뿐이야

备胎가 원래는 스페어 타이어라는 뜻인데요. 요즘은 보험용 애인, 어장 속 물고기라는
뜻으로도 쓰인답니다. 어장용, 썸타는 사이 그리고 애인 있는 사람의 세컨드 느낌도 있
답니다.

176

이럴땐 중국어口다 ◆ 중드 표현 1200

0546
□□□

我周末想干什么就干什么呀。
Wǒ zhōumò xiǎng gàn shénme jiù gàn shénme ya

↳ 주말에 하고 싶은 거 있으면 하는 거지

(파일 등을) 다운로드

0547
□□□

你**下载**这个APP吧。很有用。
Nǐ xiàzǎi zhè ge APP ba   Hěn yǒuyòng

↳ 이 앱 깔아. 엄청 유용해

중국에서는 앱을 에이피피라고 읽습니다.

카라멜 마끼아또

0548
□□□

我要喝**焦糖玛奇朵**。不加奶油!
Wǒ yào hē jiāotángmǎqíduǒ   Bù jiā nǎiyóu

↳ 나는 캐러멜 마끼아또 마실래. 휘핑크림은 빼고!

무선청소기

0549
□□□

我买了**无线吸尘器**真的很方便。
Wǒ mǎi le wúxiàn xīchénqì zhēn de hěn fāngbiàn

↳ 나 무선청소기 샀는데 진짜 편해

얼굴 값

0550
□□□

颜值高! 不仅长得漂亮还高冷。
Yánzhí gāo   Bù jǐn zhǎng de piàoliang hái gāolěng

↳ 비주얼 쩌네! 예쁘기만 한 게 아니라 도도해 보이기까지 해

颜值 얼굴값이 高 높다라는 뜻으로 비주얼이 좋다, 외모 지수가 높다라고 남녀 모두에게 사용 가능합니다.

0551

장시간 통화하다

看样子又跟男朋友**煲电话粥**呢。

kàn yàngzi yòu gēn nánpéngyou bāo diànhuà zhōu ne

↳ 딱 보니 또 남친이랑 전화통 붙들고 앉았구먼

煲粥는 죽을 쑤다, 죽을 끓이다는 뜻으로 煲电话粥는 전화로 죽을 쑤다, 죽 끓이는 시간처럼 오랜 시간 전화기를 붙들고 있는 것을 말합니다.

0552

할 일이 없다

反正**闲**着没事干不如去散散步呢。

Fǎnzhèng xiánzhe méi shì gàn bù rú qù sànsànbù ne

↳ 어쨌든 아무것도 안 하는 것보다 산책이라도 가는 게 낫겠어

0553

你喜欢他是不是？你脸上写着呢。

Nǐ xǐhuān tā, shì bu shì?　　　Nǐ liǎn shàng xiězhe ne

↳ 너 걔 좋아하지? 얼굴에 씌어 있어

0554

느닷없다

现在打电话太**唐突**了还是发短信吧。

Xiànzài dǎ diànhuà tài tángtū le háishi fā duǎnxìn ba

↳ 지금 전화 거는 건 너무 무례할 거 같고 그냥 문자를 보내자

이순위 ◆ 이럴땐 중국어로! 중드 표현 1200

0555

我的胆子很小，所以我很少看恐怖片。

공포영화

Wǒ de dǎnzi hěn xiǎo, suǒyǐ wǒ hěn shǎo kàn kǒngbùpiàn

↳ 나는 쫄보라서, 공포 영화는 잘 안 봐

胆子小는 담이 작다, 겁쟁이라는 뜻입니다.

0556

喜欢什么，不喜欢什么是每个人的自由。

자유

Xǐhuān shénme, bù xǐhuān shénme shì měi ge rén de zìyóu

↳ 뭘 좋아하고, 뭘 싫어하는지는 각자의 자유야

0557

今天是我的生日，大家不醉不归。尽情喝！

마음껏 하다

Jīntiān shì wǒ de shēngrì, dàjiā bú zuì bù guī   Jìnqíng hē

↳ 오늘 내 생일이니까, 다들 취할 때까지 못 가. 맘껏 마셔!

0558

微信，电话什么的最容易让人产生误会了。

오해

Wēixìn, diànhuà shénme de zuì róngyì ràng rén chǎnshēng wùhuì le

↳ 위챗, 전화 같은 건 쉽게 오해를 살 수 있잖아

0559
□□□

취미

我没有什么特别的**爱好**，就是
喜欢吃好吃的。

Wǒ méiyǒu shénme tèbié de àihào, jiù shì xǐhuān chī hǎochī de

→ 난 뭐 특별히 취미라는 게 없고, 맛있는 거 먹는 거 좋아해요

0560
□□□

고르다

我按照自己的审美**挑**的。不知
道你喜不喜欢。

Wǒ ànzhào zìjǐ de shěnměi tiāo de　　　Bù zhīdào nǐ xǐ bu xǐhuān

→ 제 미적 감각으로 골랐어요. 좋아하실지 모르겠네요

20 신조어

0561
□□□

种草。
zhòng cǎo

↳ (물건에) 꽂히다 / 뽐뿌 오다 / 지름신 강림

다른 사람이 추천한 것을 사고 싶은 욕망. 직역을 하면 풀을 심다라는 뜻으로 그 욕망을 일게 만든 사람이 풀을 심었다고 표현한 거고요. 일상에서는 我又被种草了나 또 꽂혔어, 사고 싶어, 뽐뿌 왔어, 지르고 싶어 등으로 표현 가능합니다.

0562
□□□

长草。
zhǎng cǎo

↳ 구매욕 상승

물건에 꽂혔으니 이제 구매욕이 커져가겠죠. 예를 들어 从种草到如今继续长草 한번 꽂힌 후로 계속 구매욕 상승. 이렇게 사용할 수 있어요.

0563
□□□

拔草。
bá cǎo

↳ 지름, 구매욕 상실 / 비추

이건 두 가지로 쓰이는데요. 물건을 지른다는 표현도 있고 남들이 산걸 보고 구매욕이 떨어졌거나, 샀는데 비추천 한다는 부정적인 의미로도 쓰이고 있어요. 终于拔草了 드디어 질렀어, 长草这款包包, 要不要拔了 이 백 엄청 사고 싶어졌는데, 사 말어?

0564
□□□

渣男。
zhā nán

↳ 찌질남 / 나쁜 남자, 인간 쓰레기 같은 남자

渣 찌꺼기 + 男 남자의 합성어로 여자를 등쳐먹거나 사기치는 놈, 감정을 가지고 노는 바람둥이를 말합니다. 비슷하지만 약간 더 약한 표현으로 男人都是大猪蹄子 남자 중에 괜찮은 놈이 하나 없네라는 표현이 있습니다. 여기서 大猪蹄子는 원래 큰 족발인데 이 여자 저 여자에게 추파 날리는 남자로 사용됩니다. 渣男은 더 극혐인 남자에게 사용하고, 大猪蹄子는 좀 더 귀여운 표현이라고 생각해주세요.

0565
□□□

暖男。
nuǎn nán

↳ 훈남

0566
□□□

狗血。
gǒuxuè

↳ 막장 드라마

0567
□□□

爱豆。
àidòu

↳ 아이돌

idol을 음역한 단어입니다. 원래는 偶像 우상이라는 말을 썼는데요, 이렇게 귀여운 표현으로 바뀌면서 자신이 좋아하는 연예인에 대해 더 애정을 갖고 부르는 말이라고 합니다.

0568
□□□

花痴。
huā chī

↳ 얼빠

여자가 잘생긴 남자에게 푹 빠진 걸 말합니다. 얼굴 밝히는 여자라고 할 수 있겠죠.

이번엔 중국어다! ◆ 중드 표현 1200

佛系。
fó xì

↳ 현타 왔다 (무념무상의 상태)

佛系를 직역하자면 불계라는 말입니다. 빡빡한 스트레스 속에서 겉으로 보기에는 평범해 보이나 속은 이미 마비되어 무념무상 어떻게든 상관없다는 식의 삶을 사는 젊은이들 사이에서 나온 말입니다. 이 말을 가장 잘 표현하는 문장은 有也行，没有也行，不争不抢，顺其自然 있어도 되고, 없어도 되고, 싸워서 쟁취하지 않고, 그저 흘러가는 대로 간다입니다. 그래서 단어 앞에 佛系를 넣어서 佛系恋爱는 뜨겁지도 차갑지도 않은 연애를 하는 상황을 말하며 佛系工作는 시킨 일은 다 하지만 스스로 일을 찾아서 하지 않는 것, 일을 못하지는 않지만 잘하지도 않는 상황을 얘기합니다. 난 요즘 현타 왔어 我最近很佛系라고도 쓰입니다.

戏精。
xì jīng

↳ 관종 (관심 종자) / 연기 천재

원래는 연기를 잘하는 사람이란 뜻이었는데요, 요즘은 연기가 과하다라는 의미로 변질되면서 일상생활에서 연기를 하고 오버하면서 사람들의 주목을 받고 싶어 하는 사람을 지칭하는 말이 되었어요. 비아냥거리면서 쟤 연기 천재네, 관종이네라고 할 때 쓸 수 있어요.

无语。
wú yǔ

↳ 노답

无 없다 + 语 말, 즉 노답이라는 뜻으로 사용되고요. 강조를 원하시면 真是无语！진짜 노답! 진짜 할 말이 없다! 이렇게 사용할 수 있습니다.

房奴。
fáng nú

↳ 하우스 푸어 (평생 주택 대출금을 갚아야 하는 부동산의 노예)

0573
□□□

沧桑。
cāng sāng

└→ 힘들엉~

원래는 힘들고 파란만장한 삶이라는 뜻인데요. 요즘은 이모티콘에 쓰이면서 힘들엉~
같은 귀여운 표현으로 쓰이고 있답니다.

0574
□□□

比心。
bǐ xīn

└→ 손하트 (손가락 하트)

0575
□□□

劈腿。
pǐ tuǐ

└→ 양다리 걸치다

바람피우다라는 표현이고요, 비슷한 표현으로 궤도를 이탈하다, 상도를 벗어나다라는
뜻을 가지고 있는 出轨가 있습니다.

0576
□□□

小奶狗。
xiǎo nǎi gǒu

└→ 귀여운 연하남친 / 멍뭉미

강아지를 귀엽게 부르는 멍뭉이와 아름다울 미가 합쳐진 신조어 멍뭉미를 중국어로는
이렇게 말합니다. 귀엽고 사랑스러운 연하 남친의 뜻이 내포되어 있어요.

0577
□□□

小狼狗。
xiǎo láng gǒu

└→ 잘생기고 카리스마 있는 남자

纯爷们。
chún yémen

↳ 상남자

猥琐男。
wěisuǒ nán

↳ 변태 찌질이

猥琐 치졸하다, 옹졸하다라는 뜻인데요. 특히 변태 성향을 지닌 찌질남을 말합니다.

娘娘腔。
niángniang qiāng

↳ 여성스런 남자

남자가 너무 여성스럽게 행동하고 말할 때 쓰는 표현이에요. 这个男孩子娘娘腔 저 자식 너무 계집애 같아 이렇게 사용합니다. 비슷한 표현으로 여자보다 예쁜 남자들을 가리키는 말 伪娘도 있습니다.

跟屁虫。
gēnpìchóng

↳ 껌딱지 / 따라쟁이

跟 따라다니다 + 屁 엉덩이 + 虫 벌레인데 우리로 치면 ~쟁이라고 말할 때 자주 등장해요. 늘 꽁무니를 쫓아다니는 사람을 말합니다. 주관 없이 따라하는 따라쟁이를 가리킬 때도 쓰입니다.

0582

狐狸精。
húli jīng

↳ 여시 / 불여우 / 불륜녀

우리로 치면 구미호 같은 말입니다. 여우가 변신한 미녀 정도로 보면 될 듯합니다. 이미 가정이 있는 남성 또는 애인이 있는 남성과 바람 피는 여성을 지칭하는 말이기도 합니다. 예전에는 안 좋은 표현으로만 보았는데 요즘은 남자를 매혹하는 여자라면 얼굴예쁘고 몸매 좋은 여자이기 때문에 그렇게 나쁘게 들리지 만도 않는다고 하네요. 첩이나 불륜녀, 내연녀의 뜻으로는 第三者, 小三, 二奶 등이 있습니다.

0583

醋坛子。
cù tánzi

↳ 질투가 심한 사람 / 질투쟁이 / 질투의 화신

직역하면 식초 항아리인데요, 중국어로 질투가 吃醋이기 때문에 식초가 들어가면 이렇게 질투와 관련된 뜻이에요. 질투가 심한 사람들에게 사용하며 질투 때문에 난리가 나다를 打翻醋坛子 식초 항아리를 뒤집다라고 말합니다.

0584

长舌妇。
cháng shé fù

↳ 수다쟁이 / 이간질하는 잘하는 여자

0585

被圈粉。
bèi quān fěn

↳ 입덕하다

0586
□□□

丧文化。
sāng wénhuà

↳ 상실의 문화 / 좌절 문화

90년대 젊은이들 사이에서 유행한 경향으로 현실 세계에서 목표와 희망을 잃고 퇴폐적이고 절망적인 삶을 살아가는 것을 말합니다. 좀비처럼 죽은 듯 삶을 살아간다고 해서 붙여진 이름입니다. 그래서 부정적 에너지를 담은 블랙 유머들이 유행합니다. 예를 들어 年轻人, 现在没钱算什么? 以后没钱的日子还多着呢 젊은이, 현재 돈이 없으면 어떠한가? 앞으로 돈이 없이 살날이 이렇게 많은 데라는 문장들이 유행하고 있습니다.

0587
□□□

长期饭票。
chángqī fànpiào

↳ (무료로 밥을 먹을 수 있는) **장기 식권 / 호구같이 돈 쓰는 남친**

남자친구를 그저 지갑 여는 사람 정도로 생각하는 걸 비유하는 말입니다. 예를 들어 她想找个长期饭票 그녀는 호구 같은 남친을 찾고 있어요 이렇게 쓰일 수 있겠죠.

0588
□□□

爱豆周边。
àidòu zhōubiān

↳ 아이돌 굿즈

0589
□□□

杠精群体。
gàngjīng qúntǐ

↳ 타인의 의견에 반대만 하는 사람들

요즘은 영문으로 KY라고도 해요. 공기(분위기)를 읽지 못한다라는 일본어에서 따온 말입니다. (不会读取气氛)

0590

土味情话。
tǔwèi qínghuà

↳ 오글거리는 멘트

촌스럽고 오글거리는 작업멘트를 말합니다. 예를 들어 你知道我想成为什么人吗？ – 什么人？ – 你的人 내가 어떤 사람이 되고 싶은지 알아? – 어떤 사람? – 너의 사람 이런 내용이지요, 허허.

0591

海归高富帅。
hǎiguī gāofùshuài

↳ 해외 유학파 엄친아

海龟은 원래 바다거북이라는 표현인데 海归와 발음이 같아서 해학적으로 他是一只海龟 걔 유학파야라고 사용하기도 합니다.

0592

大写的尴尬。
dàxiě de gāngà

↳ 몹시 난감

大写는 대문자라는 뜻도 있고요. 요즘은 정말, 아주라는 뜻으로도 씁니다. 대문자로 크게 쓴 곤란함이라니 정말 난감함을 뜻하는 거겠죠.

0593

双击666。
Shuāngjī liùliùliù

↳ 완전 짱짱맨

중국어에서는 한자 溜(liū)와 발음이 같아서 666이 아주 대단하다라는 의미를 가지고 있습니다. 꼭 3개일 필요는 없고 뒤에 6을 계속 이어서 쓰기도 합니다 그리고 6이 엄지 모양과 같아서 좋아요 双击 더블클릭 한다란 의미로도 쓸 수 있어요. 인터넷 상에서 쩐다, 짱이다라는 뜻으로 사용됩니다.

188

确认过眼神。
quèrèn guo yǎnshén

↳ 역시 그럴 줄 알았어

직역을 하자면 눈빛을 확인했지입니다. 요즘 자주 볼 수 있는 불평을 말하는 문장인데
요. 确认过眼神 뒤에 나의 불만사항을 넣으면 됩니다. 确认过眼神，是不想理的人 역
시 그럴 줄 알았어, 상대하고 싶지 않은 사람이야 이렇게 사용할 수 있습니다.

隐形贫困人口。
yǐnxíng pínkùn rénkǒu

↳ 은형빈곤인구

SNS상이나 겉으로 볼 때는 매일 맛있는 것도 먹고, 좋은 것도 즐기는 것 같지만 사실 굉장
히 가난한 사람들을 풍자하는 신조어. 겉으로는 부유하지만 실제로는 가난한 사람

扎心了，老铁。
zhāxīn le, lǎotiě

↳ 친구에게 팩폭당함

친구야, 나 상처받았어라는 뜻입니다. 老铁는 친한 사이 老朋友를 말하고요, 扎心은
마음에 상처받다, 정곡을 찌르다의 의미입니다. 老铁는 인터넷 상에서 자주 쓰는 단어
인데요, 원래는 동북 사투리라고 해요.

为你打call。
Wéi nǐ dǎ call

↳ 널 응원할게

중국어 打气가 응원하다라는 의미를 담고 있어요. 일본에서는 팬들이 무대 아래서 떼
창하는 걸 call이라고 부른다네요. 그 두 단어가 합쳐져서 打call이 응원하다라는 표현
이 되었답니다.

0598
□□□
心有灵犀一点通。
Xīn yǒu líng xī yì diǎn tong

↳ 텔레파시가 통하다

0599
□□□
大吉大利。今晚吃鸡。
Dà jí dà lì   Jīn wǎn chī jī

↳ 이겼닭. 오늘 저녁은 치킨이닭 (위너위너 치킨 디너)

绝地求生 배틀그라운드라는 게임에서 유행한 문구입니다. 게임에서 1등을 하면 치킨 먹는다라는 멘트가 유행하면서 같이 만들어졌는데요. 덕분에 중국어로 吃鸡 닭을 먹다 라는 문장이 1등이 되다라는 신조어가 되었습니다.

0600
□□□
三高女性。
sāngāo nǚxìng

↳ 3G 여성, 능력 있는 직장인 여성

高学历 고학력, 高收入 고수입, 高地位的知识或职业女性 고직위를 가진 여성 직장 인을 말합니다.

애애애애~~~~~액션

빈칸 채우기

앞에서 학습한 내용 중 보라색으로 칠을 괜히 한 게 아니겠지요?
기억을 더듬으며 빈칸을 채워나가 볼까요?

> 빈칸에 들어가는 단어가 아는 단어인가~ 모르는 단어인가~~
> 주황색 바에 체크해보세요!
> 감도 안잡힌다에 체크된 문장은 복습하기로 해요!

← 감도 안잡힌다. | 이정도는 알지! →

01 짱이네.
□啊。

02 너무 귀엽다!
好□!

03 강아지 길러요?
你□狗?

04 눈 호강하네.
很□啊。

05 쟤 연예인병 걸림.
她□。

06 나는 너무 쫄보야.
我太□了。

07 나의 최애템!
我的□!

08 긍정 에너지 충만!　　　　　　　　充满 ⬚⬚⬚⬚ !

09 위챗모멘트(SNS)에 올려야지.　　　发个 ⬚⬚⬚⬚ 。

10 전부 개수작이구먼.　　　　　　　全都是 ⬚⬚⬚⬚ 。

11 BJ에게 댓글 남겨 주세요.　　　　　给主播 ⬚⬚⬚⬚ 。

12 저녁에 노래방 가자.　　　　　　　晚上去 ⬚⬚⬚⬚ 吧。

13 오랜 친구들과의 모임.　　　　　　⬚⬚⬚⬚ 的聚会。

14 전부 내가 즐겨 먹는거야.　　　　　全是我 ⬚⬚⬚⬚ 。

15 얼굴로 먹고 사는 사람.　　　　　　⬚⬚⬚⬚ 的人。

16 장거리 연애는 너무 괴로워.　　　　⬚⬚⬚⬚ 好痛苦。

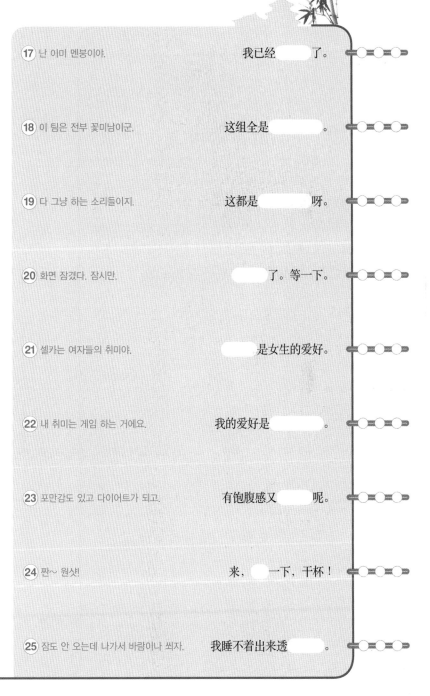

17 난 이미 멘붕이야.　　　　　　我已经 [　　　] 了。

18 이 팀은 전부 꽃미남이군.　　　这组全是 [　　　] 。

19 다 그냥 하는 소리들이지.　　　这都是 [　　　] 呀。

20 화면 잠겼다. 잠시만.　　　　[　　　] 了。等一下。

21 셀카는 여자들의 취미야.　　[　　　] 是女生的爱好。

22 내 취미는 게임 하는 거에요.　　我的爱好是 [　　　] 。

23 포만감도 있고 다이어트가 되고.　有饱腹感又 [　　　] 呢。

24 짠~ 원샷!　　　　　　　来, [　] 一下, 干杯!

25 잠도 안 오는데 나가서 바람이나 쐬자.　我睡不着出来透 [　　　] 。

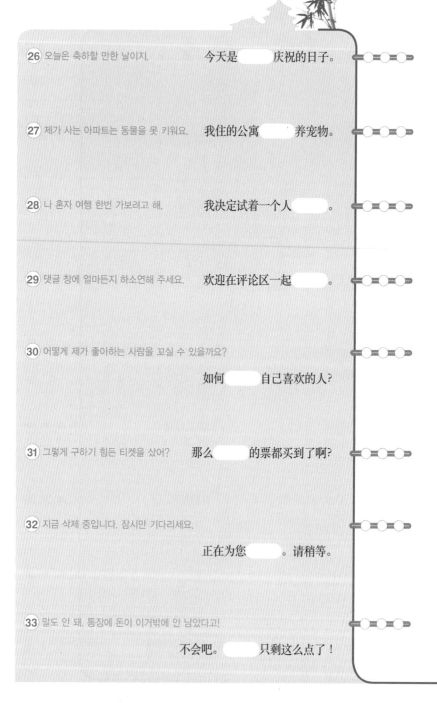

26 오늘은 축하할 만한 날이지.　　　　　今天是 　　　 庆祝的日子。

27 제가 사는 아파트는 동물을 못 키워요.　我住的公寓 　　　 养宠物。

28 나 혼자 여행 한번 가보려고 해.　　　　我决定试着一个人 　　　 。

29 댓글 창에 얼마든지 하소연해 주세요.　欢迎在评论区一起 　　　 。

30 어떻게 제가 좋아하는 사람을 꼬실 수 있을까요?

　　　　　　　　　　　如何 　　　 自己喜欢的人？

31 그렇게 구하기 힘든 티켓을 샀어?　那么 　　　 的票都买到了啊？

32 지금 삭제 중입니다. 잠시만 기다리세요.

　　　　　　　　　　　正在为您 　　　 。请稍等。

33 말도 안 돼. 통장에 돈이 이거밖에 안 남았다고!

　　　　　　　　　　　不会吧。 　　　 只剩这么点了！

34 저는 집에서 혼자 맥주 마시는 거 좋아해요.

我经常一个人在家喝 ⬚⬚⬚ 。

35 샵에서 딱 보자마자 맘에 들었어.　　我在店里一眼就 ⬚⬚ 它了。

36 넌 왜 그렇게 계속 핸드폰만 뚫어지라 보고 있냐.

你怎么一直 ⬚ 着手机看啊。

37 걔한테 있어서 너는 그냥 어장일 뿐이야.

你对她来说只是 ⬚⬚ 而已。

38 이 앱 깔아. 엄청 유용해.　　你 ⬚⬚ 这个APP吧。很有用。

39 나는 캐러멜 마끼아또 마실래. 휘핑크림은 빼고!

我要喝 ⬚⬚⬚⬚⬚ 。不加奶油！

40 나 무선청소기 샀는데 진짜 편해.

我买了 ⬚⬚⬚⬚⬚ 真的很方便。

41 비주얼 쩌네! 예쁘기만 한 게 아니라 도도해 보이기까지 해.

⬜⬜⬜高！不仅长得漂亮还高冷。

42 딱 보니 또 남친이랑 전화통 붙들고 앉았구먼.

看样子又跟男朋友⬜⬜⬜呢。

43 어쨌든 아무것도 안 하는 것보다 산책이라도 가는 게 낫겠어.

反正⬜着没事干不如去散散步呢。

44 지금 전화 거는 건 너무 무례할 기 같고 그냥 문자를 보내자.

现在打电话太⬜⬜⬜了还是发短信吧。

45 나는 쫄보라서, 공포 영화는 잘 안 봐.

我的胆子很小，所以我很少看⬜⬜⬜。

46 뭘 좋아하고, 뭘 싫어하는지는 각자의 자유야.

喜欢什么，不喜欢什么是每个人的⬜⬜⬜。

47 오늘 내 생일이니까, 다들 취할 때까지 못 가, 맘껏 마셔!

今天是我的生日，大家不醉不归。⬜⬜⬜喝！

48 위챗, 전화 같은 건 쉽게 오해를 살 수 있잖아.

微信，电话什么的最容易让人产生　　　了。

49 난 뭐 특별히 취미라는 게 없고, 맛있는 거 먹는 거 좋아해요.

我没有什么特别的　　　，就是喜欢吃好吃的。

50 제 미적 감각으로 골랐어요. 좋아하실지 모르겠네요.

我按照自己的审美　　的。不知道你喜不喜欢。

Chapter

7

Action Chinese

07.mp3

요청을 한다는 것은 누군가에게 부탁을 하는 것이기 때문에 아무래도 상대방에게 부담을 주는 말일 수 밖에 없습니다. 그렇기 때문에 외국어를 사용할 때는 더 조심스러울 수 밖에 없는데요. 다양한 중국어 요청 표현을 상황에 맞게 적절히 사용할 수 있길 바랍니다.

요청 · 명령

21 요청 (부탁)

22 명령

0601
☐☐☐

救命啊!
Jiù mìng a

└ 살려주세요

0602
☐☐☐

깨다

快醒醒。
Kuài xǐngxing

└ 빨리 일어나

0603
☐☐☐

부탁하다

我求你了。
Wǒ qiú nǐ le

└ 부탁한다

0604
☐☐☐

我求求你。
Wǒ qiúqiu nǐ

└ 부탁드려요

0605
☐☐☐

快扶他吧。
Kuài fú tā ba

└ 빨리 (그를) 부축해

0606
□□□

请你配合。

Qǐng nǐ pèihé

↳ 협조 좀 해주세요

0607
□□□

别忘了我。

Bié wàng le wǒ

↳ 나 잊지 마요

0608
□□□

给我喝一口。

Gěi wǒ hē yì kǒu

↳ 나 한 모금만

내기를 하다

0609
□□□

跟我打赌吧。

Gēn wǒ dǎ dǔ ba

↳ 나랑 내기하자

자유롭게 발휘하다

0610
□□□

自由发挥吧。

Zìyóu fāhuī ba

↳ 프리스타일로 하자

0611

밀다

我请你相信。

Wǒ qǐng nǐ xiāngxìn

└ 믿어주세요

0612

帮我看一下。

Bāng wǒ kàn yíxià

└ 이것 좀 봐줘

0613

你帮帮忙吧。

Nǐ bāngbang máng ba

└ 좀 도와주세요

0614

想托你帮个忙。

Xiǎng tuō nǐ bāng ge máng

└ 나 부탁 하나만 하자

0615

你就帮帮我吧。

Nǐ jiù bāngbang wǒ ba

└ 나 좀 도와주세요

0616
□□□

你帮我问问吧。
Nǐ bāng wǒ wènwen ba

↳ 나 대신 좀 물어봐 줘

0617
□□□

실례합니다 (지나가겠습니다)

麻烦您，借过。
Máfan nín, jiè guò

↳ 죄송한데 좀 지나가겠습니다

비슷한 표현으로는 让一下 비켜주세요가 있습니다.

0618
□□□

밥과 찬 (식사)

把饭菜热一下。
Bǎ fàn cài rè yíxià

↳ 음식 좀 데워주세요

0619
□□□

帮我拍张照吧。
Bāng wǒ pāi zhāng zhào ba

↳ 저 사진 좀 찍어주세요

0620
□□□

你赶紧过来吧。
Nǐ gǎnjǐn guò lái ba

↳ 너 빨리 좀 와봐

0621

適合하다

你看合不**合适**。

Nǐ kàn hé bu héshì

↳ 어울리는지 봐줘

0622

我想求你一件事。

Wǒ xiǎng qiú nǐ yí jiàn shì

↳ 너에게 부탁할 게 하나 있어

0623

你能帮我个忙吗?

Nǐ néng bāng wǒ ge máng ma

↳ 나 좀 도와줄 수 있니?

0624

能不能请他帮个忙?

Néng bu néng qǐng tā bāng ge máng

↳ 걔한테 부탁 하나만 할 수 있을까?

0625

你帮帮忙嘛,好不好?

Nǐ bāngbang máng ma, hǎo bu hǎo

↳ 좀 도와주라, 응?

0626
□□□

악수하다

可以**握**一下**手**吗?

Kěyǐ wò yíxià shǒu ma

↳ 악수 좀 해도 될까요?

0627
□□□

求投靠。求收留。

Qiú tóu kào   Qiú shōu liú

↳ 좀 빌붙자. 날 거둬줘

投靠는 의탁하다, 빌붙다라는 뜻이고요. 收留는 떠맡다, 수용하다라는 뜻입니다. 예를 들어 서울에서 방을 구하지 못하고 며칠간 친구네 집에서 머물러야 할 때 이렇게 말할 수 있겠죠.

0628
□□□

给我一次机会吧。

Gěi wǒ yí cì jīhuì ba

↳ 나에게 기회를 한 번만 더 줘

0629
□□□

那些资料交给我。

Nà xiē zīliào jiāo gěi wǒ

↳ 그 자료들 나 줘

0630
□□□

别让他知道了啊。

Bié ràng tā zhīdào le a

↳ 걔가 알게 되면 안 돼

Chapter 7
요청·명령

0631
□□□

晚饭时间留给我。
Wǎnfàn shíjiān liú gěi wǒ

↳ 저녁 시간은 좀 빼줘

다른 사람이 아니라 나랑 보내자는 의미입니다.

0632
□□□

팁

你给我支个招吧。
Nǐ gěi wǒ zhī ge zhāo ba

↳ 나한테 팁 좀 줘

0633
□□□

周末我们见面再谈。
Zhōumò wǒmen jiànmiàn zài tán

↳ 주말에 만나서 다시 얘기하자

0634
□□□

妈，你先回去睡吧。
Mā, nǐ xiān huí qù shuì ba

↳ 엄마, 먼저 들어가서 좀 자요

0635
□□□

선물

别忘了给我带礼物。
Bié wàng le gěi wǒ dài lǐwù

↳ 내 선물 사 오는 거 잊지 마

0636

我们坐下来好好聊。

Wǒmen zuò xialai hǎohāo liáo

→ 앉아서 얘기 좀 잘해 보자

0637

포기하다

听我一句劝。放弃吧。

Tīng wǒ yí jù quàn　　Fàngqì ba

→ 내 말 들어. 포기 해

0638

전달하다

他让我转达说恭喜你。

Tā ràng wǒ zhuǎndá shuō gōngxǐ nǐ

→ 대신 축하 좀 해달래

0639

한숨 돌리다

等等，先让我喘口气。

Děngděng, xiān ràng wǒ chuǎn kǒuqì

→ 나 숨 좀 고르고

0640

꼭

我会等着你。一定要来。

Wǒ huì děngzhe nǐ　　Yídìng yào lái

→ 나 기다릴게. 꼭 와야 해

0641
□□□

拜托你们不要再来找我。

Bàituō nǐmen bú yào zài lái zhǎo wǒ

↳ 부탁인데 다시는 찾아오지 마세요

0642
□□□

위로하다

安抚一下我现在的心情。

Ānfǔ yíxià wǒ xiànzài de xīnqíng

↳ 나 위로 좀 해주라

0643
□□□

빌려쓰다

可以借用一下洗手间吗?

Kěyǐ jièyòng yíxià xǐshǒujiān ma

↳ 화장실 좀 쓸 수 있을까요?

여기서 借用은 빌려쓰다라는 표현입니다. 드라마속에서 주인공이 남의 집에 갔을 때
화장실 좀 쓸 수 있냐고 물어보는 상황에 나온 말이었습니다.

0644
□□□

你让他们准备一下资料。

Nǐ ràng tāmen zhǔnbèi yíxià zīliào

↳ 자료 좀 준비해 달라고 하세요

0645
□□□

走，出去吃点儿东西吧。

Zǒu, chūqù chī diǎnr dōngxi ba

↳ 가자, 나가서 뭐 좀 먹자

0646

공항

我需要有人送我去**机场**。

Wǒ xūyào yǒurén sòng wǒ qù jīchǎng

↳ 누가 저 좀 공항에 데려다 줘야겠습니다

0647

少喝点儿吧。你开车来的。

Shǎo hē diǎnr ba　　Nǐ kāi chē lái de

↳ 조금만 마셔. 차 끌고 왔잖아

0648

딴 날

我有点事，咱们**改天**再谈。

Wǒ yǒudiǎn shì, zánmen gǎitiān zàitán

↳ 제가 일이 좀 있어서 그러는데, 다음에 얘기하시죠

0649

哪里值得逛，帮我想想吧。

Nǎ lǐ zhídé guàng, bāng wǒ xiǎngxiang ba

↳ 어디가 쇼핑하기 좋은지, 생각 좀 해봐

0650

초청하다

我们公司想**邀请**你做广告。

Wǒmen gōngsī xiǎng yāoqǐng nǐ zuò guǎnggào

↳ 저희 회사는 당신에게 광고를 맡기고 싶습니다

邀请은 원래 초청하다, 초대하다라는 뜻입니다. 광고 만드는 것에 초대한다, 즉 회사에서 당신에게 광고를 맡기고 싶다는 의미로 사용되었습니다.

0651
□□□

一会儿来了给我介绍介绍。

Yíhuìr lái le gěi wǒ jièshào jièshào

↳ 이따 오면 나한테 소개 좀 해줘

0652
□□□

부탁드리다

我能不能**拜托**你一件事啊?

Wǒ néng bu néng bàituō nǐ shì a

↳ 제가 뭐 부탁 좀 해도 될까요?

0653
□□□

咱们找地方坐会儿,行吗?

Zánmen zhǎo dìfang zuò huìr, xíng ma

↳ 우리 어디 좀 앉을까?

0654
□□□

냅킨

可不可以给我一张**餐巾纸**?

Kěbukěyǐ gěi wǒ yì zhāng cānjīnzhǐ

↳ 냅킨 좀 주실 수 있을까요?

0655
□□□

전해주다

麻烦你帮我**转交**给他好吗?

Máfan nǐ bāng wǒ zhuǎnjiāo gěi tā hǎo ma

↳ 죄송한데 저 대신 그에게 전달 좀 해주실 수 있을까요?

0656

麻烦您回到您的座位上，好吗?

Máfan nín huídào nín de zuòwèi shàng, hǎo ma

↳ 자리로 돌아가 주시겠어요?

극장이나 공연장에서 돌아다니는 사람에게 안내 요원이 한 멘트였습니다.

0657

수건

把这个毛巾拿去给她洗一洗。

Bǎ zhè ge máojīn ná qù gěi tā xǐyīxǐ

↳ 이 수건 좀 가져다 세탁하라고 해줘

0658

바래다 주다

你住哪里? 你可以送我一段吗?

Nǐ zhù nǎlǐ   Nǐ kěyǐ sòng wǒ yíduàn ma

↳ 어디 살아요? 저 좀 데려다주실 수 있어요?

0659

师傅，咱们去王府井开快点。

Shīfu, zánmen qù Wángfǔjǐng kāi kuài diǎn

↳ 기사님, 저희 왕푸징으로 빨리 좀 가주세요

0660

서로 다른 때에 하다

能不能把这个时间错开一下?

Néng bu néng bǎ zhè ge shíjiān cuòkāi yíxià

↳ 시간을 좀 바꿀 수 있나요?

0661

막히다, 걸리다

我电脑**卡住**了。快帮我看看吧。

Wǒ diànnǎo kǎzhùle le　　Kuài bāng wǒ kànkan ba

↳ 내 컴퓨터가 멈췄어. 빨리 와서 좀 봐줘

0662

필사적으로 하다

工作别太**拼命**了。要保重身体。

Gōngzuò bié tài pīnmìng le　　Yào bǎozhòng shēntǐ

↳ 일 너무 무리해서 하지 마. 건강 챙겨

0663

쉬다

忙什么呀。我刚来先**歇**会儿嘛。

Máng shénme ya　　Wǒ gāng lái xiān xiēhuìr ma

↳ 뭐가 그리 바빠. 막 왔는데 일단 좀 쉬자

0664

麻烦你把刚才那句话再说一遍。

Máfan nǐ bǎ gāngcái nà jù huà zài shuō yíbiàn

↳ 방금 하신 말씀 다시 한번만 해주세요

0665

이메일

把文件发到你**邮箱**了您查一下。

Bǎ wénjiàn fā dào nǐ yóuxiāng le nín chá yíxià

↳ 이메일로 파일 보냈으니 확인해 보세요

0666

我先去忙了。您有事再叫我吧。

Wǒ xiān qù máng le　　Nín yǒushì zài jiào wǒ ba

↳ 저는 가서 일 보겠습니다. 일 있으면 부르세요

0667

일을 할 바에는 철저히 끝까지 해야 한다

你就事情做到底，送佛送到西。

Nǐ jiù shìqing zuò dàodǐ, sòng fó sòng·dao xī

↳ 기왕 일할 거면, 철저히 끝까지 해야지

送佛送到西는 앞에 있는 문장과 같은 뜻입니다. 내친 걸음은 끝까지 가야 한다, 일하려면 끝까지 해야 한다는 의미입니다.

0668

~셈 치다

就算当我求你啊。你帮帮他吧。

Jiùsuàn dāng wǒ qiú nǐ a　　Nǐ bāngbāng tā ba

↳ 내가 부탁하는 거로 할게. 걔 좀 도와주라

0669

말하다

叔叔您好。可以找您谈一下吗？

Shūshu nínhǎo　　Kěyǐ zhǎo nín tán yíxià ma

↳ 삼촌 안녕하세요. 저희 얘기 좀 할 수 있을까요?

0670

不好意思，能不能让我先上啊？

Bùhǎoyìsi, néng bu néng ràng wǒ xiān shàng a

↳ 죄송한데요, 제가 먼저 화장실 좀 써도 될까요?

화장실에 가다는 중국어로 上洗手间이라고 하는데요. 이 대화의 장소가 화장실 앞이기 때문에 화장실이란 단어는 생략되었습니다.

0671 □□□

줄이다

音响放太大声了，可以**调小**吗?

Yīnxiǎng fàng tài dàshēng le, kěyǐ tiáoxiǎo ma

↳ 스피커 볼륨 너무 큰데, 줄여주실 수 있나요?

0672 □□□

부축하다

我扭到腰了。动不了了，快**扶**着我。

Wǒ niǔ dào yāo le   Dòng bu liǎo le, kuài fúzhe wǒ

↳ 허리를 삐끗했어요. 움직일 수가 없는데, 부축 좀 해주세요

0673 □□□

중요하다

我有一件非常**重要**的事想要拜托你。

Wǒ yǒu yíjiàn fēicháng zhòngyào de shì xiǎng yào bàituō nǐ

↳ 나 엄청 중요한 일 좀 부탁할 게 있는데

0674 □□□

방을 보다

你要是去**看房**呢，就叫上我一起啊。

Nǐ yàoshi qù kàn fáng ne, jiù jiào shàng wǒ yìqǐ a

↳ 방 보러 갈 거면, 같이 가게 나도 불러

0675

빌리다

能不能**借**我十万块。我把手表押给你。

Néng bu néng jiè wǒ shí wàn kuài　　　Wǒ bǎ shǒubiǎo yā gěi nǐ

→ 10만 위안만 좀 빌려줘. 내 손목시계 맡길게

押는 저당잡히다라는 뜻입니다. 그래서 보증금을 押金이라고 합니다.

0676

시정하다

我错了。我求您给我一个**改正**的机会。

Wǒ cuò le　　　Wǒ qiú nín gěi wǒ yí ge gǎizhèng de jīhuì

→ 내가 잘못했어. 내가 고칠 기회를 줘

0677

打电话给妈妈。出大事儿了。快点儿!

Dǎ diànhuà gěi māma　　　Chū dà shìr le　　　Kuài diǎnr

→ 엄마한테 전화 드려. 큰일 났어. 빨리!

0678

我送你的礼物，你要留好。不许**弄丢**了。

잃어버리다

Wǒ sòng nǐ de lǐwù, nǐ yào liúhǎo　　　Bùxǔ nòng diū le

→ 내가 준 선물, 잘 간직해야 해. 잃어버리면 안 돼

급한 일

不好意思，我有**急事**。你开门
让我进去。

Bùhǎoyìsi, wǒ yǒu jíshì　　　　　　Nǐ kāi mén ràng wǒ jìnqù

↳ 죄송해요, 제가 급한 일이 있어서요. 들어가게 문 좀 열어주세요

곤란하다

正好我有一件**棘手**的事情要跟
你们商量。

Zhènghǎo wǒ yǒu yíjiàn jíshǒu de shìqing yào gēn nǐmen shāngliáng

↳ 나 지금 좀 곤란한 일이 있는데 너희랑 상담 좀 하고 싶어

같게 굴다

你答应我，不跟我**一般见识**。
不准生气阿。

Nǐ dāying wǒ bù gēn wǒ yìbān jiànshí　　　　　Bù zhǔn shēngqì a

↳ 약속해, 나처럼 굴지 않겠다고. 화내면 안 돼

자주 쓰는 말 중에 그 사람이랑 똑같이 굴지마 你别跟他一般见识이 있습니다.

정크푸드

到了美国，少吃点**垃圾食品**。
你不能再胖了。

Dào le Měiguó, shǎo chī diǎn lājī shípǐn　　　　　Nǐ bù néng zài pàng le

↳ 미국 가면, 정크 푸드 많이 먹지 마. 너 더 뚱뚱해지면 안 돼

0683

我今天什么话都不想说。你让 我**静**静好不好。

조용하다

Wǒ jīntiān shénme huà dōu bù xiǎng shuō jìngjing hǎo bu hǎo

Nǐ ràng wǒ

→ 나 오늘 아무 말도 하고 싶지 않아. 나 조용히 있게 해줄래

0684

물이 새다

客厅的空调有点儿**漏水**。联系 维修人员来看一下。

Kètīng de kōngtiáo yǒudiǎnr lòushuǐ rényuán lái kàn yíxià

Liánxì wéixiū

→ 거실 에어컨에서 물이 새. 수리해 주시는 분께 연락해서 봐달라고 해

0685

有个朋友在楼下等我。我们可 能要加快讨论的**速度**了。

속도

Yǒu ge péngyou zài lóu xià děng wǒ jiā kuài tǎolùn de sùdù le

Wǒmen kěnéng yào

→ 아래서 친구가 기다리고 있어요. 저희 조금 빨리 진행해야 할 듯해요

이런 표현 모르면 OUTSIDER!!!

22 명령

0686
□□□

要乖。
Yào guāi

↳ 얌전히 있어

0687
□□□

배상, 보상하다

快赔钱。
Kuài péi qián

↳ 얼른 배상해

0688
□□□

把门关好。
Bǎ mén guānhǎo

↳ 문 좀 꽉 닫아

0689
□□□

입을 다물다

你给我闭嘴。
Nǐ gěi wǒ bì zuǐ

↳ 입 다물어

0690
□□□

别忘带衣服啊。
Bié wàngdài yīfu a

↳ 옷 가져오는 거 잊지마

0691
밟다

不要**踩**到这里。

Bú yào cǎidào zhè lǐ

→ 여기 밟지 마세요

0692

你离我远一点。

Nǐ lí wǒ yuǎn yìdiǎn

→ 나한테서 멀리 떨어져

0693
감정적으로 일처리를 하다

不要**意气用事**。

Bú yào yìqì yòngshì

→ 감정적으로 일처리 하지마

0694
배상, 변상

你**赔偿**精神损失。

Nǐ péicháng jīngshen sǔnshī

→ 내 정신적 피해 보상해줘

0695

你说话前请三思。

Nǐ shuō huà qián qǐng sān sī

→ 말하기 전에 세 번 생각하고 말해

0696
□□□

직언하다

有话还是**直说**。

Yǒu huà háishi zhí shuō

↳ 할 말 있으면 단도직입적으로 말해

0697
□□□

两点准时在门口等我。

Liǎng diǎn zhǔnshí zài ménkǒu děng wǒ

↳ 2시 딱 맞춰서 문 앞에서 기다리세요

0698
□□□

늦추다, 지연시키다

你千万别**拖**到下周了。

Nǐ qiānwàn bié tuō dào xiàzhōu le

↳ 다음 주로 더 미루시는 건 절대 안 됩니다

0699
□□□

치우다

快点**收拾**好自己的房间。

Kuài diǎn shōushi hǎo zìjǐ de fángjiān

↳ 빨리 자기 방 좀 치워

0700
□□□

你别打扰我。我要赶快做完。

Nǐ bié dǎrǎo wǒ   Wǒ yào gǎnkuài zuò wán

↳ 나 방해하지 마. 얼른 끝내야 해

0순위 ◆ 이거면 중국어 OK! 중드 표현 1200

빈칸 채우기

앞에서 학습한 내용 중 보라색으로 칠을 괜히 한 게 아니겠지요?
기억을 더듬으며 빈칸을 채워나가 볼까요?

빈칸에 들어가는 단어가 아는 단어인가~ 모르는 단어인가~~
주황색 바에 체크해보세요!
감도 안잡힌다에 체크된 문장은 복습하기로 해요!

← 감도 안잡힌다. | 이정도는 알지 →

01 빨리 일어나.　　　　　　　　　　　　快　醒。

02 부탁한다.　　　　　　　　　　　　　我　你了。

03 나랑 내기하자.　　　　　　　　　　跟我　　吧。

04 프리스타일로 하자.　　　　　　　　　　　　　吧。

05 믿어주세요.　　　　　　　　　　　我请你　　。

06 죄송한데 좀 지나가겠습니다.　　　　麻烦您,　　　。

07 음식 좀 데워주세요.　　　　　　　　把　　热一下。

08 어울리는지 봐줘.　　　　　　　　　你看合不　　　。

09 악수 좀 해도 될까요?　　　　　　　　可以 ___ 一下 ___ 吗?

10 나한테 팁 좀 줘.　　　　　　　　你给我 ___ 个 ___ 吧。

11 내 선물 사 오는 거 잊지 마.　　　　別忘了给我带 ___ 。

12 내 말 들어. 포기 해.　　　　　　听我一句劝。 ___ 吧。

13 대신 축하 좀 해달래.　　　　　　他让我 ___ 说恭喜你。

14 나 숨 좀 고르고.　　　　　　等等，先让我 ___ 。

15 나 기다릴게. 꼭 와야 해.　　　　我会等着你。 ___ 要来。

16 나 위로 좀 해주라.　　　　___ 一下我现在的心情。

17 화장실 좀 쓸 수 있을까요?　　可以 ___ 一下洗手间吗?

18 누가 저 좀 공항에 데려다 줘야겠습니다.

我需要有人送我去 _____。

19 제가 일이 좀 있어서 그러는데, 다음에 얘기하시죠.

我有点事, 咱们 _____ 再谈。

20 저희 회사는 당신에게 광고를 맡기고 싶습니다.

我们公司想 _____ 你做广告。

21 제가 뭐 부탁 좀 해도 될까요?

我能不能 _____ 你一件事啊?

22 냅킨 좀 주실 수 있을까요?

可不可以给我一张 _____?

23 죄송한데 저 대신 그에게 전달 좀 해주실 수 있을까요?

麻烦你帮我 _____ 给他好吗?

24 이 수건 좀 가져다 세탁하라고 해줘.

把这个 _____ 拿去给她洗一洗。

25 어디 살아요? 저 좀 데려다주실 수 있어요?

你住哪里? 你可以 _____ 我一段吗?

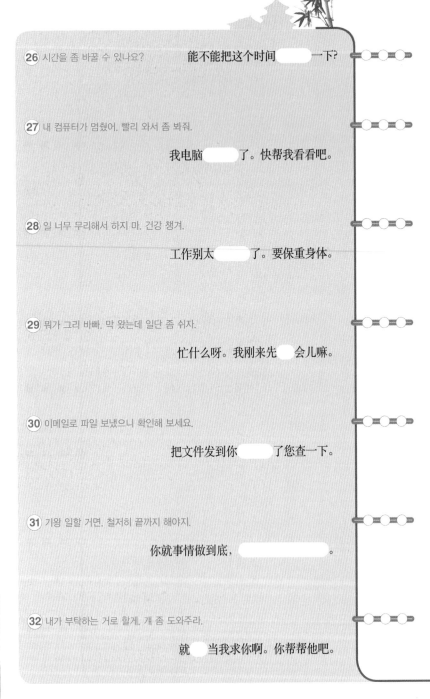

26 시간을 좀 바꿀 수 있나요?　　　　　能不能把这个时间 ⬭⬭ 一下?

27 내 컴퓨터가 멈췄어. 빨리 와서 좀 봐줘.

我电脑 ⬭⬭ 了。快帮我看看吧。

28 일 너무 무리해서 하지 마. 건강 챙겨.

工作别太 ⬭⬭ 了。要保重身体。

29 뭐가 그리 바빠. 막 왔는데 일단 좀 쉬자.

忙什么呀。我刚来先 ⬭ 会儿嘛。

30 이메일로 파일 보냈으니 확인해 보세요.

把文件发到你 ⬭⬭ 了您查一下。

31 기왕 일할 거면, 철저히 끝까지 해야지.

你就事情做到底，⬭⬭⬭⬭⬭⬭。

32 내가 부탁하는 거로 할게. 걔 좀 도와주라.

就 ⬭ 当我求你啊。你帮帮他吧。

33 삼촌 안녕하세요. 저희 얘기 좀 할 수 있을까요?

叔叔您好。可以找您　一下吗?

34 스피커 볼륨 너무 큰데. 줄여주실 수 있나요?

音响放太大声了，可以　　吗?

35 허리를 삐끗했어요. 움직일 수가 없는데. 부축 좀 해주세요.

我扭到腰了。动不了了，快　着我。

36 나 엄청 중요한 일 좀 부탁할 게 있는데.

我有一件非常　　的事想要拜托你。

37 방 보러 갈 거면. 같이 가게 나도 불러.

你要是去　　呢，就叫上我一起啊。

38 10만 위안만 좀 빌려줘. 내 손목시계 맡길게.

能不能　我十万块。我把手表押给你。

39 내가 잘못했어. 내가 고칠 기회를 줘.

我错了。我求您给我一个　　的机会。

40 내가 준 선물, 잘 간직해야 해. 잃어버리면 안 돼.

我送你的礼物，你要留好。不许 ____ 了。

41 죄송해요, 제가 급한 일이 있어서요. 들어가게 문 좀 열어주세요.

不好意思，我有 ____ 。你开门让我进去。

42 나 지금 좀 곤란한 일이 있는데 너희랑 상담 좀 하고 싶어.

正好我有一件 ____ 的事情要跟你们商量。

43 약속해. 나처럼 굴지 않겠다고. 화내면 안 돼.

你答应我，不跟我 ____ 。不准生气阿。

44 미국 가면, 정크 푸드 많이 먹지 마. 너 더 뚱뚱해지면 안 돼.

到了美国，少吃点 ____ 你不能再胖了。

45 나 오늘 아무 말도 하고 싶지 않아. 나 조용히 있게 해줄래.

我今天什么话都不想说。你让我 ____ 静好不好。

46 거실 에어컨에서 물이 새. 수리해 주시는 분께 연락해서 봐달라고 해.

客厅的空调有点儿 ____ 。联系维修人员来看一下。

226

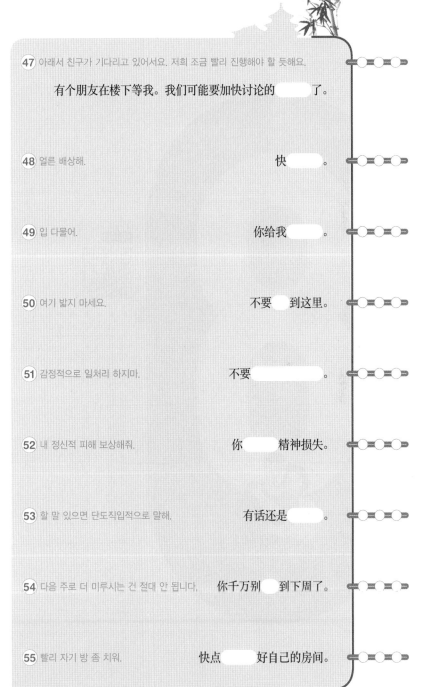

47 아래서 친구가 기다리고 있어서요. 저희 조금 빨리 진행해야 할 듯해요.

有个朋友在楼下等我。我们可能要加快讨论的　　　了。

48 얼른 배상해.

快　　　。

49 입 다물어.

你给我　　　。

50 여기 밟지 마세요.

不要　到这里。

51 감정적으로 일처리 하지마.

不要　　　　。

52 내 정신적 피해 보상해줘.

你　　　精神损失。

53 할 말 있으면 단도직입적으로 말해.

有话还是　　　。

54 다음 주로 더 미루시는 건 절대 안 됩니다.

你千万别　到下周了。

55 빨리 자기 방 좀 치워.

快点　　好自己的房间。

Chapter

8

Action Chinese

08.mp3

부탁을 제대로 거절하지 못해서 힘들어 하는 경우가 많습니다.

이는 비단 의사소통만의 문제는 아닐 텐데요. 거절을 할 경우

상대방의 체면이 상하거나 관계가 불편해질 수도 있는 게 싫어서

어떻게 말해야 하나 고민하게 됩니다.

그렇다면 중국인들은 어떻게 거절할까요?

드라마에 나온 다양한 거절 표현에는 어떤 내용이 있는지 함께 보시죠.

거절

23 거절

이런 표현 모르면 OUTSIDER!!!

23 거절

0101
□□□

상관하다

别**理**他。

Bié lǐ tā

↳ 걔 신경 쓰지 마

0102
□□□

생떼를 쓰다

别**耍赖**。

Bié shuǎ lài

↳ 억지 부리지 마

조금 더 가벼운 표현으로는 別赖皮가 있습니다.

0103
□□□

别提了。

Bié tí le

↳ 말도 마라

0104
□□□

不太好吧。

Bú tài hǎo ba

↳ 별로 안 좋은 거 같은데요

0105
□□□

我做不来。

Wǒ zuò bu lái

↳ 못 하겠어요 (일이 익숙하지 않아서 할 수 없음)

0706
□□□

你帮不上忙。
Nǐ bāng bu shàng máng

↳ 도와주실 게 없네요

0707
□□□

你自己做吧。
Nǐ zìjǐ zuò ba

↳ 직접 하세요

0708
□□□

不说工作了。
Bù shuō gōng zuò le

↳ 일 얘기 안 할래

0709
□□□

一码归一码。
Yī mǎ guī yī mǎ

↳ 그 일은 그 일이고

그 일과 다른 일을 연계시키면 안 된다, 그 사건은 그 사건에 한정한다는 뜻입니다.

0710
□□□

不用过来了。
Bú yòng guò lái le

↳ 올 필요 없어

0711
일이 있다

我晚上**有事**。
Wǒ wǎnshàng yǒu shì

└→ 저녁에 일이 있어요

0712
마음을 쓰다

谢谢你的**用心**。
Xièxie nǐ de yòngxīn

└→ 신경 써주셔서 감사합니다

감사하지만 사양하겠다는 의미로도 사용됩니다.

0713
사소한 수고

没事，**举手之劳**。
Méi shì, jǔshǒuzhīláo

└→ 괜찮아요, 별거 아닌데요

도움에 감사하면서 밥을 산다고 할 때 괜찮아요라고 거절하는 말입니다. 举手之劳는 손을 한 번 드는 정도의 수고, 조그마한 수고에 불과한 아주 쉬운 일, 사소한 일입니다 라는 표현입니다.

0714

哪儿有那么急。
Nǎr yǒu nàme jí

└→ 뭐가 그렇게 급하니

0715
불편하다

现在我**不方便**。
Xiànzài wǒ bù fāngbiàn

└→ 지금은 좀 그래요

0116

잘 알다

我也不是很**熟**。

Wǒ yě bú shì hěn shú

↳ 저도 잘 몰라요

0117

(부정문에 주로 사용) 한사코

他**死活**不同意。

Tā sǐhuó bù tóngyì

↳ 그는 절대 허락 안 할 걸

0118

我今天真去不了。

Wǒ jīntiān zhēn qù bu liǎo

↳ 오늘은 진짜 못 갈 거 같아

0119

(나쁜 결과 예상) 아마 ~일 것이다

我**恐怕**帮不了你。

Wǒ kǒngpà bāng bu liǎo nǐ

↳ 아무래도 도와드릴 수가 없을 거 같네요

0120

귀찮게 하다

不用了，多**麻烦**。

Bú yòngle, duō máfan

↳ 괜찮아요, 귀찮게 뭘요

0721
□□□

明天恐怕去不了。

Míngtiān kǒngpà qù bu liǎo

↳ 내일 못 갈 거 같아요

0722
□□□

你怎么不早说呢。

Nǐ zěnme bù zǎo shuō ne

↳ 왜 진작 말 안 했어

0723
□□□

这回我可管不了了。

Zhè huí wǒ kě guǎn bu liǎo le

↳ 이번 일은 내가 개입할 수 없을 거 같아

0724
□□□

됐어

算了。我自己联系。

Suàn le　　Wǒ zìjǐ liánxì

↳ 됐어. 내가 직접 연락할게

0725
□□□

这根本不可能做到。

Zhè gēnběn bù kěnéng zuòdào

↳ 이건 원래 할 수 없었던 거야

234

0726
☐☐☐

염두에 두지 않다

我 **不在乎** 被她误会。

Wǒ bú zàihu bèi tā wùhuì

↳ 걔가 오해하는 거 신경 안 써

0727
☐☐☐

썸 타는 관계

我不喜欢 **暧昧关系**。

Wǒ bù xǐhuān àimèi guānxì

↳ 나 썸 타는 거 싫어

0728
☐☐☐

억지스럽다

你说得太 **牵强** 了吧。

Nǐ shuō de tài qiānqiáng le ba

↳ 너 너무 억지 아니냐

牵强 : 억지 쓰다, 억지로 갖다 붙이다.

0729
☐☐☐

我真的不能再喝了。

Wǒ zhēn de bù néng zài hē le

↳ (술) 나 진짜 더는 못 마시겠어

0730
☐☐☐

太贵了。我不能收。

Tài guì le   Wǒ bù néng shōu

↳ 너무 비싸요. 제가 받을 수 없습니다

0731
□□□

위

我去不了。我**胃**不好。
Wǒ qù bu liǎo　　Wǒ wèi bù hǎo

↳ 난 못 갈 거 같아. 위가 안 좋아

0732
□□□

약속을 어기다

对不起。我不能**失约**。
Duìbuqǐ　　Wǒ bù néng shīyuē

↳ 미안해요. 약속을 어길 수가 없어요

0733
□□□

不行。这顿还是我请。
Bù xíng　　Zhè dùn hái shì wǒ qǐng

↳ 안 돼요. 이번 것은 아무래도 제가 살게요

0734
□□□

不用了。我随便看看。
Bú yòng le　　Wǒ suíbiàn kànkan

↳ 괜찮습니다. 제가 둘러볼게요

가게에 물건을 보러 들어갔을 때 종업원 분들이 옆에 계속 함께하는 경우가 있죠. 혼자 편하게 쇼핑하고 싶다면 이렇게 말씀하시면 됩니다.

0735
□□□

신세를 지다

我不能欠你这个**人情**。
Wǒ bù néng qiàn nǐ zhè ge rénqíng

↳ 제가 이렇게 신세를 질 순 없죠

탐욕스럽다

不行。做人不能**贪婪**。
Bù xíng　　Zuòrén bù néng tānlán

↳ 안 돼. 사람이 과한 욕심을 부리면 안 되는 거야

뜻대로 되다

我不会让你们**得逞**的？
Wǒ bú huì ràng nǐmen déchěng de

↳ 내가 너희 뜻대로 되게 할 거 같아?

逞가 마음먹은 대로 이루다라는 뜻이 있어요. 得는 얻다라는 의미니까 得逞은 목적을 달성하다, 이루어지다, 뜻대로 되다라는 뜻입니다.

我下周已经约朋友了。
Wǒ xià zhōu yǐjīng yuē péngyou le

↳ 다음주에 이미 친구랑 약속 있어

这种事我不能支持你。
Zhè zhǒng shì wǒ bù néng zhīchí nǐ

↳ 이런 일은 내가 응원해줄 수가 없겠다

我觉得还是客气点好。
Wǒ juéde háishì kèqi diǎn hǎo

↳ 제가 생각할 때는 아직은 예의를 갖추는 게 좋을 거 같아요

0741
□□□

我不能告诉你为什么。

Wǒ bù néng gàosù nǐ wèi shénme

↳ 왜인지 너한테 말 안 해줄 거야

0742
□□□

(돈, 시간을) 쓰다

爸妈有钱留着自己花。

Bà mā yǒuqián liúzhe zìjǐ huā

↳ 아빠 엄마 돈은 뒀다가 본인이 쓰세요

0743
□□□

개인적인 일

这是私事不能告诉你。

Zhè shì sīshì bù néng gàosu nǐ

↳ 이건 프라이버시라 말해줄 수 없어

0744
□□□

소용이 없다

换一招吧! 这招不灵了。

Huàn yì zhāo ba   Zhè zhāo bù língle

↳ 대책을 바꾸자! 이건 소용이 없어

0745
□□□

범위

这超出我的能力范围了。

Zhè chāochū wǒ de nénglì fànwéi le

↳ 이건 내 능력 밖이에요

0순위 ◆ 이러면 중국어다! 종드는 표현 1200

0746
□□□

장난을 치다

一个小时? 开什么玩笑。
Yí ge xiǎoshí　　　Kāi shénme wánxiào

↳ 한 시간? 무슨 장난하시나

0747
□□□

我太累了什么也不想做。
Wǒ tài lèi le shénme yě bù xiǎng zuò

↳ 나 너무 피곤해서 아무것도 하고 싶지 않아

0748
□□□

我可不想去做电灯泡啊。
Wǒ kě bù xiǎng qù zuò diàndēngpào a

↳ 나도 눈치 없게 꼽사리로 껴서 가고 싶지 않거든

电灯泡는 연애하는 사람들 사이에 껴서 훼방놓는 사람들을 일컫는 말입니다. 방해꾼,
눈치 없는 사람, 꼽사리 등의 뜻입니다.

0749
□□□

야근, 초과근무

真不巧, 我今天要加班。
Zhēn bù qiǎo, wǒ jīntiān yào jiābān

↳ 잘 안 맞네요, 저 오늘 야근해야 돼요

0750
□□□

跟我半毛钱关系都没有。
Gēn wǒ bànmáo qián guānxi dōu méiyǒu

↳ 저랑 털끝만큼의 상관도 없거든요

0751
□□□

我们真的没有太多**闲钱**。

Wǒmen zhēn de méiyǒu tài duō xiánqián

↳ 저희는 정말 여윳돈이 얼마 없어요

0752
□□□

我不去了。手上还有工作呢。

Wǒ qùbuliǎo　　　　Shǒu shàng hái yǒu gōngzuò ne

↳ 나 안 가. 아직 일이 남았어

0753
□□□

不好意思。晚饭我有约了。

Bùhǎoyìsi　　　　Wǎnfàn wǒ yǒu yuē le

↳ 죄송해요. 저녁 약속 있어요

0754
□□□

今晚有约，不可以**爽约**啊。

Jīnwǎn yǒu yuē, bù kěyǐ shuǎng yuē a

↳ 오늘 저녁에 약속이 있는데, 깰 수가 없어요

0755
□□□

不，我今天开车了。改天吧。

Bù, wǒ jīntiān kāi chē le　　　　Gǎitiān ba

↳ 아뇨, 오늘은 차를 끌고 왔어요. 다음에요

누군가가 술을 권유했을 때 이렇게 말할 수 있겠죠.

0756
□□□

不用了。我自己开车来的。

Bú yòngle　　　Wǒ zìjǐ kāichē lái de

→ 괜찮아요. 차 가져왔어요

0757
□□□

택시

我一会儿打**出租车**就行了。

Wǒ yíhuìr dǎ chūzūchē jiù xíng le

→ 이따 택시 타고 가면 돼요

0758
□□□

염려하다

我这边挺好的。不用**惦记**。

Wǒ zhè biān tǐng hǎo de　　　Bú yòng diànjì

→ 이쪽은 괜찮아. 걱정하지 마

0759
□□□

선공, 전문

我了解一点但是并不**专业**。

Wǒ liǎojiě yìdiǎn dàn shì bìng bù zhuānyè

→ 조금 알긴 하는데 전문적이진 않아요

0760
□□□

我是觉得我自己配不上你。

Wǒ shì juéde wǒ zìjǐ pèibushàng nǐ

→ 나는 너랑 어울리지 않는 것 같아

0761
□□□

대신 수고하다

这种事情我不可能**代劳**的。

Zhè zhǒng shìqing wǒ bù kěnéng dàiláo de

↳ 이런 일은 대신해줄 수가 없는 거야

0762
□□□

어떠한

不想跟你讲**任何**我的想法。

Bù xiǎng gēn nǐ jiǎng rènhé wǒ de xiǎngfǎ

↳ 난 너랑 어떤 생각도 얘기하고 싶지 않아

0763
□□□

받지 않는다

把你的东西带回去！我**不收**。

Bǎ nǐ de dōngxi dài huí qù　　　　Wǒ bù shōu

↳ 물건 가져가세요! 전 받지 않겠습니다

0764
□□□

돈을 헛되이 쓰다

我不可能再投钱给你**打水漂**。

Wǒ bù kěnéng zài tóuqián gěi nǐ dǎ shuǐpiāo

↳ 난 네가 또 흥청망청 돈 날리게 두지 않을 거다 (돈 안 주겠다는 뜻)

打水漂는 원래 물수제비를 뜨다라는 뜻인데요. 힘을 들여 돌을 던졌는데 물에 빠져 돌이 보이지 않는 데서 나온 말이라고 합니다. 돈을 날리다, 헛되이 쓰다, 물거품이 되다 등의 의미입니다.

0765
□□□

망쳐버리다

不行。这事就是被他**搅黄**的。

Bù xíng　　　Zhè shì jiù shì bèi tā jiǎohuáng de

↳ 안 돼. 이번 일은 걔가 망쳐버린 거잖아

搅黄은 망쳐버리다, 산통깨다는 의미입니다.

我自己来，我的力气可大了。

Wǒ zìjǐ lái, wǒ de lìqi kě dà le

↳ 내가 할게, 나 힘세거든

我不太喜欢这种做事的办法。

Wǒ bú tài xǐhuān zhè zhǒng zuò shì de bànfǎ

↳ 난 이렇게 일 처리 하는 거 좋아하지 않아

고려하다

感情什么的真没有怎么考虑。

Gǎnqíng shénme de zhēn méiyǒu zěnme kǎolǜ

↳ (연애) 감정 같은 거 진짜 생각해 본 적 없어

今天有约了，改天我请你吃饭。

Jīntiān yǒu yuē le, gǎitiān wǒ qǐng nǐ chīfàn

↳ 오늘은 약속이 있어요, 다음에 제가 살게요

我去不了。你也知道我家里有
事。

Wǒ qù bu liǎo　　　　Nǐ yě zhīdào wǒ jiā li yǒu shì

↳ 나 못 가. 너도 우리집 일 있는 거 알잖아

0771
□□□

색깔

这个**颜色**不太适合我的年纪。
Zhè ge yánsè bú tài shìhé wǒ de niánjì

↳ 이 색깔은 내 나이대에는 안 어울리는 거 같아

0772
□□□

你不是我们学校的，不能进去。
Nǐ bú shì wǒmen xuéxiào de　　　　Bù néng jìnqù

↳ 여기 학교 사람 아니잖아요. 못 들어갑니다

0773
□□□

(돈이 없어서) 살 수 없다

不行，太贵了。我**买不起**了。
Bù xíng, tài guì le　　　Wǒ mǎibuqǐ le

↳ 안 돼, 너무 비싸. 난 살 수가 없어

0774
□□□

我最近有点累。想回去早点睡。
Wǒ zuìjìn yǒudiǎn lèi　　　Xiǎng huí qù zǎo diǎn shuì

↳ 나 요즘 너무 피곤해. 집에 가서 일찍 좀 자고 싶어

0775
□□□

감정

我现在还不想讨论**感情**的问
题。
Wǒ xiànzài hái bù xiǎng tǎolùn gǎnqíng de wèntí

↳ 난 지금 감정에 대한 걸 얘기하고 싶지 않아

0776
□□□

느낌이 없다

你真的很好，但我对你**没有感觉**。

Nǐ zhēnde hěn hǎo　　Dàn wǒ duì nǐ méiyǒu gǎnjué

→ 너 정말 좋은 사람이야. 그런데 난 너한테 느낌이 없어 (고백 거절)

0777
□□□

부득이, 마지못해

我也不想辞职。可是**迫不得已**嘛。

Wǒ yě bù xiǎng cízhí　　Kěshì pòbùdéyǐ ma

→ 저도 회사 그만두고 싶지 않아요. 그렇지만 이건 어쩔 수 없는 상황이잖아요

迫不得已는 할 수 없이, 부득이, 마지못해, 어찌할 도리가 없다는 의미입니다.

0778
□□□

임시

工作上突然有点问题**临时**走不开。

Gōngzuò shàng tūrán yǒudiǎn wèntí línshí zǒubukāi

→ 갑자기 문제가 생겨서 잠깐 동안은 자리를 뜰 수가 없을 거 같아

0779
□□□

去别人家里吃饭总是有点不方便的。

Qù biérén jiā li chīfàn zǒngshì yǒudiǎn bù fāngbiàn de

→ 다른 사람의 집에 가서 밥을 먹는다는 건 아무래도 좀 불편하죠

0780
□□□

你坐吧。在公司天天坐着，站着舒服。

Nǐ zuò ba　　Zài gōngsī tiāntiān zuòzhe, zhànzhe shūfu

→ 앉으세요. 회사에서 내내 앉아있었더니, 서 있는 게 편해요

Chapter **8**
거절

0181

(괴롭히다)

不行，这是典型的大的**欺负**小的。

Bù xíng, zhè shì diǎnxíng de dà de qīfù xiǎo de

↳ 안 돼, 이건 전형적으로 윗사람이 아랫사람 괴롭히는 거잖아

비슷한 표현으로 以大欺小 약한 자를 괴롭히다가 있습니다.

0182

我今天过不来。我还有很多事要做。

Wǒ jīntiān guò bu lái　　　　　Wǒ hái yǒu hěn duō shì yào zuò

↳ 나 오늘 못 가요. 아직도 해야 할 게 많아

0183

好几天没陪我男朋友了答应陪他。

Hǎo jǐ tiān méi péi wǒ nán péngyou le dāyìng péi tā

↳ 며칠 동안 남자 친구랑 같이 못 있어 줘서 남친이랑 있기로 했어

0184

这样太麻烦人家了。不好意思去呢。

Zhè yàng tài máfan rénjiā le　　　　　Bùhǎoyìsi qù ne

↳ 이러면 사람 너무 귀찮게 하는 거잖아. 가기 미안해

0순위 ◆ 이럴땐 중국어다! 중드 표현 1200

0785

（짊어지다）

你去吧。我已经**扛**不住了。太
累了。

Nǐ qù ba　　　　Wǒ yǐjīng káng bu zhù le　　　　　Tài lèi le

→ 가봐. 난 이미 더 버틸 힘이 없어. 너무 힘들어

0786

这周是不行了。下周的话我可
以帮忙。

Zhè zhōu shì bù xíng le　　　Xiàzhōu de huà wǒ kěyǐ bāng máng

→ 이번주는 안 되고요. 다음주면 도와드릴 수 있을 듯 해요

0787

好啦。说来说去都是这些话别
再说了。

Hǎo lā　　　Shuō lái shuō qù dōu shì zhè xiē huà bié zài shuō le

→ 됐어, 몇 번을 말해도 결국 그 얘기 이제 그만해

0788

（이력서）

简历我看过了。她的专业完全
不对口。

Jiǎnlì wǒ kànguo le　　　　　Tā de zhuānyè wánquán bú duìkǒu

→ 이력서 봤는데요. 그녀의 전공은 저희와 아예 안 맞습니다

0789
□□□

我觉得不行。已经超出我们的预算了。

예산

Wǒ juéde bù xíng　　　　　Yǐjīng chāochū wǒmen de yùsuàn le

└→ 안 될 것 같아요. 이미 저희 예산을 넘었어요

0790
□□□

我们自己逛逛就行了。不用陪我们了。

Wǒmen zìjǐ guàngguang jiù xíng le　　　Bú yòng péi wǒmen le

└→ 저희끼리 구경할게요. 같이 있어 주실 필요 없어요

0791
□□□

再怎么有急事也不能把车停在校门口啊。

출입문

Zài zěnme yǒu jíshì yě bù néng bǎ chē tíng zài xiàoménkǒu a

└→ 아무리 급한 일이라도 교문 앞에 주차하시면 안 됩니다

배치하다

0792
□□□

我这周末已经都安排好了。可能没空。

Wǒ zhè zhōumò yǐjīng dōu ānpái hǎo le　　　Kěnéng méi kōng

└→ 이번 주는 이미 스케줄이 다 짜여 있어요. 시간이 없을 거 같아요

0793
○○○

유감스럽다

很**遗憾**我无法出席。可以让他
代替我去。

Hěn yíhàn wǒ wúfǎ chūxí　　　Kěyǐ ràng tā dàitì wǒ qù

↳ 참석할 수 없어서 너무 아쉽네요. 저 대신에 그가 갈 거예요

0794
○○○

갑자기

今天不行。我**突然**想起来我今
天约人了。

Jīntiān bù xíng　　　Wǒ tūrán xiǎng qǐlái wǒ jīntiān yuē rén le

↳ 오늘은 안 되겠어요. 갑자기 약속 있었던 게 생각났어요

0795
○○○

我想我们并不合适在一起。还
是做朋友吧。

Wǒ xiǎng wǒmen bìng bù héshì zài yìqǐ　　　Háishi zuò péngyou ba

↳ 우린 잘 안 맞는 거 같아, 그냥 친구로 지내자

0796
○○○

호화주택

看到你们的**豪宅**我一定会眼
红。我不去!

Kàndào nǐmen de háozhái wǒ yídìng huì yǎnhóng　　　Wǒ bú qù

↳ 너희 호화저택 보면 질투 날 거 같아. 난 안 가!

0797

우선하여 선택하다

在我的心里不是**首选**，而且连前三都算不上。

Zài wǒ de xīn li bú shì shǒuxuǎn, érqiě lián qián sān dōu suàn bushàng

↳ 제 맘 속에 우선순위도 아니었고, 심지어 3위 안에도 못 들어요

0798

这个价格已经是我们能做到的一个最大的**极限**了。

최대한

Zhè ge jiàgé yǐjīng shì wǒmen néng zuòdào de yí ge zuìdà de jíxiàn le

↳ 이 가격은 이미 저희가 해드릴 수 있는 최선이에요

0799

别再买了。你买这么多东西咱们什么时候能吃完呀。

Bié zài mǎi le　　　　Nǐ mǎi zhème duō dōngxi zánmen shénme shíhou néng chī wán ya

↳ 더 사지 마. 이렇게 많이 사면 우리 언제 다 먹어

0800

难得你开一次口。我却实在是不能答应你。真的很**抱歉**。

미안합니다

Nándé nǐ kāi yí cì kǒu dāying nǐ　　　　Wǒ què shízài shì bù néng Zhēn de hěn bàoqiàn

↳ 어렵게 입을 여신 걸텐데. 저는 진짜 안 될 듯합니다. 정말 죄송합니다

빈칸 채우기

앞에서 학습한 내용 중 보라색으로 칠을 괜히 한 게 아니겠지요?
기억을 더듬으며 빈칸을 채워나가 볼까요?

빈칸에 들어가는 단어가 아는 단어인가~ 모르는 단어인가~~
주황색 바에 체크해보세요!
감도 안잡힌다에 체크된 문장은 복습하기로 해요!

← 감도 안잡힌다. | 이정도는 알지 →

01 걔 신경 쓰지 마.　　　　　　　　　　別 他。

02 억지 부리지 마.　　　　　　　　　　別 。

03 저녁에 일이 있어요.　　　　　　　　我晚上 。

04 신경 써주셔서 감사합니다.　　　　　谢谢你的 。

05 괜찮아요, 별거 아닌데요.　　　　　　没事, 。

06 지금은 좀 그래요.　　　　　　　　　现在我 。

07 저도 잘 몰라요.　　　　　　　　　　我也不是很 。

08 그는 절대 허락 안 할 걸.　　　　　　他 不同意。

09 아무래도 도와드릴 수가 없을 거 같네요.　　　　我 ⬚⬚ 帮不了你。

10 괜찮아요, 귀찮게 뭘요.　　　　不用了，多 ⬚⬚⬚ 。

11 됐어. 내가 직접 연락할게.　　　　⬚⬚⬚ 。我自己联系。

12 걔가 오해하는 거 신경 안 써.　　　　我 ⬚⬚⬚ 被她误会。

13 나 썸 타는 거 싫어.　　　　我不喜欢 ⬚⬚⬚ 。

14 너 너무 억지 아니냐.　　　　你说得太 ⬚⬚ 了吧。

15 난 못 갈 거 같아. 위가 안 좋아.　　　　我去不了。我 ⬚ 不好。

16 미안해요, 약속을 어길 수가 없어요.　　　　对不起。我不能 ⬚⬚ 。

17 제가 이렇게 신세를 질 순 없죠.　　　　我不能 ⬚ 你这个 ⬚⬚ 。

18 안 돼. 사람이 과한 욕심을 부리면 안 되는 거야.
　　　　不行。做人不能 ⬚⬚ 。

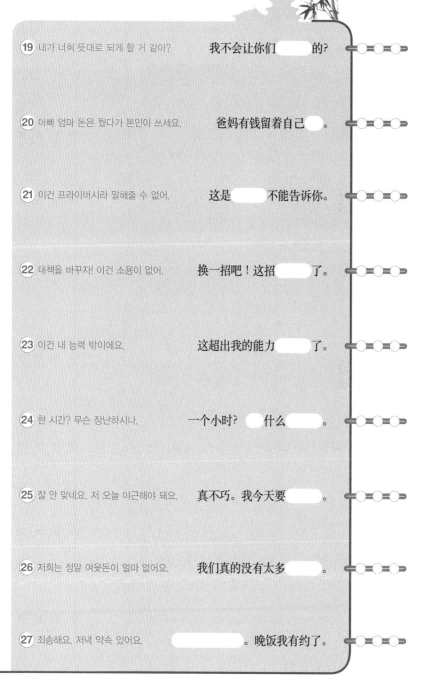

19 내가 너희 뜻대로 되게 할 거 같아?　　我不会让你们 ◯◯◯◯ 的？

20 아빠 엄마 돈은 뒀다가 본인이 쓰세요.　　爸妈有钱留着自己 ◯◯ 。

21 이건 프라이버시라 말해줄 수 없어.　　这是 ◯◯◯◯ 不能告诉你。

22 대책을 바꾸자! 이건 소용이 없어.　　换一招吧！这招 ◯◯◯ 了。

23 이건 내 능력 밖이에요.　　这超出我的能力 ◯◯ 了。

24 한 시간? 무슨 장난하시나.　　一个小时？ ◯◯ 什么 ◯◯◯ 。

25 잘 안 맞네요, 저 오늘 야근해야 돼요.　　真不巧。我今天要 ◯◯◯ 。

26 저희는 정말 여윳돈이 얼마 없어요.　　我们真的没有太多 ◯◯◯ 。

27 죄송해요, 저녁 약속 있어요.　　◯◯◯◯ 。晚饭我有约了。

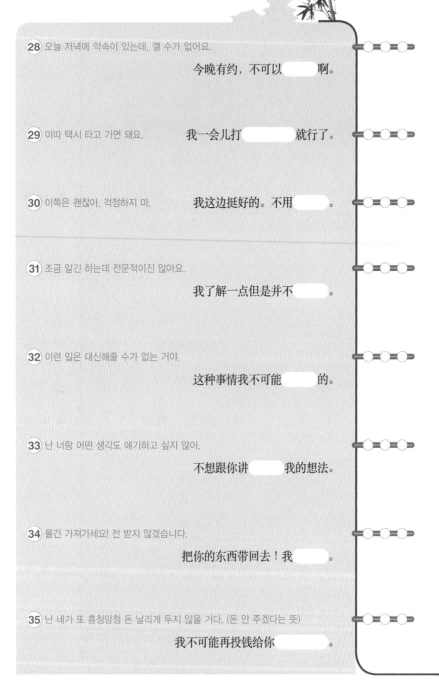

28 오늘 저녁에 약속이 있는데, 깰 수가 없어요.

今晚有约，不可以 啊。

29 이따 택시 타고 가면 돼요.

我一会儿打 就行了。

30 이쪽은 괜찮아. 걱정하지 마.

我这边挺好的。不用 。

31 조금 알긴 하는데 전문적이진 않아요.

我了解一点但是并不 。

32 이런 일은 대신해줄 수가 없는 거야.

这种事情我不可能 的。

33 난 너랑 어떤 생각도 얘기하고 싶지 않아.

不想跟你讲 我的想法。

34 물건 가져가세요! 전 받지 않겠습니다.

把你的东西带回去！我 。

35 난 네가 또 흥청망청 돈 날리게 두지 않을 거다. (돈 안 주겠다는 뜻)

我不可能再投钱给你 。

36 안 돼. 이번 일은 걔가 망쳐버린 거잖아.

不行。这事就是被他 ⬚⬚⬚ 的。

37 (연애) 감정 같은 거 진짜 생각해 본 적 없어.

感情什么的真没有怎么 ⬚⬚⬚。

38 이 색깔은 내 나이대에는 안 어울리는 거 같아.

这个 ⬚⬚⬚ 不太适合我的年纪。

39 안 돼. 너무 비싸. 난 살 수가 없어.

不行，太贵了。我 ⬚⬚⬚⬚ 了。

40 난 지금 감정에 대한 걸 얘기하고 싶지 않아.

我现在还不想讨论 ⬚⬚⬚ 的问题。

41 너 정말 좋은 사람이야. 그런데 난 너한테 느낌이 없어. (고백 거절)

你真的很好。但我对你 ⬚⬚⬚⬚⬚。

42 저도 회사 그만두고 싶지 않아요. 그렇지만 이건 어쩔 수 없는 상황이잖아요.

我也不想辞职。可是 ⬚⬚⬚⬚⬚ 嘛。

43 갑자기 문제가 생겨서 잠깐 동안은 자리를 뜰 수가 없을 거 같아.

工作上突然有点问题 走不开。

44 안 돼. 이건 전형적으로 윗사람이 아랫사람 괴롭히는 거잖아.

不行，这是典型的大的 小的。

45 가봐. 난 이미 더 버틸 힘이 없어. 너무 힘들어.

你去吧。我已经 不住了。太累了。

46 이력서 봤는데요. 그녀의 전공은 저희와 아예 안 맞습니다.

我看过了。她的专业完全不对口。

47 안 될 것 같아요. 이미 저희 예산을 넘었어요.

我觉得不行。已经超出我们的 了。

48 아무리 급한 일이라도 교문 앞에 주차하시면 안 됩니다.

再怎么有急事也不能把车停在校 啊。

49 이번 주는 이미 스케줄이 다 짜여 있어요. 시간이 없을 거 같아요.

我这周末已经都 好了。可能没空。

50 참석할 수 없어서 너무 아쉽네요. 저 대신에 그가 갈 거예요.

　　　　　很　　　　我无法出席。可以让他代替我去。

51 오늘은 안 되겠어요. 갑자기 약속 있었던 게 생각났어요.

　　　　　今天不行。我　　　想起来我今天约人了。

52 너희 호화저택 보면 질투 날 거 같아. 난 안 가!

　　　　　看到你们的　　　我一定会眼红。我不去！

53 제 맘 속에 우선순위도 아니었고, 심지어 3위 안에도 못 들어요.

　　　　　在我的心里不是　　　，而且连前三都算不上。

54 이 가격은 이미 저희가 해드릴 수 있는 최선이에요.

　　　　　这个价格已经是我们能做到的一个最大的　　　了。

55 어렵게 입을 여신 걸텐데. 저는 진짜 안 될 듯합니다. 정말 죄송합니다.

　　　　难得你开一次口。我却实在是不能答应你。真的很　　　。

09.mp3

• 상대방을 욕하거나 꾸지람하는 표현·불평·불만을 내뿜는 표현 등이 담겨있습니다.

• 좀 강한 문장도 있지만 유머 있게 상대방을 놀리는 것도 많기 때문에 공부하는 재미가 있을 거예요.

• 다만 아무래도 표현이 격하고 때로는 욕에 가까운 내용도 있기 때문에 나보다 나이가 많은 사람이나 불편한 사이에서는 절대 쓰시면 안 됩니다!

불평

24 불평

이런 표현 모르면 OUTSIDER!!!

24 불평

0801

废话。

Fèi huà

└→ 헛소리

재미없다, 시시하다

0802

真没劲。

Zhēn méijìn

└→ 시시해 / 재미없어

벌하다

0803

惩罚你。

Chéng fá nǐ

└→ 벌 줄 테다

염치없다

0804

真无耻。

Zhēn wúchǐ

└→ 진짜 파렴치하다

눈이 삐다

0805

看走眼了。

Kàn zǒuyǎn le

└→ 눈이 삐었어

허풍떨다

别**吹牛**了。

Bié chuī niú le

↳ 허풍 떨지 마라

말참견하다

你别**插话**。

Nǐ bié chā huà

↳ 말 끼어들지 마

想都别想。

Xiǎng dōu bié xiǎng

↳ 생각도 마라

无药可救。

Wúyào kějiù

↳ 구제 불능이다

가장하다

你别**装**啊。

Nǐ bié zhuāng a

↳ 모른 척하지 마라

0811
□□□

어리석다, 멍청하다

你**糊涂**啊。

Nǐ hútu a

└→ 너 머저리냐

0812
□□□

气死我了。

Qì sǐ wǒ le

└→ 짜증 나 죽겠네

0813
□□□

你**懂个屁**。

Nǐ dǒng ge pì

└→ 쥐뿔도 모르는 게

0814
□□□

참을 수 없다

真**受不了**。

Zhēn shòu bu liǎo

└→ 진짜 못 참겠다

0815
□□□

허세 부리는걸 좋아하다

他很**爱装**。

Tā hěn ài zhuāng

└→ 쟤는 허세 부리는 거 너무 좋아해

0816
□□□

시치미떼다

装什么蒜?
Zhuāng shénme suàn

↳ 왜 모른 척해?

装蒜 : 1) 짐짓 시치미떼다, 모르는 체하다, 알면서도 모르는 체하다
2) 거드름 피우다, 잘난 체하다

0817
□□□

没事找事。
Méi shì zhǎo shì

↳ 괜히 사서 고생이야

0818
□□□

俗不可耐。
Sú bù kěnài

↳ 저속(低俗)하기 짝이 없다 / 쌍스럽기 그지없다

0819
□□□

각자 꿍꿍이를 품다

各怀鬼胎。
Gèhuái guǐtāi

↳ 다들 꿍꿍이속이야

0820
□□□

편식하다

不要挑食。
Bú yào tiāoshí

↳ 편식하지 마

Chapter 9

263

예의가 없다

真没礼貌。
Zhēn méi lǐmào

↳ 정말 매너 없다

你不想活啦？
Wǒ bù xiǎng huó la

↳ 살기 싫구나?

你太自私了。
Nǐ tài zìsī le

↳ 넌 너무 이기적이야

두고보자

你等着瞧吧。
Nǐ děngzhe qiáo ba

↳ 두고봐라

(말과 행동이) 지나치다

你太过分了。
Nǐ tài guòfèn le

↳ 너 너무한다

0826

뒷다리를 잡아당기다 (방해하다)

不要**扯后腿**。
Bú yào chě hòutuǐ

↳ 날 방해하지 마

扯后腿는 뒷다리를 잡아당기다, 걸리적거리다, 가로막다, 방해가 되다라는 뜻입니다.
비슷한 표현으로 拖后腿가 있습니다.

0827

더럽히다

不要**弄脏**了。
Bú yào nòngzāng le

↳ 더럽히지 마

0828

搞什么鬼啊?
Gǎo shénme guǐ ā

↳ 뭔 수작이야?

0829

고장, 결점

你有**毛病**吗?
Nǐ yǒu máobìng ma

↳ 정신 나갔어?

毛病은 장애, 문제 라는 뜻입니다. 인신공격이 될 수 있으니 조심해서 쓰세요.

0830

번거롭게 하다

简直太**烦人**了。
Jiǎnzhí tài fánrén le

↳ 정말 짜증나네

0831
□□□

注意你的言行。
Zhùyì nǐ de yánxíng

↳ 말 조심 좀 해

성가시게 굴다

0832
□□□

你就别**捣乱**了。
Nǐ jiù bié dǎoluàn le

↳ 성가시게 굴지 마

捣乱는 교란하다, 소란을 피우다, 성가시게 굴다라는 의미이며 상대방이 분위기에 맞지 않는 쓸데없는 말을 하고 있을 때도 사용할 수 있습니다.

헛소리

0833
□□□

你在**胡说**什么?
Nǐ zài hú shuō shénme

↳ 넌 뭔 헛소리야?

0834
□□□

你怎么这么说话?
Nǐ zěnme zhème shuōhuà

↳ 어떻게 이렇게 말할 수 있어?

볼 낯이 있다

0835
□□□

你**对得起**我们吗?
Nǐ duìde qǐ wǒmen ma

↳ 우리를 볼 면목이 있나?

对得起는 면목이 서다, 볼 낯이 있다, 낯이 서다, 떳떳하다라는 의미에요.

0836

탐욕

不能这么**贪心**啊。
Bù néng zhème tānxīn a

↳ 이렇게 욕심 부리면 안 돼

0837

다루기 어렵다, 까불다

你真的太**调皮**了。
Nǐ zhēn de tài tiáopí le

↳ 너 진짜 너무 말을 안 듣는다

0838

怎么可以这样啊。
Zěnme kěyǐ zhèyàng a

↳ 어떻게 이럴 수가 있어

0839

你让我把话说完。
Nǐ ràng wǒ bǎ huà shuō wán

↳ 나도 말 좀 끝내자

0840

트집 잡다

你存心**找茬**是吧?
Nǐ cúnxīn zhǎo chá shì ba

↳ 진심으로 트집 잡아 보겠다는 거야?

성차별

你这是**性别歧视**。
Nǐ zhè shì xìngbié qíshì

↳ 이거 성차별이야

귀가 얇다

你真是**耳根子软**。
Nǐ zhēn shì ěrgēnzi ruǎn

↳ 너 진짜 귀 얇다

뇌

你**脑子**进水了吧?
Nǐ nǎozi jìnshuǐ le ba

↳ 너 미쳤냐? / 너 돌았냐?

직역하면 너 머리에 물 들어갔냐라는 뜻인데요. 보통 기계도 물이 들어가면 고장나잖아요. 머리에도 물이 들어가서 고장났냐는 질문이에요. 기분 나쁠 수 있으니 친구사이에서도 조심스럽게 사용하셔야 해요.

밀치다, 비집다

你脑袋被门**挤**了吧。
Nǐ nǎodài bèi mén jǐ le ba

↳ 똥멍충이냐

직역을 하면 뇌가 문에 끼였냐라는 말인데요. 문에 머리가 끼여서 뇌가 없어진 상태인거죠. 바보멍청이 같은 짓을 하는 사람에게 하는 말입니다. 듣기 좋은 말은 아니죠.

불길한 말을 잘하는 사람

你别**乌鸦嘴**，行吗?
Nǐ bié wūyāzuǐ, xíng ma?

↳ 방정맞은 소리 좀 안 할 수 없어?

0846
□□□

허튼소리를 하다

这不是**胡说八道**吗?
Zhè bú shì húshuō bādào ma

→ 이게 헛소리가 아니냐?

0847
□□□

담력

你**胆子**越来越大了。
Nǐ dǎnzi yuè lái yuè dà le

→ 간이 점점 커지는구나

0848
□□□

계산하여 비교하다, 따지다

这女的太**计较**了吧。
Zhè nǚ de tài jìjiào le ba

→ 저 여자 너무 따지는 거 아니냐

0849
□□□

아프다

疼! 你把我弄**疼**了。
Téng　Nǐ bǎ wǒ nòng téng le

→ 아파! 네가 나 아프게 했어

0850
□□□

충동

这个决定太**冲动**了。
Zhè ge juédìng tài chōngdòng le

→ 이 결정은 너무 충동적이었어

무모하다

这个行为太**鲁莽**了。
Zhè ge xíngwéi tài lǔmǎng le

↳ 이 행동은 너무 무모했어

鲁莽는 경솔하다, 무모하다, 조심성 없이 가볍다는 의미를 갖고 있어요.

허위, 위선

你怎么这么**虚伪**呢?
Nǐ zěnme zhème xūwěi ne

↳ 넌 왜 이렇게 허세를 부려?

경고

我**警告**你。不要动!
Wǒ jǐnggào nǐ　　　　Bú yào dòng

↳ 경고했어. 움직이지 마!

你少给我多管闲事。
Nǐ shǎo gěi wǒ duō guǎn xián shì

↳ 남의 일에 쓸데없이 참견하지 마쇼

你不要这么扫兴嘛。
Nǐ bú yào zhème sǎoxìng ma

↳ 이렇게 흥 좀 깨지 않을 수 없냐

0856
□□□

양의 탈을 쓴 늑대

他是**披着羊皮的狼**。

Tā shì pīzhe yángpí de láng

↳ 걔 양의 탈을 쓴 늑대야

0857
□□□

你能不能别这样啊?

Nǐ néng bu néng bié zhèyàng a

↳ 이러지 좀 않을 수 없어?

0858
□□□

마음대로 하다

就不能**随意**一点吗?

Jiù bù néng suíyì yìdiǎn ma

↳ 좀 편하게 할 수는 없는 거야?

0859
□□□

착하다

你能不能**善良**一点?

Nǐ néng bu néng shànliáng yìdiǎn

↳ 좀 착하게 굴 수 없어?

0860
□□□

这种玩笑不能随便开。

Zhè zhǒng wánxiào bù néng suíbiàn kāi

↳ 이런 농담은 함부로 하는 게 아냐

0861
□□□

양보하다, 용서하다

你就**饶**了我吧, 好吗?

Nǐ jiù ráo le wǒ ba, hǎo ma

↳ 나 좀 놔주라, 응?

나를 놔 달라, 나를 용서해달라는 뜻이 있습니다.

0862
□□□

你为什么总是不高兴?

Nǐ wèi shénme zǒngshì bù gāoxìng

↳ 넌 왜 이렇게 늘 기분이 나빠?

0863
□□□

소중히 여기다

怎么这么不知道**珍惜**呀!

Zěnme zhème bù zhīdào zhēnxī ya

↳ 넌 어째 이렇게 소중함을 모르냐!

0864
□□□

버르장머리가 없다

这孩子, 怎么**没大没小**的。

Zhè háizi, zěnme méi dà méi xiǎo de

↳ 이 녀석아, 어째 위아래도 없어

0865
□□□

자질, 소양

这种人真是太没**素质**了。

Zhè zhǒng rén zhēnshì tài méi sùzhì le

↳ 저런 인간은 너무 교양이 없어

0866

你为什么现在才来呀？

Nǐ wèi shénme xiànzài cái lái ya

↳ 넌 왜 이제야 와?

머릿속이 꽉 차있음

0867

你**满脑子**都在想什么？

Nǐ mǎn nǎozi dōu zài xiǎng shénme

↳ 넌 그 머릿속에 무슨 생각이 들었냐?

성격

0868

她这种**性格**很难有朋友。

Tā zhè zhǒng xìnggé hěn nán yǒu péngyou

↳ 저런 성격에 친구 있기 힘들지

잔꾀

0869

小丫头满脑子的**小聪明**。

Xiǎo yā tóu mǎn nǎozi de xiǎo cōngmíng

↳ 계집애 머릿속에 잔머리만 꽉 차 가지고

小聪明 잔꾀는 잔머리, 잔재주를 말합니다.

높이 평가하다

0870

看来我**高估**你的能力了。

Kàn lái wǒ gāogū nǐ de nénglì le

↳ 내가 널 너무 높게 평가했나 보다 (실망)

0871
□□□

他真是站着说话不腰疼。

Tā zhēn shì zhànzhe shuōhuà bù yāoténg

↳ 말이면 다인 줄 아나

站着说话不腰疼는 서서 이야기하면 허리 아픈 줄 모른다, 직접 일하지 않고 입만 나불
대면 허리 아픈 줄 모른다는 뜻입니다. 알지도 못하면서 남의 말은 하기 쉽다는 뜻으로
무책임한 사람들을 비난할 때 사용됩니다.

0872
□□□

以后别再开这种玩笑了。

Yǐhòu bié zài kāi zhè zhǒng wánxiào le

↳ 앞으로는 이런 농담 하지 마

0873
□□□

你真的保证你不后悔吗?

Nǐ zhēnde bǎozhèng nǐ bú hòuhuǐ ma

↳ 너 정말 후회 안 할 자신 있어?

0874
□□□

你这人怎么这么不懂事啊。

Nǐ zhè rén zěnme zhème bù dǒngshì a

↳ 넌 뭐 애가 이렇게 철이 안 들었냐

0875
□□□

你大学四年都干什么啦?

Nǐ dàxué sì nián dōu gànshénme la

↳ 너 대학 4년 동안 뭐했냐?

0876

세상살이

这**世道**，谁的话都不能信。

Zhè shìdào, shéi de huà dōu bù néng xìn

→ 이 세상, 누구 말도 믿을 수가 없어

0877

我刚才问你。你怎么不说呢?

Wǒ gāngcái wèn nǐ　　　Nǐ zěnme bù shuō ne

→ 내가 방금 물어봤잖아. 왜 말이 없어?

0878

다른 사람

喂，你又不是为**别人**而活。

Wèi, nǐ yòu bú shì wéi bié rén ér huó

→ 저기요, 남을 위해서 살아주는 거 아니거든요

0879

개소리

我觉得心灵鸡汤都是**狗屁**。

Wǒ juéde xīn líng jī tāng dōu shì gǒu pì

→ 마음을 치유해 준다는 얘기들은 다 개소리야

心灵鸡汤는 마음을 치유해 주는 이야기로 미국의 잭 캔필드 등이 엮은 『영혼을 위한 닭고기 수프』라는 책에서 나온 말입니다.

0880

这种时候适合开玩笑吗?

Zhè zhǒng shíhou shìhé kāi wánxiào ma

→ 이런 상황에서 농담이 나오냐?

요절하다

别这样，真的是折寿了呀。

Bié zhè yàng, zhēnde shì zhéshòu le ya

↳ 이러지 마, 진짜 제 명에 못 살겠어

똥

你的脑子里装的都是屎吗？

Nǐ de nǎozi li zhuāng de dōu shì shǐ ma

↳ 머리에 똥만 찼냐?

你又做了什么对不起我的？

Nǐ yòu zuò le shénme duìbuqǐ wǒ de

↳ 너 나한테 뭘 또 잘못했는데?

힘이 들다

我跟你说话怎么就这么费劲。

Wǒ gēn nǐ shuōhuà zěnme jiù zhème fèijìn

↳ 대화하기가 왜 이렇게 힘드냐

사죄하다

你今天必须跟我道歉。必须的。

Nǐ jīntiān bìxū gēn wǒ dàoqiàn　　　　Bìxū de

↳ 오늘은 나한테 꼭 사과해. 꼭

0886

시끄럽다

你好**吵**啊。可不可以安静一会儿。

Nǐ hǎo chǎo a　　　　Kě bu kěyǐ ānjìng yíhuìr

→ 너 너무 시끄럽다. 조용히 좀 해라

0887

시들다

把蔬菜放在这里，一会儿就**蔫**了。

Bǎ shūcài fàngzài zhè lǐ, yíhuìr jiù niān le

→ 여기에 채소 놓으면, 금방 시들어

蔫 : 초목, 과일 등이 시들다, 마르다, 쭈그러들다

0888

연애하다

不要**谈恋爱**！男人没一个好东西。

Bú yào tán liàn'ài　　　　Nánrén méi yí ge hǎo dōngxi

→ 연애하지 마! 남자는 좋은 놈 하나 없어

0889

我可以上一次当，绝不会上第二次。

Wǒ kěyǐ shàng yí cì dāng, jué bú huì shàng dì èr cì

→ 내가 한 번은 속아도, 두 번은 절대 안 속아

0890

머리를 쓰다

这种不可能的事情**费脑子**想干吗?

Zhè zhǒng bù kěnéng de shìqing, fèi nǎozi xiǎng gànmá

↳ 일어나지도 않을 일 머리 써서 생각해서 뭐 해?

0891

머리를 풀어 헤치다

把头发扎起来。**披头散发**的难看死了。

Bǎ tóufa zhā qǐlái　　　　Pītóu sànfà de nánkàn sǐ le

↳ 머리 좀 묶어. 풀어헤쳐 놓으니까 보기 흉하다

0892

这么重要的东西怎么可以随便**乱放**呢。

함부로 두다

Zhème zhòngyào de dōngxi zěnme kěyǐ suíbiàn luàn fàng ne

↳ 이렇게 중요한 물건을 어쩜 이렇게 아무렇게나 둘 수 있어

3박 4일

0893

四天三夜带三个箱子你是想搬家吗?

Sì tiān sān yè dài sān ge xiāngzi nǐ shì xiǎng bānjiā ma

↳ 3박 4일 가는데 트렁크 3개라니 이사 가냐?

0894

쓸데없이 이러쿵저러쿵 하다

你干吗呀一个大男人这么**婆婆妈妈**的。

Nǐ gànmá ya yí ge dà nánrén zhème pópómāmā de

↳ 뭐야 다 큰 사내 녀석이 이러쿵저러쿵 쓸데없는 소리나 지껄이고

婆婆妈妈 : 쓸데없는 말을 이러쿵저러쿵 하는 모양, 재잘거리는 모양

0895

30岁怎么了！我最痛恨的就是**年龄歧视**。

연령 차별

Sānshí suì zěnmele　　　Wǒ zuì tònghèn de jiù shì niánlíng qíshì

↳ 서른 살이 뭐! 내가 젤 짜증나는 게 나이 가지고 차별하는 거야

0896

你要是继续这样下去，我就一分钱也不给你。

Nǐ yào shì jìxù zhèyàng xià qù, wǒ jiù yìfēn qián yě bù gěi nǐ

↳ 너 계속 이렇게 하면, 1원 한 푼도 안 줄 거야

0897

재잘재잘

你这么**叽叽喳喳**的，谁听得明白你说什么呀。

Nǐ zhème jījī zhāzhā de, shéi tīng de míngbai nǐ shuō shénme ya

↳ 이렇게 쫑알쫑알하면, 누가 네 말을 알아들어

0898
□□□

你别再跟着我了。否则我见你
一次**揍**你一次。

(남을) 때리다, 치다

Nǐ bié zài gēnzhe wǒ le　　Fǒuzé wǒ jiàn nǐ yí cì zòu nǐ yí cì

↳ 다신 따라오지 마. 아니면 만날 때마다 패버릴 거야

0899
□□□

本来是让他出主意的，结果他
从头到尾**泼我冷水**。

찬물을 끼얹다

Běnlái shì ràng tā chū zhǔyi de, jiéguǒ tā cóngtóu dàowěi pō wǒ lěngshuǐ

↳ 원래는 그의 의견을 들어볼까 했는데, 처음부터 끝까지 찬물만 끼
얹었더라

끊다

0900
□□□

你别老**打断**我好不好？我都不记
得我说到哪儿了。

Nǐ bié lǎo dǎduàn wǒ hǎo bu hǎo　Wǒ dōu bú jìde wǒ shuō dào nǎr le

↳ 너 내 말 좀 계속 끊지 마 어? 내가 어디까지 말했는지 모르겠잖아

280

빈칸 채우기

앞에서 학습한 내용 중 보라색으로 칠을 괜히 한 게 아니겠지요?
기억을 더듬으며 빈칸을 채워나가 볼까요?

빈칸에 들어가는 단어가 아는 단어인가~ 모르는 단어인가~~
주황색 바에 체크해보세요!
감도 안잡힌다에 체크된 문장은 복습하기로 해요!

← 감도 안잡힌다. │ 이정도는 알지! →

01 시시해. / 재미없어.

真〔　　〕。

02 벌 줄 테다.

〔　　〕你。

03 진짜 파렴치하다.

真〔　　〕。

04 눈이 삐었어.

看〔　　〕了。

05 허풍 떨지 마라.

别〔　　〕了。

06 말 끼어들지 마.

你别〔　　〕。

07 모른 척하지 마라.

你别〔　　〕啊。

08 너 머저리냐.

你〔　　〕啊。

09 진짜 못 참겠다.

真 _____ 。

10 쟤는 허세 부리는 거 너무 좋아해.

他很 _____ 。

11 왜 모른 척해?

_____ 什么 _____ ？

12 다들 꿍꿍이속이야.

_____ 。

13 편식하지 마.

不要 _____ 。

14 정말 매너 없다.

真 _____ 。

15 두고봐라.

你 _____ 吧。

16 너 너무한다.

你太 _____ 了。

17 날 방해하지 마.

不要 _____ 。

18 더럽히지 마.   不要 ☐ 了。

19 정신 나갔어?   你有 ☐ 吗?

20 정말 짜증나는 인간이다.   简直太 ☐ 了。

21 성가시게 굴지 마.   你就别 ☐ 了。

22 넌 뭔 헛소리야?   你在 ☐ 什么?

23 우리를 볼 면목이 있냐?   你 ☐ 我们吗?

24 이렇게 욕심 부리면 안 돼.   不能这么 ☐ 啊。

25 너 진짜 너무 말을 안 듣는다.   你真的太 ☐ 了。

26 진심으로 트집 잡아 보겠다는 거야?   你存心 ☐ 是吧?

㉗ 이거 성차별이야.　　　　　　你这是 _____。

㉘ 너 진짜 귀 얇다.　　　　　　你真是 _____。

㉙ 너 미쳤냐? / 너 돌았냐?　　　你 ____ 进水了吧?

㉚ 똥멍충이냐.　　　　　　　　你脑袋被门 __ 了吧。

㉛ 방정맞은 소리 좀 안 할 수 없어?　　你别 _____，行吗?

㉜ 이게 헛소리가 아니냐?　　　这不是 _____ 吗?

㉝ 간이 점점 커지는구나.　　　你 ____ 越来越大了。

㉞ 저 여자 너무 따지는 거 아니냐.　　这女的太 ____ 了吧。

㉟ 아파! 네가 나 아프게 했어.　　____! 你把我弄 __ 了。

36 이 결정은 너무 충동적이었어.

这个决定太 ⬚ 了。

37 이 행동은 너무 무모했어.

这个行为太 ⬚ 了。

38 넌 왜 이렇게 허세를 부려?

你怎么这么 ⬚ 呢?

39 경고했어, 움직이지 마!

我 ⬚ 你。不要动！

40 걘 양의 탈을 쓴 늑대야.

他是 ⬚ 。

41 좀 편하게 할 수는 없는 거야?

就不能 ⬚ 一点吗?

42 좀 착하게 굴 수 없어?

你能不能 ⬚ 一点?

43 나 좀 놔주라, 응?

你就 ⬚ 了我吧，好吗?

44 넌 어째 이렇게 소중함을 모르니!

怎么这么不知道 ⬚ 呀！

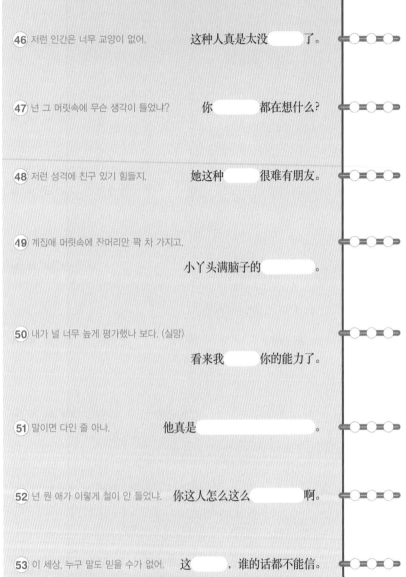

45 이 녀석아, 어째 위아래도 없어. 这孩子，怎么 _____ 的。

46 저런 인간은 너무 교양이 없어. 这种人真是太没 _____ 了。

47 넌 그 머릿속에 무슨 생각이 들었냐? 你 _____ 都在想什么？

48 저런 성격에 친구 있기 힘들지. 她这种 _____ 很难有朋友。

49 계집애 머릿속에 잔머리만 꽉 차 가지고.

  小丫头满脑子的 _____。

50 내가 널 너무 높게 평가했나 보다. (실망)

  看来我 _____ 你的能力了。

51 말이면 다인 줄 아나. 他真是 _____。

52 넌 뭔 애가 이렇게 철이 안 들었냐. 你这人怎么这么 _____ 啊。

53 이 세상. 누구 말도 믿을 수가 없어. 这 _____，谁的话都不能信。

54 저기요, 남을 위해서 살아주는 거 아니거든요.

喂，你又不是为　　　而活。

55 마음을 치유해 준다는 얘기들은 다 개소리야.

我觉得心灵鸡汤都是　　　。

56 이러지 마. 진짜 제 명에 못 살겠어.　　　别这样，真的是　　　了呀。

57 머리에 똥만 찼냐?　　　你的脑子里装的都是　吗?

58 대화하기가 왜 이렇게 힘드냐.　　　我跟你说话怎么就这么　　　。

59 오늘은 나한테 꼭 사과해. 꼭.　　　你今天必须跟我　　　。必须的。

60 너 너무 시끄럽다. 조용히 좀 해라.

你好　啊。可不可以安静一会儿。

61 여기에 채소 놓으면, 금방 시들어.

把蔬菜放在这里，一会儿就　了。

62 연애하지 마! 남자는 좋은 놈 하나 없어.

不要 _____！男人没一个好东西。

63 일어나지도 않을 일 머리 써서 생각해서 뭐 해?

这种不可能的事情 _____ 想干吗？

64 머리 좀 묶어. 풀어헤쳐 놓으니까 보기 흉하다.

把头发扎起来。_____ 的难看死了。

65 이렇게 중요한 물건을 어쩜 이렇게 아무렇게나 둘 수 있어.

这么重要的东西怎么可以随便 _____ 呢。

66 3박 4일 가는데 트렁크 3개라니 이사 가냐?

_____ 带三个箱子你是想搬家吗？

67 뭐야 다 큰 사내 녀석이 이러쿵저러쿵 쓸데없는 소리나 지껄이고.

你干吗呀一个大男人这么 _____ 的。

68 서른 살이 뭐! 내가 젤 짜증나는 게 나이 가지고 차별하는 거야.

30岁怎么了！我最痛恨的就是 _____。

69 이렇게 쫑알쫑알하면, 누가 네 말을 알아들어.

你这么 _____ 的，谁听得明白你说什么呀。

70 다신 따라오지 마. 아니면 만날 때마다 패버릴 거야.

你别再跟着我了。否则我见你一次 ___ 你一次。

71 원래는 그의 의견을 들어볼까 했는데, 처음부터 끝까지 찬물만 끼얹더라.

本来是让他出主意的，结果他从头到尾 ___ 我 _____ 。

72 너 내 말 좀 계속 끊지 마 어? 내가 어디까지 말했는지 모르겠잖아.

你别老 _____ 我好不好？我都不记得我说到哪儿了。

Chapter

10

Action Chinese

10.mp3

우리는 친구·가족·동료에게 매일 이런저런 제안을 하게 됩니다.

이렇게 하자·눈 좀 붙여·커피숍 가서 뭐 좀 마실까 등등

일상생활을 하면서 자주 쓰게 되는 다양한 제안 표현들을

이 챕터에 모아 두었으니 상황과 분위기에 맞게 완벽하게 활용하시기 바랍니다.

제

안

25 제안

0901

추측하다

你猜。

Nǐ cāi

↳ 맞춰 봐 (추측해 보라는 의미)

0902

该你了。

Gāi nǐ le

↳ 네 차례야

0903

放轻松。

Fàng qīngsōng

↳ 릴랙스~

비슷한 표현으로 放松放松 잠시 쉬어요, 맘 편하게 해요라는 말이 있습니다.

0904

说说看。

Shuōshuo kàn

↳ 말해 봐

0905

多吃点。

Duō chī diǎn

↳ 많이 먹어

0906
□□□

叫外卖吧。
Jiào wàimài ba
→ 시켜 먹자

0907
□□□

我送你吧。
Wǒ sòng nǐ ba
→ 내가 데려다줄게

0908
□□□

촬영하다

我给你拍。
Wǒ gěi nǐ pāi
→ 제가 (사진) 찍어 드릴게요

0909
□□□

你跟我学。
Nǐ gēn wǒ xué
→ 날 보고 배워

0910
□□□

小点儿声。
Xiǎodiǎnr sheng
→ 소리 좀 낮춰

0911
□□□

随叫随到。

Suí jiào suí dào

↳ 부르면 달려갑니다

0912
□□□

정하다

就这么定了。

Jiù zhème dìng le

↳ 이렇게 하시죠

0913
□□□

휴식하다

快休息一下。

Kuài xiūxi yíxià

↳ 얼른 쉬어

0914
□□□

就听我的吧。

Jiù tīng wǒ de ba

↳ 내 말 들어~

상대방이 어떤 사안으로 고민할 때 내 의견을 듣는 게 좋을 것 같다고 제안하면서 사용할 수 있는 표현입니다.

0915
□□□

你别怪自己。

Nǐ bié guài zì jǐ

↳ 자신을 너무 탓하지 마

0916
保持联系吧。
Bǎochí liánxì ba

↳ 연락하고 지내자

0917
我失陪一下。
Wǒ shīpéi yíxià

↳ 먼저 실례 좀 하겠습니다

사람들과 같이 식사를 하는 자리에서 먼저 일어날 때 사용하는 표현입니다.

0918
不要忙太晚。
Bú yào máng tài wǎn

↳ 너무 늦게까지 하지 말고

목을 축이다

0919
你先润润嗓子。
Nǐ xiān rùnrun sǎngzi

↳ 먼저 목 좀 축이세요

계획이 있다

0920
我心里有谱儿。
Wǒ xīn li yǒu pǔr

↳ 내가 계획이 있어

Chapter 10
제10

295

0921
□□□

要不然这样吧。
Yào bùrán zhèyàng ba

↳ 아니면 이렇게 하자

0922
□□□

再给你来一碗。
Zài gěi nǐ lái yìwǎn

↳ 한 그릇 더 줄게

0923
□□□

这件事交给我。
Zhè jiàn shì jiāo gěi wǒ

↳ 이 일은 나에게 맡겨줘

공손히 드리다

0924
□□□

我敬你们一杯。
Wǒ jìng nǐmen yì bēi

↳ 제가 한 잔 올리겠습니다

유기농식품

0925
□□□

买有机食品吧。
Mǎi yǒujī shípǐn ba

↳ 유기농 식품으로 사자

296

0926
□□□

계산서

自己掏钱**买单**。

Zìjǐ tāoqián mǎidān

↳ 제가 내겠습니다

0927
□□□

경계심(을 가지다)

不能放松**警惕**。

Bù néng fàngsōng jǐngtì

↳ 경계심을 늦춰선 안 돼

0928
□□□

늦다

再不买就**迟**了。

Zài bù mǎi jiù chí le

↳ 당장 안 사면 늦는다

0929
□□□

보증하다

我向大家**保证**。

Wǒ xiàng dàjiā bǎozhèng

↳ 제가 장담합니다

0930
□□□

일깨우다

我可**提醒**你啊。

Wǒ kě tíxǐng nǐ a

↳ 난 너한테 알려줬다

0931
□□□

침착하다

你先**冷静**一下。

Nǐ xiān lěngjìng yíxià

↳ 너 일단 좀 진정해

0932
□□□

곁에서 도와주다, 시중들다

来，**陪**我喝酒。

Lái, péi wǒ hējiǔ

↳ 자, 같이 한잔해

0933
□□□

참다, 견디다

你不能老**忍**啊。

Nǐ bù néng lǎo rěn a

↳ 네가 늘 참을 수는 없지

0934
□□□

찾아보다

你在网上**查**一下。

Nǐ zài wǎng shàng chá yíxià

↳ 인터넷에서 찾아봐

0935
□□□

我们来喝交杯酒。

Wǒmen lái hē jiāobēi jiǔ

↳ 우리 러브샷 해요

0936

등

你把**背**挺起来啊。

Nǐ bǎ bèi tǐngqǐlái a

↳ 너 등 좀 곧게 펴

0937

만나다

我们在那儿**碰头**。

Wǒmen zài nàr pèngtóu

↳ 우리 거기서 만나

我们在那儿见面도 자주 씁니다. 碰头는 약간 아저씨 말투예요.

0938

工作别那么拼命。

Gōngzuò bié nàme pīnmìng

↳ 일 너무 그렇게 열심히 하려고 하지 마

0939

새치기하다

别**插队**可以吗?

Bié chā duì kěyǐ ma

↳ 새치기하지 말아 주실래요?

0940

입어보다

喜欢可以**试穿**一下。

Xǐhuān kěyǐ shìchuān yíxià

↳ 맘에 들면 입어 보세요

0941
□□□

我们找个地方坐坐。
Wǒmen zhǎo ge dìfang zuòzuo

↳ 우리 어디 가서 좀 앉을까?

걷다 힘들어서 그럴 수도 있고, 대화 좀 하자는 말을 우회해서 제안할 때도 이렇게 말할 수 있어요.

0942
□□□

赶紧找地方吃饭。
Gǎnjǐn zhǎo dìfang chīfàn

↳ 얼른 밥 먹을만한 데 찾아서 밥 먹어

0943
□□□

有事儿给我打电话。
Yǒu shìr gěi wǒ dǎ diànhuà

↳ 무슨 일 있으면 전화하고

소원을 빌다

0944
□□□

许个愿，吹蜡烛吧。
Xǔ ge yuàn, chuī làzhú ba

↳ 소원 빌고, 초를 불어

0945
□□□

我帮你倒杯咖啡吧。
Wǒ bāng nǐ dào bēi kāfēi ba

↳ 커피 좀 따라 드릴게요

0946

인스턴트 라면 (컵라면)

我给你泡**方便面**吧。
Wǒ gěi nǐ pào fāngbiànmiàn ba

↳ 내가 라면 끓여 줄게

0947

你好好照顾自己哦。
Nǐ hǎohāo zhàogù zìjǐ o

↳ 자신을 잘 보살펴줘

0948

你现在打开看看嘛。
Nǐ xiànzài dǎkāi kànkan ma

↳ 지금 열어서 한번 봐봐

0949

不要让我等太久啦。
Bú yào ràng wǒ děng tài jiǔ lā

↳ 날 너무 오래 기다리게는 하지 마

0950

재촉하다

要不我打电话**催催**。
Yào bù wǒ dǎ diànhuà cuīcui

↳ 아니면 내가 전화해서 재촉해 볼게

Chapter 10
제안

301

0951
□□□

입을 삐죽 내밀다

拍照时嘬着嘴显瘦。
Pāi zhào shí juēzhe zuǐ xiǎn shòu

↳ 사진 찍을 때 입을 쭉 내밀면 날씬해 보여

사진 찍을 때 입을 뽀뽀하듯 내밀면 볼살이 쏙 들어가서 날씬해 보인다는 얘기를 하는 문장입니다.

0952
□□□

那么你就以茶代酒。
Nàme nǐ jiù yǐ chá dài jiǔ

↳ 그럼 술 대신 차로 들어요

0953
□□□

我要回去好好想一想。
Wǒ yào huí qù hǎohāo xiǎng yì xiǎng

↳ 내가 가서 잘 한번 생각해 볼게

0954
□□□

今天敞开喝，我买单。
Jīntiān chǎngkāi hē, wǒ mǎidān

↳ 오늘 맘껏 마셔, 내가 쏜다

함께 사진을 찍다

0955
□□□

请他跟我们合个影吧。
Qǐng tā gēn wǒmen hé ge yǐng ba

↳ 그 사람에게 우리랑 같이 사진 찍자고 하자

0956

증정품

现在买的话还有**赠品**。

Xiànzài mǎi dehuà hái yǒu zèngpǐn

↳ 지금 구매하시면 증정품도 있어요

0957

咱们就定这个，好吗?

Zánmen jiù dìng zhè ge, hǎo ma

↳ 우리 이걸로 결정하자, 응?

0958

千万不要得理不饶人。

Qiānwàn bú yào délǐ bùráo rén

↳ 설령 네가 옳은 일이라고 해도 너무 사람들을 몰아 붙이지 마

得理不饶人는 상대방의 행동이 그르다고 판단해서 몰아붙이는 걸 말합니다.

0959

我请你出去喝杯咖啡。

Wǒ qǐng nǐ chūqù hē bēi kāfēi

↳ 제가 나가서 커피 한 잔 살게요

0960

보살피다

工作上多**担待**她一点。

Gōngzuò shàng duō dāndài tā yìdiǎn

↳ 같이 일하면서 그녀도 좀 잘 보살펴 주고

0961
바꾸다

我们**换**个地方好好聊聊。

Wǒmen huàn ge dìfang hǎohāo liáoliao

↳ 자리 옮겨서 잘 얘기해 보자

0962
꼭 ~해야 한다

吃药前**必须**先吃点东西。

Chīyào qián bìxū xiān chī diǎn dōngxi

↳ 약 먹기 전에는 꼭 뭘 좀 먹어줘야 해

0963

你先去吧，我马上就到。

Nǐ xiān qù ba, wǒ mǎshàng jiù dào

↳ 먼저 가, 나 곧 갈게

0964

以后的事情以后再说吧。

Yǐhòu de shìqíng yǐhòu zài shuō ba

↳ 나중 일은 나중에 다시 얘기하자

0965
낙담하다

不能**灰心**，一定要自信。

Bù néng huīxīn, yídìng yào zìxìn

↳ 실망하지 말고, 자신감을 가져

0966
□□□

这里是不是需要修改？

Zhè lǐ shì bu shì xūyào xiūgǎi

↳ 여기도 고쳐야 하지 않을까요?

0967
□□□

要不咱们给她打个电话？

Yào bù zánmen gěi tā dǎ ge diànhuà

↳ 아니면 걔한테 전화해 볼까?

입을 닦다

0968
□□□

擦擦嘴。嘴巴上有东西。

Cāca zuǐ　　　Zuǐba shàng yǒu dōngxi

↳ 좀 닦아. 입에 뭐 묻었어

쪽잠 자다

0969
□□□

如果有时间就眯一会儿。

Rúguǒ yǒu shíjiān jiù mī yíhuìr

↳ 시간 있으면 눈 좀 붙여

커피숍

0970
□□□

咱么去咖啡厅喝点东西吧。

Zánme qù kāfēitīng hē diǎn dōngxi ba

↳ 커피숍 가서 뭐 좀 마시자

0971
☐☐☐

你都病成这样你就别去了。

Nǐ dōu bìng chéng zhè yàng nǐ jiù bié qù le

↳ 너 아파서 이 모양인데 가지 마

0972
☐☐☐

누르다

咱们自拍吧。按中间这个。

Zánmen zìpāi ba　　Àn zhōngjiān zhè ge

↳ 우리 셀카 찍자. 중간에 이거 눌러

0973
☐☐☐

기다리다

外边冷。你在车里待着吧。

Wàibiān lěng　　Nǐ zài chē li dāizhe ba

↳ 밖에 추워. 차 안에 있어

0974
☐☐☐

터무니없는 생각을 하다

不要胡思乱想了，早点休息。

Bú yào húsī luànxiǎng le, zǎo diǎn xiūxi

↳ 쓸데없는 생각 하지 말고, 얼른 쉬어

0975
☐☐☐

더 좋은 곳으로 이사하다

咱们一起祝贺他的乔迁之喜。

Zánmen yìqǐ zhùhè tā de qiáoqiān zhī xǐ

↳ 우리 집들이하자

0976
□□□

今天我心情不好以后再说吧。

Jīntiān wǒ xīnqíng bù hǎo yǐhòu zàishuō ba

↳ 나 오늘 기분이 안 좋아 다음에 얘기하자

0977
□□□

大家把手上的工作先放一放。

Dàjiā bǎ shǒushàng de gōngzuò xiān fàng yī fàng

↳ 여러분 일단 일하던 건 잠시 내려놓으시고요

0978
□□□

小心到嘴的肥肉让别人给抢喽。

Xiǎoxīn dào zuǐ de féiròu ràng biérén gěi qiǎng lou

↳ 죽 쑤어 개 주지 않게 조심해

입에 문 고기를 남에게 뺏기지 않게 조심하라, 정성들여 한 것을 남에게 쉽게 주지 않게 조심하라는 의미입니다.

상관 없다

0979
□□□

我们都无所谓。吃什么都可以。

Wǒmen dōu wúsuǒwèi   Chī shénme dōu kěyǐ

↳ 우리 다 상관없어요. 뭘 먹어도 괜찮아요

실망하다

0980
□□□

你别太沮丧。我们还有机会呢。

Nǐ bié tài jǔsàng   Wǒmen háiyǒu jīhuì ne

↳ 너무 실망하지 마. 또 기회가 있잖아

0981
□□□

다크서클

你快点睡吧。你都有**黑眼圈**了。

Nǐ kuài diǎn shuì ba　　　Nǐ dōu yǒu hēiyǎnquān le

↳ 얼른 자. 너 다크서클 생긴 거 봐

0982
□□□

感情深一口闷。感情浅舔一舔。

Gǎnqíng shēn yìkǒu mēn　　　Gǎnqíng qiǎn tiǎn yì tiǎn

↳ 마음이 깊다면 원샷이고요. 마음이 얕다면 입만 대세요

闷은 쭉 들이키는 것, 舔은 핥는 것을 말합니다. 약간 긴 표현이라 앞 부분만 얘기하기도 해요.

0983
□□□

시간 낭비하다

你回去吧。别在这儿**浪费时间**了。

Nǐ huíqù ba　　　Bié zài zhèr làngfèi shíjiān le

↳ 돌아가. 여기서 시간 낭비하지 말고

0984
□□□

你正好借这个机会跟他亲近一下。

Nǐ zhènghǎo jiè zhè ge jīhuì gēn tā qīnjìn yíxià

↳ 이번 기회를 통해 가까워져 봐

0985
□□□

有棘手的问题还是要给我打电话。

Yǒu jíshǒu de wèntí háishi yào gěi wǒ dǎ diànhuà

↳ 곤란한 일 있으면 나한테 전화해

0986

수염

你快刮**胡子**啊，你不适合留胡子。

Nǐ kuài guā húzi a　　　　　Nǐ bú shìhé liú húzi

↳ 얼른 수염 좀 깎아. 너 수염 기르는 거 안 어울려

0987

선크림

你涂点**防晒霜**。要不然会被晒黑的。

Nǐ tú diǎn fángshàishuāng　　　Yào bùrán bèi shài hēi de

↳ 너 선크림 좀 발라. 안 그럼 엄청 탈 거야

0988

年轻人在这个阶段应该为事业**打拼**。

최선을 다하다

Niánqīngrén zài zhè ge jiēduàn yīnggāi wèi shìyè dǎpīn

↳ 젊은 사람이 지금 이럴 때 열심히 일해야지

0989

有问题就去解决，哭丧着脸没用的。

Yǒu wèntí jiù qù jiějué, kūsàngzhe liǎn méi yòng de

↳ 문제가 생겼으면 가서 해결해야지, 죽상을 하고 있으면 무슨 소용이야

0990

지체하다

快走吧。别跟我在这里**耽误**时间。

Kuài zǒu ba　　　Bié gēn wǒ zài zhè lǐ dānwù shíjiān

↳ 얼른 가. 여기서 나랑 시간 끌지 말고

0991
□□□

한턱내다

今天晚上我**做东**。大家一起去
聚餐。

Jīntiān wǎnshàng wǒ zuò dōng　　Dàjiā yìqǐ qù jùcān

↳ 오늘 저녁은 제가 한턱 쏩니다. 다들 회식해요

0992
□□□

多读书，多看报，少吃零食，
多睡觉。

Duō dú shū, duō kàn bào, shǎo chī língshí, duō shuì jiào

↳ 책 많이 읽고, 신문 많이 보고, 간식 적게 먹고, 잠은 많이 자고

0993
□□□

有什么事你先告诉我，我让他
回电话。

Yǒu shénme shì nǐ xiān gàosù wǒ, wǒ ràng tā huí diànhuà

↳ 무슨 일 있으면 나한테 먼저 얘기해, 내가 전화하라고 할게

0994
□□□

好久不见了，一起吃个午饭**叙
叙旧**。

옛날 이야기를 나누다

Hǎo jiǔ bú jiàn le, yìqǐ chī ge wǔfàn xùxujiù

↳ 오랜만인데, 같이 점심이나 먹으면서 회포 좀 풀어볼까

0995
□□□

(고의로) ~한 체하다

她如果不提呢我们就**装作**不知
道吧。

Tā rúguǒ bù tí ne wǒmen jiù zhuāngzuò bù zhīdào ba

↳ 걔가 언급 안 하면 우리도 모른 척 하자

0996

절대로

你这句话**千万**别跟他说。容易
引起误会。

Nǐ zhè jù huà qiānwàn bié gēn tā shuō　　　　Róngyì yǐnqǐ wùhuì

↳ 이 말은 절대 그에게 하지 마. 쉽게 오해 살 거 같아

0997

어긋나다, 의견 불일치

不着急。有**分歧**的部分我们慢
慢再商量。

Bù zháojí　　　Yǒu fēnqí de bùfen wǒmen mànmàn zài shāngliàng

↳ 급할 거 없어요. 얘기가 잘 안 된 부분은 천천히 다시 상의하시죠

0998

快点去吃东西吧。我已经饿得
前胸贴后背了。

Kuài diǎn qù chī dōngxi ba　　Wǒ yǐjīng è de qiánxiōng tiē hòubèi le

↳ 빨리 뭐 좀 먹자. 나 너무 배고파서 가슴이 등가죽에 달라붙었어

0999

(在电梯)你们先上去吧，我等下
一班。(下一趟)

(zài diàntī)Nǐmen xiān shàngqù ba　　Wǒ děng xià yì bān(xià yí tàng)

↳ (엘리베이터에서) 먼저 올라가세요, 다음 거 타고 갈게요

1000

파스타

我知道有一家非常好吃的**意大
利面**你要不要去尝一下？

Wǒ zhīdào yǒu yì jiā fēicháng hǎochī de yìdàlì miàn nǐ yào bu yào
qù cháng yíxià

↳ 나 파스타 진짜 맛있게 하는 집 아는데 먹으러 가 볼래?

Chapter 10
제10

311

빈칸 채우기

애애애~~~~~액션

앞에서 학습한 내용 중 보라색으로 칠을 괜히 한 게 아니겠지요?
기억을 더듬으며 빈칸을 채워나가 볼까요?

빈칸에 들어가는 단어가 아는 단어인가~ 모르는 단어인가~~
주황색 바에 체크해보세요!
감도 안잡힌다에 체크된 문장은 복습하기로 해요!

← 감도 안잡힌다 │ 이정도는 알지! →

01 맞춰 봐. (추측해 보라는 의미)

你 　 。

02 제가 (사진) 찍어 드릴게요.

我给你 　 。

03 이렇게 하시죠.

就这么 　 了。

04 얼른 쉬어.

快 　 一下。

05 먼저 목 좀 축이세요.

你先润 　 。

06 내가 계획이 있어.

我心里 　 。

07 제가 한 잔 올리겠습니다.

我 　 你们一杯。

08 유기농 식품으로 사자.

买 　 吧。

이번엔 중국어다! ◆ 중드 표현 1200

09 제가 내겠습니다.   自己掏钱◯◯◯。

10 경계심을 늦춰선 안 돼.   不能放松◯◯◯。

11 당장 안 사면 늦는다.   再不买就◯了。

12 제가 장담합니다.   我向大家◯◯◯。

13 난 너한테 알려줬다.   我可◯◯你啊。

14 너 일단 좀 진정해.   你先◯◯一下。

15 자, 같이 한잔해.   来，◯我喝酒。

16 네가 늘 참을 수는 없지.   你不能老◯啊。

17 인터넷에서 찾아봐.   你在网上◯一下。

⑱ 너 등 좀 곧게 펴.   你把 挺起来啊。

⑲ 우리 거기서 만나.   我们在那儿 。

⑳ 새치기하지 말아 주실래요?   别 可以吗?

㉑ 맘에 들면 입어 보세요.   喜欢可以 一下。

㉒ 소원 빌고, 초를 불어.   个 ，吹蜡烛吧。

㉓ 내가 라면 끓여 줄게.   我给你泡 吧。

㉔ 아니면 내가 전화해서 재촉해 볼게.   要不我打电话 催。

㉕ 사진 찍을 때 입을 쭉 내밀면 날씬해 보여.   拍照时 嘴显瘦。

㉖ 그 사람에게 우리랑 같이 사진 찍자고 하자.   请他跟我们 个 吧。

㉗ 지금 구매하시면 증정품도 있어요.   现在买的话还有 。

28 같이 일하면서 그녀도 좀 잘 보살펴 주고. 　工作上多　　她一点。

29 자리 옮겨서 잘 얘기해 보자. 　我们　个地方好好聊聊。

30 약 먹기 전에는 꼭 뭘 좀 먹어줘야 해. 　吃药前　　先吃点东西。

31 실망하지 말고, 자신감을 가져. 　不能　　，一定要自信。

32 좀 닦아. 입에 뭐 묻었어. 　擦　　。嘴巴上有东西。

33 시간 있으면 눈 좀 붙여. 　如果有时间就　一会儿。

34 커피숍 가서 뭐 좀 마시자. 　咱么去　　　喝点东西吧。

35 우리 셀카 찍자. 중간에 이거 눌러. 　咱们自拍吧。　中间这个。

36 밖에 추워. 차 안에 있어. 　外边冷。你在车里　着吧。

③⑦ 쓸데없는 생각 하지 말고, 얼른 쉬어.

不要 ⬜⬜⬜⬜⬜ 了，早点休息。

③⑧ 우리 집들이하자.

咱们一起祝贺他的 ⬜⬜⬜ 之喜。

③⑨ 우리 다 상관없어요. 뭘 먹어도 괜찮아요.

我们都 ⬜⬜⬜⬜。吃什么都可以。

④⓪ 너무 실망하지 마. 또 기회가 있잖아.

你别太 ⬜⬜⬜。我们还有机会呢。

④① 얼른 자. 너 다크서클 생긴 거 봐.　你快点睡吧。你都有 ⬜⬜ 了。

④② 돌아가. 여기서 시간 낭비하지 말고.

你回去吧。别在这儿 ⬜⬜⬜⬜ 了。

④③ 얼른 수염 좀 깎아. 너 수염 기르는 거 안 어울려.

你快刮 ⬜⬜ 啊。你不适合留胡子。

④④ 너 선크림 좀 발라. 안 그럼 엄청 탈 거야.

你涂点 ⬜⬜⬜。要不然会被晒黑的。

45 젊은 사람이 지금 이럴 때 열심히 일해야지.

年轻人在这个阶段应该为事业 _____。

46 얼른 가. 여기서 나랑 시간 끌지 말고.

快走吧。别跟我在这里 _____ 时间。

47 오늘 저녁은 제가 한턱 쏩니다. 다들 회식해요.

今天晚上我 _____。大家一起去聚餐。

48 오랜만인데. 같이 점심이나 먹으면서 회포 좀 풀어볼까.

好久不见了，一起吃个午饭 _____。

49 걔가 언급 안 하면 우리도 모른 척 하자.

她如果不提呢我们就 _____ 不知道吧。

50 이 말은 절대 그에게 하지 마. 쉽게 오해 살 거 같아.

你这句话 _____ 别跟他说。容易引起误会。

51 급할 거 없어요. 얘기가 잘 안 될 부분은 첩첩이 다시 상의하시죠.

不着急。有 _____ 的部分我们慢慢再商量。

52 나 파스타 진짜 맛있게 하는 집 아는데 먹으러 가 볼래?

我知道有一家非常好吃的 _____ 你要不要去尝一下？

Chapter

11

Action Chinese

질문을 잘 해야 사람이 따른다는 말이 있고

질문을 잘 하는 방법을 알려주는 도서도 꽤 많습니다.

그만큼 질문을 잘 하는 방법이 중요하다는 뜻이겠죠.

상대방을 배려하는 세심한 질문은 맘을 움직이는 최고의 비법이 될 수도 있습니다.

일상에서 마주치는 다양한 질문의 예시들을 준비해 보았습니다.

질문

26 질문

어떤 표현 모르면 OUTSIDER!!!

26 질문

1001
☐☐☐

有吗?
Yǒu ma

↳ 그래? / 그런가?

상대방 말에 대한 반문으로 사용되는 표현입니다. 예를 들어 너 오늘 피곤해 보인다라고 했을때, 그런가?라고 대답할 때 쓸 수 있어요.

1002
☐☐☐

给我的?
Gěi wǒ de

↳ 나 주는 거예요?

1003
☐☐☐

发完了?
Fā wán le

↳ 보냈어?

1004
☐☐☐

谁知道?
Shéi zhīdào

↳ 누가 알겠어?

어찌 될지는 아무도 모른다는 의미에요.

1005
☐☐☐

送我的?
Sòng wǒ de

↳ 나 주는 거야?

1006
□□□

믿다

你信吗?
Nǐ xìn ma

└→ 믿어?

1007
□□□

至于吗?
Zhìyúma

└→ 그럴 필요까지 있어?

1008
□□□

能没事吗?
Néng méi shì ma

└→ 괜찮을 거 같냐?

예를 들어 하이힐을 신은 친구가 실수로 내 발을 세게 밟고, 괜찮아?라고 물으면 아픔을 호소하며 괜찮을거 같냐?라고 대답하는 경우입니다.

1009
□□□

真的假的?
Zhēn de jiǎ de

└→ 진짜야?

같은 표현으로 真的吗?가 있습니다.

1010
□□□

记住了吗?
Jìzhù le ma

└→ 기억했지?

1011
□□□

你生气啦?
Nǐ shēngqì la

└→ 화났어?

1012
□□□

想泡我呀?
Xiǎng pào wǒ ya

└→ 나를 꼬셔보겠다?

泡妞는 남자가 여자에게 수작부리다, 추근대다라는 뜻이 있습니다.

걱정거리

1013
□□□

你有**心事**?
Nǐ yǒu xīnshì

└→ 걱정 있어?

1014
□□□

能坐下吗?
Néng zuò xià ma

└→ 앉아도 되나요?

켕기다

1015
□□□

心虚了吧?
Xīnxū le ba

└→ 켕기는 거 있지?

1016
□□□

가리키다

你**指**的谁呀?

Nǐ zhǐ de shé ya

↳ 누굴 가리키는 거야?

1017
□□□

怎么回事儿?

Zěnme huí shìr

↳ 무슨 일이야?

1018
□□□

샘나다

你不**眼红**啊?

Nǐ bù yǎnhóng a

↳ 질투 안 나니?

眼红은 눈에 핏발이 서는 것, 샘이 나고 질투 나서 혈안이 된 걸 말합니다.

1019
□□□

청순하다

谁扮**清纯**了?

Shéi bàn qīngchún le

↳ 누가 순진한 척한대?

1020
□□□

能不生气吗?

Néng bù shēngqì ma

↳ 화 안 나게 생겼어?

1021

관리하다

怎么保养的?

Zěnme bǎoyǎng de

↳ 어떻게 관리한 거야?

몸매나 피부가 너무 좋을 때 이렇게 물어볼 수 있겠죠.

1022

你记不记得?

Nǐ jì bu jì de

↳ 기억해?

1023

계책, 수단

这招管用吗?

Zhè zhāo guǎnyòng ma

↳ 이 방법이 먹히려나?

1024

상처를 입다

你有受伤吗?

Nǐ yǒu shòushāng ma

↳ 다친 데 있어?

1025

물어보다

我想问一下。

Wǒ xiǎng wèn yíxià

↳ 물어볼 게 있어요

1026

의문

我有一个**疑问**。

Wǒ yǒu yí ge yíwèn

↳ 궁금한 게 있습니다

1027

주제 넘다

我**冒昧**地问一下。

Wǒ màomèi de wèn yíxià

↳ 실례를 무릅쓰고 여쭤보겠습니다

1028

你怎么不吃啊?

Nǐ zěnme bù chī a

↳ 넌 왜 안 먹어?

1029

你什么时候要?

Nǐ shénme shíhou yào

↳ 언제 필요해?

1030

您需要帮助吗?

Nín xūyào bāngzhù ma

↳ 뭐 도와드릴까요?

1031

为什么不可能?
Wèi shénme bù kěnéng

→ 왜 안 돼?

익살맞다

1032

是不是很滑稽?
Shì bu shì hěn huájī

→ 모양새가 웃기지 않았어?

정직원이 되다

1033

是不是转正了?
Shì bu shì zhuǎnzhèng le

→ (인턴에서) 정직원이 된 거죠?

수습 기간을 거친 후 정식 고용이 되었냐는 질문을 할 때

멍청이, 바보

1034

我是二百五吗?
Wǒ shì èrbǎi wǔ ma

→ 내가 쪼다냐?

250이 바보, 멍청이, 멍청이라는 표현이 된 데는 여러 가지 설이 있는데 유력한 두 가지를 말씀드릴게요. 청나라 때 500개의 은을 一封이라고 불렀고 250은 一封의 반이라 半封라고 했는데 그 발음이 半疯 (반쯤 미친놈)과 같아서 이런 뜻을 갖게 되었다고 합니다. 또 하나는 전국시대 왕이 자신의 유능한 설객이 죽임을 당하자 범인을 찾기 위해 소진이라는 자객은 나쁜 놈이니 죽인 자에게는 상금으로 천 냥을 주겠다는 거짓 공문을 붙였다고 합니다. 그러자 4명이 자신이 죽였다고 나타났고 제왕은 천 냥을 넷으로 나누면 얼마냐 라고 묻자 네 명이 동시에 250입니다라고 했습니다. 그러자 이 250냥짜리 들을 참수하라고 했답니다. 그 후로 사람들은 바보 같은 놈들을 250이라고 한다는 설이 있답니다.

육식   채식

1035

吃荤还是吃素?
Chīhūn háishi chīsù

→ 육식 아니면 채식?

고기 종류 먹을래요 아니면 풀 위주로 먹을래요?라고 물어볼 때 쓰입니다.

1036
□□□

고백하다

你真的要**表白**?

Nǐ zhēn de yào biǎobái

↳ 너 진짜 고백할 거야?

1037
□□□

의논하다

我能**咨询**一下吗?

Wǒ néng zīxún yíxià ma

↳ 제가 좀 조언을 구해도 될까요?

1038
□□□

이상하다

不觉得很**奇怪**吗?

Bù juéde hěn qíguài ma

↳ 이상하지 않아?

1039
□□□

你是怎么知道的?

Nǐ shì zěnme zhīdào de

↳ 너 어떻게 알았어?

1040
□□□

어쩌지

那你让我**怎么办**?

Nà nǐ ràng wǒ zěnmebàn

↳ 그럼 나보고 어쩌라고?

1041
□□□

你怎么不进去啊?

Nǐ zěnme bú jìnqù a

↳ 왜 안 들어가고 있어?

1042
□□□

사람이 부족하다

缺不缺人帮忙啊?

Quē bu quērén bāng máng a

↳ 도와줄 사람 필요하지 않아?

1043
□□□

재물을 뽐내다

你是来炫富的吗?

Nǐ shì lái xuànfù de ma

↳ 돈 자랑하러 왔어?

炫富 는 재물을 뽐내는 현상 炫耀财富의 줄임말입니다.

1044
□□□

你想知道为什么?

Wǒ xiǎng zhīdào wèi shénme

↳ 왜 그런지 알고 싶어?

1045
□□□

정색하다

你板着脸干吗呀?

Nǐ bǎnzhe liǎn gànmá ya

↳ 넌 왜 그렇게 정색하고 있어?

板 널판지 + 脸 얼굴은 무표정한 얼굴, 딱딱한 얼굴, 정색한 얼굴을 말합니다.

1046
☐☐☐

有什么事啊？说吧。

Yǒu shénme shì a　　Shuō ba

↳ 무슨 일 있어? 말해 봐

1047
☐☐☐

눈치가 없다

多没眼力劲儿啊？

Duō méi yǎnlì jìnr a

↳ 얼마나 눈치가 없는 거니?

1048
☐☐☐

咱们俩是不是见过？

Zánmen liǎ shì bu shì jiànguo

↳ 우리 만난 적 있죠?

1049
☐☐☐

我还有个问题想问你。

Wǒ hái yǒu ge wèntí xiǎng wèn nǐ

↳ 나 너에게 좀 물어보고 싶은 게 있어

1050
☐☐☐

我能问你一个问题吗？

Wǒ néng wèn nǐ yí ge wèntí ma

↳ 질문 하나 해도 돼요?

1051
□□□

你家里是做什么的呀？

Nǐ jiā li shì zuò shénme de ya

→ 무슨 일 하는 집안이세요?

1052
□□□

뿜어나오다

从哪里**冒**出来的？

Cóng nǎ lǐ mào chūlái de

→ 어디서 튀어나왔어? / 네가 거기서 왜 나와?

1053
□□□

괴롭히다

你这不是**难为**我吗？

Nǐ zhè bú shì nánwéi wǒ ma

→ 이건 날 너무 괴롭히는 거 아니냐?

1054
□□□

你可以送我回家吗？

Nǐ kěyǐ sòng wǒ huíjiā ma

→ 나 좀 데려다 줄 수 있어?

1055
□□□

수상쩍은

你干嘛**鬼鬼祟祟**的？

Nǐ gànmá guǐguǐsuìsuì de

→ 뭐가 이렇게 미심쩍은 행동을 하는 거지?

1056

妈，您怎么还没睡啊？

Mā, nín zěnme hái méi shuì a

↳ 엄마, 왜 아직도 안 주무세요?

1057

(바람이) 불다

什么风把你给**吹**来了？

Shénme fēng bǎ nǐ gěi chuī lái le

↳ 무슨 바람이 불어서 왔대? / 어쩐 일이래?

1058

소심하다, 옹졸하다

是不是我太**小心眼**？

Shì bu shì wǒ tài xiǎo xīnyǎn

↳ 너무 속이 좁은가?

1059

要改到什么时候啊？

Yào gǎi dào shénme shíhou a

↳ 언제로 바꾸고 싶으신데요?

1060

약속하다

咱们不是**约**好的吗？

Zánmen bú shì yuē hǎo de ma

↳ 우리 약속한 거 아니었어?

1061

最近公司压力大吗?

Zuìjìn gōngsī yālì dà ma

↳ 요즘 회사에서 스트레스가 많아?

1062

전남친

他是不是你**前男友**?

Tā shì bu shì nǐ qián nányou

↳ 그 사람 네 전남친 아냐?

1063

무엇

我听不清楚。你说**啥**?

Wǒ tīng bu qīngchǔ　　Nǐ shuō shá

↳ 잘 안 들려요. 뭐라고 하셨어요?

啥는 什么와 같은 무엇, 무슨, 어느 등의 뜻입니다.

1064

这个事情我应该问谁?

Zhè ge shìqíng wǒ yīnggāi wèn shéi

↳ 이 일은 어느 분께 여쭤봐야 하죠?

1065

형제자매

你有几个**兄弟姐妹**啊?

Nǐ yǒu jǐ ge xiōngdì jiěmèi a

↳ 형제자매가 어떻게 되세요?

1066
□□□

속이다

我什么时候**骗**过你呀?

Wǒ shénme shíhou piànguo nǐ ya

↳ 내가 언제 너 속인적 있어?

1067
□□□

是不是发生什么事了?

Shì bu shì fāshēng shénme shì le

↳ 무슨 일 있지?

1068
□□□

존중하다

最基本的**尊重**在哪里?

Zuì jīběn de zūnzhòng zài nǎ lǐ

↳ 최소한의 리스펙트는 어디 있는 거죠?

1069
□□□

쇼핑하다

你平时**逛街**都去哪里?

Nǐ píngshí guàngjiē dōu qù nǎ lǐ

↳ 평소에 쇼핑 어디로 가세요?

1070
□□□

사전에

你怎么不**提前**说一声呢。

Nǐ zěnme bùtíqián shuō yì shēng ne

↳ 넌 왜 사전에 말도 안 해줘

这么个东西那么贵啊?

Zhème ge dōngxi nàme guì a

↳ 이런 게 이렇게나 비싸요?

주량

你的**酒量**不是很好吗?

Nǐ de jiǔliàng bú shì hěn hǎo ma

↳ 너 주량 세지 않아?

취미 활동

你知道她的**兴趣爱好**吗?

Nǐ zhīdào tā de xìngqù àihào ma

↳ 넌 걔 취미가 뭔지 알아?

是不是得请我吃两顿饭?

Shì bu shì děi qǐng wǒ chī liǎng dùn fàn

↳ 나한테 두 턱 쏴야 하는 거 아니에요?

밥 두 끼를 사야 하는 거 아닌가요라는 질문으로 밥 한 끼 사는 거로는 부족하다는 농담이 내포되어 있어요.

명함

方不方便给我一张**名片**呀。

Fāng bu fāngbiàn gěi wǒ yì zhāng míngpiàn ya

↳ 명함 한 장 주실 수 있을까요?

1076
□□□

축의금

闺蜜结婚送多少**礼金**?
Guīmì jiéhūn sòng duōshao lǐjīn

↳ 절친 결혼하는데 축의금 얼마 내?

礼金은 축의금, 경조사비를 뜻하는 말입니다. 세뱃돈, 보너스, 경조사비 등을 뜻하는
비슷한 말로 红包가 있어요.

1077
□□□

이틀 연휴 (주로 토, 일을 말함)

谁想这个**双休日**工作啊?
Shéi xiǎng zhè ge shuāngxiūrì gōngzuò a

↳ 누가 이런 휴일에 일을 하고 싶겠어요?

1078
□□□

진지하다

你不要那么**严肃**好不好?
Nǐ bú yào nàme yánsù hǎo bu hǎo

↳ 이렇게 심각하게 굴지 않으면 안 돼?

1079
□□□

상반된 주장이나 행동을 하다, 엇나가다

你怎么老和我**唱反调**呢?
Nǐ zěnme lǎo hé wǒ chàng fǎndiào ne

↳ 왜 자꾸 저한테 태클 거시는 건데요?

唱反调는 반대 곡조를 부르다, 상반된 주장이나 행동을 하다, 엇나가다의 뜻을 가지고
있습니다.

1080
□□□

어떠한

你喜欢**什么样**的男生啊?
Nǐ xǐhuān shénmeyàng de nánshēng a

↳ 어떤 남자 스타일 좋아하세요?

1081
□□□

请他约别的时间好不好？

Qǐng tā yuē bié de shíjiān hǎo bu hǎo

↳ 그 사람과 다음에 약속 잡으면 안 될까？

시차적응

1082
□□□

你不是在家**倒时差**的吗？

Nǐ bú shì zài jiā dǎoshíchà de ma

↳ 너 집에서 시차적응 중 아니었어？

식당

1083
□□□

请问一下，**餐厅**在几层啊？

Qǐng wèn yíxià, cāntīng zài jǐcéng a

↳ 저기요, 식당이 몇 층에 있어요？

사귀다, 교제하다

1084
□□□

和一个人**交往**就这么累吗？

Hé yí ge rén jiāowǎng jiù zhème lèi ma

↳ 누구랑 사귀는 게 이렇게 힘든 일이야？

마음대로

1085
□□□

你凭什么这样**随便**伤害我？

Nǐ píng shénme zhèyàng suíbiàn shānghài wǒ

↳ 네까짓 게 뭐라고 나한테 이렇게 제멋대로 상처 주는데？

1086
□□□

这不是故意给她穿小鞋吗?

Zhè bú shì gùyì gěi tā chuān xiǎoxié ma

↳ 일부러 그녀 트집 잡는 것 아닌가요?

给~穿小鞋는 ~에게 따끔한 맛을 보게 하다, 괴롭히다, 못살게 굴다, 곤란하게 하다 등의 뜻을 가지고 있습니다.

개의치 않다

1087
□□□

我问你一个问题你**不介意**吗?

Wǒ wèn nǐ yí ge wèntí nǐ bú jièyì ma

↳ 제가 질문 하나 드려도 괜찮으실까요?

개인적인 질문

1088
□□□

我可以问你一个**私人问题**吗?

Wǒ kěyǐ wèn nǐ yí ge sīrén wèntí ma

↳ 개인적인 질문 하나 드려도 될까요?

냄새를 맡다

1089
□□□

我新换了香水要不要**闻一闻**?

Wǒ xīn huàn le xiāngshuǐ yào bu yào wén yī wén

↳ 나 향수 바꿨는데 향 맡아 볼래?

바보, 머저리

1090
□□□

你心里早就认定我是个**草包**吧?

Nǐ xīnlǐ zǎo jiù rèndìng wǒ shì ge cǎobāo ba

↳ 네 맘속으로는 나를 똥멍충이라고 생각하고 있지?

草包는 쓸모없는 물건, 무능한 사람, 머저리 등의 의미를 가지고 있어요.

1091

여자친구

你到底想找什么样的**女朋友**啊?

Nǐ dàodǐ xiǎng zhǎo shénmeyàng de nǔ péngyou a

↳ 대체 어떤 스타일의 여자친구를 찾고 싶은 거야?

1092

남을 다치게 하다

你不知道这么说话很**伤人**吗?

Nǐ bù zhīdào zhème shuō huà hěn shāngrén ma

↳ 이런 식으로 말하면 사람이 상처 받을 수 있다는 거 몰라?

1093

한참동안

我找你**半天**了。 你去哪儿了?

Wǒ zhǎo nǐ bàntiān le   Nǐ qù nǎr lc

↳ 나 너 하루 종일 찾았어. 어디 갔었어?

1094

술냄새

这么大**酒味儿**。 你喝了多少啊?

Zhème dà jiǔwèir   Nǐ hē le duōshao a

↳ 아휴 술냄새. 얼마나 마신 거야?

1095

행동이 올곧으면 겁날 게 없다

你知道什么叫**身正不怕影子斜**吗?

Nǐ zhīdào shénme jiào shēn zhèng bú pà yǐngzi xié ma

↳ 내가 당당하면 두려울 것이 없다는 말 알아?

몸이 올곧으면 그림자가 기울어져도 걱정하지 않는다, 정직하면 남의 말이 신경 쓰이지 않는다, 행동이 올곧으면 겁날게 없다라는 표현입니다.

1096

배를 채우다

要不要先吃点东西垫垫肚子啊?
Yào bu yào xiān chī diǎn dōngxi diàndian dùzi a

↳ 먼저 뭘 좀 먹어서 배 좀 채울래?

1097

不好意思。我冒昧地问一句, 可以吗?
Bùhǎoyìsi　　　　　　Wǒ màomèi de wèn yíjù, kěyǐ ma

↳ 죄송한데. 제가 실례되는 질문 하나만 드려도 될까요?

1098

이랬다 저랬다 하다

你觉得他会做出这种出尔反尔 的事吗?
Nǐ juéde tā huì zuòchū zhè zhǒng chū'ěr fǎn'ěr de shì ma

↳ 넌 걔가 한 입 갖고 두말할 거 같아?

出尔反尔은 이랬다저랬다 하다, 한 입 갖고 두말하다, 언행이 앞뒤가 안 맞고 모순되다, 신의가 없다는 뜻을 가지고 있습니다.

1099

我有个事情想跟你商量商量, 你有时间吗?
Wǒ yǒu ge shìqíng xiǎng gēn nǐ shāngliàng shāngliàng, nǐ yǒu shíjiān ma

↳ 나 너랑 상의하고 싶은 게 있는데 시간 있어?

1100

我刚才是不是说了什么不该说 的话, 让你难过了?

괴롭다

Wǒ gāngcái shì bu shì shuō le shénme bù gāi shuō de huà, ràng nǐ nánguò le

↳ 내가 말을 뭐 잘못해서, 널 곤란하게 한 건 아니지?

빈칸 채우기 애애애애~~~~액션

앞에서 학습한 내용 중 보라색으로 칠을 괜히 한 게 아니겠지요?
기억을 더듬으며 빈칸을 채워나가 볼까요?

빈칸에 들어가는 단어가 아는 단어인가~ 모르는 단어인가~~
주황색 바에 체크해보세요!
감도 안잡힌다에 체크된 문장은 복습하기로 해요!

← 감도 안잡힌다. | 이정도는 알째 →

01 믿어?　　　　　　　　　　　　　　　　你　　吗?

02 걱정 있어?　　　　　　　　　　　　你有　　　?

03 켕기는 거 있지?　　　　　　　　　　　　　了吧?

04 누굴 가리키는 거야?　　　　　　　你　的谁呀?

05 질투 안 나니?　　　　　　　　　　你不　　啊?

06 누가 순진한 척한대?　　　　　　誰扮　　了?

07 어떻게 관리한 거야?　　　　　　怎么　　的?

08 이 방법이 먹히려나?　　　　　　这　管用吗?

09 다친 데 있어?　　　　　　　　你有　　吗?

⑩ 물어볼 게 있어요.   我想 ⬭ 一下。

⑪ 궁금한 게 있습니다.   我有一个 ⬭ 。

⑫ 실례를 무릅쓰고 여쭤보겠습니다.   我 ⬭ 地问一下。

⑬ 모양새가 웃기지 않았어?   是不是很 ⬭ ？

⑭ (인턴에서) 정직원이 된 거죠?   是不是 ⬭ 了？

⑮ 내가 쪼다냐?   我是 ⬭ 吗？

⑯ 육식 아니면 채식?   ⬭ 还是 ⬭ ？

⑰ 너 진짜 고백할 거야?   你真的要 ⬭ ？

⑱ 제가 좀 조언을 구해도 될까요?   我能 ⬭ 一下吗？

⑲ 이상하지 않아?   不觉得很 ⬭ 吗？

⑳ 그럼 나보고 어쩌라고?   那你让我 ⬭ ？

21 도와줄 사람 필요하지 않아?	缺不 帮忙啊?	
22 돈 자랑하러 왔어?	你是来 的吗?	
23 넌 왜 그렇게 정색하고 있어?	你 着 干吗呀?	
24 얼마나 눈치가 없는 거니?	多 啊?	
25 어디서 튀어나왔어? / 네가 거기서 왜 나와?	从哪里 出来的?	
26 이건 날 너무 괴롭히는 거 아니냐?	你这不是 我吗?	
27 뭐가 이렇게 미심쩍은 행동을 하는 거지?	你干嘛 的?	
28 무슨 바람이 불어서 왔대? / 어쩐 일이래?	什么风把你给 来了?	
29 너무 속이 좁은가?	是不是我太 ?	
30 우리 약속한 거 아니었어?	咱们不是 好的吗?	
31 그 사람 네 전남친 아냐?	他是不是你 ?	
32 잘 안 들려요. 뭐라고 하셨어요?	我听不清楚。你说 ?	

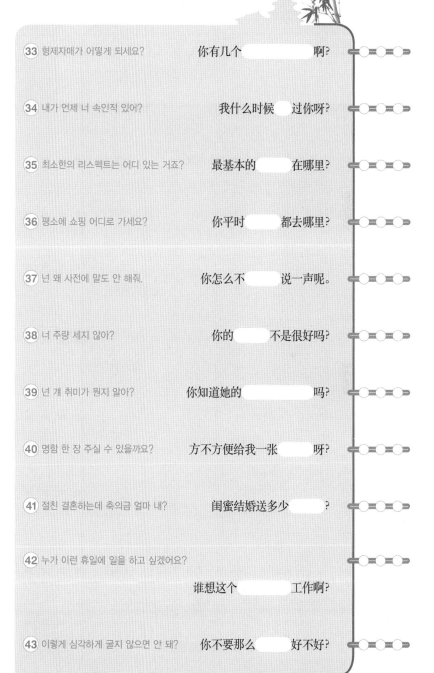

③③ 형제자매가 어떻게 되세요?　　　　你有几个 _____ 啊?

③④ 내가 언제 너 속인적 있어?　　　　我什么时候 ____ 过你呀?

③⑤ 최소한의 리스펙트는 어디 있는 거죠?　　最基本的 ____ 在哪里?

③⑥ 평소에 쇼핑 어디로 가세요?　　　　你平时 ____ 都去哪里?

③⑦ 넌 왜 사전에 말도 안 해줘.　　　　你怎么不 ____ 说一声呢。

③⑧ 너 주량 세지 않아?　　　　　　你的 ____ 不是很好吗?

③⑨ 넌 걔 취미가 뭔지 알아?　　　　你知道她的 ____ 吗?

④⓪ 명함 한 장 주실 수 있을까요?　　方不方便给我一张 ____ 呀?

④① 절친 결혼하는데 축의금 얼마 내?　　闺蜜结婚送多少 ____ ?

④② 누가 이런 휴일에 일을 하고 싶겠어요?

　　　　　　　　　　　谁想这个 ____ 工作啊?

④③ 이렇게 심각하게 굴지 않으면 안 돼?　你不要那么 ____ 好不好?

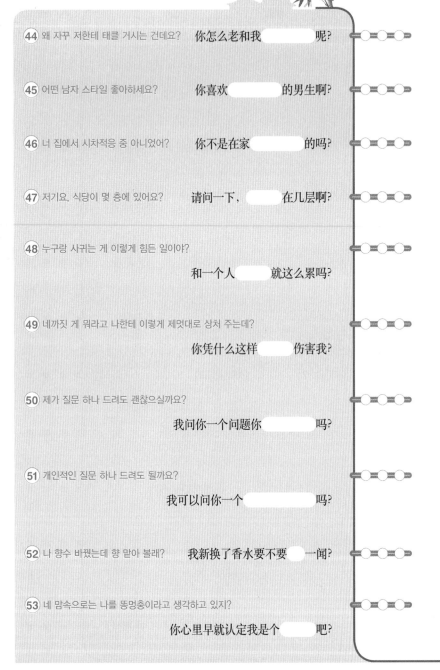

44 왜 자꾸 저한테 태클 거시는 건데요? 你怎么老和我_____呢?

45 어떤 남자 스타일 좋아하세요? 你喜欢_____的男生啊?

46 너 집에서 시차적응 중 아니었어? 你不是在家_____的吗?

47 저기요, 식당이 몇 층에 있어요? 请问一下,_____在几层啊?

48 누구랑 사귀는 게 이렇게 힘든 일이야?

和一个人_____就这么累吗?

49 네까짓 게 뭐라고 나한테 이렇게 제멋대로 상처 주는데?

你凭什么这样_____伤害我?

50 제가 질문 하나 드려도 괜찮으실까요?

我问你一个问题你_____吗?

51 개인적인 질문 하나 드려도 될까요?

我可以问你一个_____吗?

52 나 향수 바꿨는데 향 맡아 볼래? 我新换了香水要不要_____闻?

53 네 맘속으로는 나를 똥멍충이라고 생각하고 있지?

你心里早就认定我是个_____吧?

344

54 대체 어떤 스타일의 여자친구를 찾고 싶은 거야?

你到底想找什么样的 _____ 啊?

55 이런 식으로 말하면 사람이 상처 받을 수 있다는 거 몰라?

你不知道这么说话很 _____ 吗?

56 나 너 하루 종일 찾았어. 어디 갔었어?

我找你 _____ 了。你去哪儿了?

57 아휴 술냄새. 얼마나 마신 거야?

这么大 _____ 。你喝了多少啊?

58 내가 당당하면 두려울 것이 없다는 말 알아?

你知道什么叫 _____ 吗?

59 먼저 뭘 좀 먹어서 배 좀 채울래? 要不要先吃点东西 _____ 啊?

60 넌 걔가 한 입 갖고 두말할 거 같아?

你觉得他会做出这种 _____ 的事吗?

61 내가 말을 뭐 잘못해서, 널 곤란하게 한 건 아니지?

我刚才是不是说了什么不该说的话，让你 _____ 了?

Chapter

12

Action Chinese

12.mp3

우리는 사과나 칭찬을 하는 것에

조금 인색하게 살아가고 있는지도 모릅니다.

「말 한마디에 천냥 빚을 갚는다」 누구나 알고 있는 속담인데요.

이 말이 잘 어울리는 챕터가 아닐까 싶습니다.

실수에 대한 사과·상대방을 기쁘게 하는 칭찬을 중국어로 담아 보았습니다.

사과 · 칭찬

27 사과
28 칭찬 – 외모
29 칭찬 – 능력
30 칭찬 – 성격

이런 표현 모르면 OUTSIDER!!!

27 사과

1101
□□□

对不起。
Duìbuqǐ

→ 미안합니다

1102
□□□

真抱歉。
Zhēn bàoqiàn

→ 정말 죄송합니다

용서하다

1103
□□□

原谅我。
Yuánliàng wǒ

→ 용서해 주세요

양해하다

1104
□□□

请见谅。
Qǐng jiànliàng

→ 양해 부탁드립니다

1105
□□□

都怪我。
Dōu guài wǒ

→ 다 제 탓입니다

1106
□□□

不好意思。
Bùhǎoyìsi

↳ 죄송합니다

1107
□□□

잘못하다

我搞错了。
Wǒ gǎo cuò le

↳ 제가 틀렸습니다

1108
□□□

我误会了。
Wǒ wùhuì le

↳ 내가 오해했어

1109
□□□

꼭, 반드시

我肯定改。
Wǒ kěndìng gǎi

↳ 꼭 고칠게요

1110
□□□

진정으로

实在对不起。
Shízài duìbuqǐ

↳ 너무 죄송합니다

实在가 들어가면 좀 더 간절한 느낌이 있습니다. 사과해야 할 실수를 저질렀을 때 쓰면
좋아요.

IIII
□□□

都是我的错。
Dōu shì wǒdecuò

└→ 다 제 잘못입니다

III2
□□□

实在是羞愧。
Shízài shì xiūkuì

└→ 정말 부끄럽습니다

남에게 금전상의 폐를 끼치다

III3
□□□

害你破费了。
Hài nǐ pò fèi le

└→ 내가 너 괜히 쓸데없이 돈 쓰게 했네

상대방에게 거한 대접을 받았을 때 사용할 수 있습니다.

III4
□□□

实在非常抱歉。
Shízài fēicháng bàoqiàn

└→ 진짜 너무너무 죄송합니다

정말 큰 잘못을 했을 때 사용하세요.

III5
□□□

你别往心里去。
Nǐ bié wǎng xīnlǐ qù

└→ 맘에 담아두지 마

1116

비기다

咱俩算扯平了。

Zán liǎ suàn chěpíng le

→ 우리 이걸로 비긴 거다

扯平 : 비기다, 조정하다, 고르게 하다

1117

섭섭하게 하다

真是委屈你了。

Zhēn shì wěiqu nǐ le

→ 내가 너무 서운하게 했지

1118

부주의하다

这是我的疏忽。

Zhè shì wǒ de shūhu

→ 이건 내가 부주의한 거야

1119

希望你能原谅。

Xīwàng nǐ néng yuánliàng

→ 용서해 주시기 바랍니다

1120

유죄

我有罪。是我的错。

Wǒ yǒu zuì   Shì wǒ de cuò

→ 내가 죄를 지었어. 내 잘못이야

해명하다

我可以给你**解释**。

Wǒ kěyǐ gěi nǐ jiěshì

↳ 내가 해명할 수 있어

대신하다

我**替**她向你道歉。

Wǒ tì tā xiàng nǐ dàoqiàn

↳ 제가 그녀를 대신해 사과하겠습니다

我收回我刚才的话。

Wǒ shōuhuí wǒ gāngcái de huà

↳ 방금 전 말 취소할게

对不起。马上就好了。

Duìbuqǐ　　　　Mǎshàng jiù hǎo le

↳ 죄송합니다. 곧 됩니다

刚才那好像是个误会。

Gāngcái nà hǎoxiàng shì ge wùhuì

↳ 방금 그건 오해였던 거 같아요

1126

我恐怕要让你失望了。

Wǒ kǒngpà yào ràng nǐ shīwàng le

↳ 너에게 실망감을 안겨준 거 같아

1127

잘못 보다

不好意思。 认错人了。

Bùhǎoyìsi   Rèncuò rén le

↳ 죄송해요. 제가 사람 잘못 봤어요

아는 사람인 줄 알고 인사했는데 아닐 경우에 쓸 수 있는 표현입니다.

1128

你是不是生我的气了?

Nǐ shì bu shì shēng wǒ de qì le

↳ 나한테 화난 거야?

1129

참을 수 없다

刚才我是实在忍不住了。

Gāngcái wǒ shì shízài rěn bu zhù le

↳ 방금은 내가 진짜 참을 수가 없었어

1130

고의로

我刚才真的不是故意的。

Wǒ gāngcái zhēn de bú shì gùyì de

↳ 방금 꺼 진짜 고의가 아니었어

1131

我先跟各位说一声抱歉。

Wǒ xiān gēn gèwèi shuō yī shēng bàoqiàn

먼저 여러분께 죄송하단 말씀 드립니다

1132

你的道歉我会转达给她。

Nǐ de dàoqiàn wǒ huì zhuǎndá gěi tā

네가 사과한 거 그녀에게 전해줄게

1133

혼란스럽다

我现在脑子突然有点乱。

Wǒ xiànzài nǎozi tūrán yǒudiǎn luàn

나 지금 갑자기 머리가 너무 혼란스러워졌어

1134

我知道，你一定是生气了。

Wǒ zhīdào, nǐ yídìng shì shēngqì le

나도 알아, 너 분명 화났을 거야

1135

上次的事希望你不要介意。

Shàngcì de shì xīwàng nǐ bú yào jièyì

지난 번 일은 개념치 말아 줬으면 좋겠어요

1136

바람맞다

我不是有意要**放你鸽子**的。

Wǒ bú shì yǒuyì yào fàng nǐ gēzi de

→ 내가 바람 맞추려고 한 건 아니었어

1137

我绝不再让你受半点委屈。

Wǒ jué bù zài ràng nǐ shòu bàn diǎn wěiqu

→ 내가 너 서운할 짓은 절대 다시는 안 할게

1138

我以后再也不麻烦你们了！

Wǒ yǐhòu zài yě bù máfan nǐmen le

→ 앞으로 다시는 너네 귀찮게 안 할게

1139

不好意思，应该我去倒咖啡的。

Bùhǎoyìsi, yīnggāi wǒ qù dào kāfēi de

→ 죄송해요, 제가 커피를 따라야 했는데

1140

진실하다

我**真诚**地跟你们说一句对不起。

Wǒ zhēnchéng de gēn nǐmen shuō yí jù duìbuqǐ

→ 제가 정말 진심을 담아 사과의 말씀 전합니다

1141
□□□

목이 쉬다

不好意思，我感冒了嗓子**哑**了。

Bùhǎoyìsi, wǒ gǎnmào le sǎngzi yǎ le

↳ 미안해, 감기 걸려서 목이 잠겼어

1142
□□□

我错了。我下次再也不这样了。

Wǒ cuò le　　　Wǒ xiàcì zài yě bú zhèyàng le

↳ 제가 잘못했어요. 다시는 안 그럴게요

1143
□□□

고자질하다

对不起，你不会跟我妈**告状**吧。

Duìbuqǐ, Nǐ bú huì gēn wǒ mā gàozhuàng ba

↳ 미안해, 우리 엄마한테 고자질하지 않을 거지

1144
□□□

我要是做错了什么，你会原谅
我吗？

Wǒ yào shì zuò cuò le shénme, nǐ huì yuánliàng wǒ ma

↳ 내가 무슨 잘못을 해도, 용서해 줄 수 있겠니?

1145
□□□

刚刚那话不是我说的。我实话
告诉你吧。

Gānggāng nà huà bú shì wǒ shuō de　　　Wǒ shíhuà gàosu nǐ ba

↳ 방금 그 말 내가 한 거 아니야. 내가 사실을 말해줄게

1146

昨天晚上太生气了，但是睡一觉就好了。

Zuótiān wǎnshàng tài shēngqì le, dànshì shuì yí jiào jiù hǎo le

↳ 어제저녁에는 너무 화가 났는데, 자고 나니까 좀 괜찮아졌어

1147

我没有别的意思啊。我不是故意说给你听的。

Wǒ méiyǒu bié de yìsi a　　　Wǒ bú shì gùyì shuō gěi nǐ tīng de

↳ 다른 뜻은 없었어. 너 들으라고 한 것 아니야

1148

놀라다

吓着你了吗？只是一个小玩笑。别介意哦！

Xiàzhe nǐ le ma　　Zhǐshì yí ge xiǎo wánxiào　　Bié jièyì o!

↳ 놀랐어? 그냥 장난친 거야. 맘에 담아두지 마!

1149

如果刚才说的话，让你不舒服，我感到很抱歉。

Rúguǒ gāngcái shuō dehuà, ràng nǐ bù shūfu, wǒ gǎndào hěn bàoqiàn

↳ 만약 방금 한 말이, 불편하게 했다면, 정말 미안해요

1150

죄책감

愧疚的我不知道该怎样开口，但还要说声对不起。

Kuìjiù de wǒ bù zhīdào gāi zěnyàng kāi kǒu, dàn hái yào shuō shēng duìbuqǐ

↳ 죄책감을 느끼고 있는 내가 뭐라고 입을 열어야 할지 모르겠지만, 잘못했단 말은 해야겠어

1151

분위기가 있다

很**有范儿**。
Hěn yǒu fànr

→ 간지난다 / 느낌 있다

范儿는 분위기, 느낌이라는 의미를 가지고 있습니다. 가수 느낌 나네라고 말할때 他有歌手范儿처럼 范儿를 넣어서 사용하기도 합니다. 남녀 모두에게 사용 가능합니다.

1152

기질, 품격, 분위기

她很有**气质**。
Tā hěn yǒu qìzhì

→ 걔는 분위기가 있어 / 품위가 있어

기품이 있는 아름다움을 지닌 사람들에게 사용합니다. 보통 여자에게 많이 사용됩니다.

1153

长得非常漂亮。
Zhǎng de fēicháng piàoliang

→ 진짜 예쁘게 생겼다

1154

멋있다

你越来越**帅了**。
Nǐ yuè lái yuè shuài le

→ 너 점점 멋있어진다

1155

근육

全身都是**肌肉**。
Quán shēn dōushì jīròu

→ 몸 전체가 근육이심

완벽하다

你已经很**完美**了。

Nǐ yǐjīng hěn wánměi le

↳ 넌 이미 너무 완벽해

신경쓰다

她穿得特别**讲究**。

Tā chuān de tèbié jiǎngjiū

↳ 걔 옷 잘 입어 / 걔 옷 엄청 신경 써서 입잖아

여신

我心目中的**女神**。

Wǒ xīnmù zhōng de nǚshén

↳ 내 마음속 여신

你一点儿也没有变。

Nǐ yìdiǎnr yě méiyǒu biàn

↳ 너 하나도 안 변했구나

젊음을 계속 유지하고 있다, 학창시절과 비슷하다, 몇 년 전과 똑같다 등의 칭찬입니다.

你的老公又高又帅。

Nǐ de lǎogōng yòu gāo yòu shuài

↳ 네 남편 키 크고 잘 생겼잖아

1161
실물

真人比照片还漂亮。

Zhēnrén bǐ zhàopiàn hái piàoliang

↳ 실물이 사진보다 예쁘세요

1162
고상하다, 품위 있다

他长得斯斯文文的。

Tā zhǎng de sīsīwénwén de

↳ 그는 점잖고 품위 있게 생겼어

1163
용모가 출중하다

高高大大，一表人才。

Gāogāo dàdà, yìbiǎo réncái

↳ 키도 크고, 외모도 출중해

1164
헤어스타일

这个发型我就很喜欢。

Zhè ge fàxíng wǒ jiù hěn xǐhuān

↳ 이 헤어스타일 너무 좋아

1165

你是年轻漂亮的女孩。

Nǐ shì niánqīng piàoliang de nǚhái

↳ 넌 젊고 예쁘잖아

1166

품격, 매너

他看着就特别有**风度**。

Tā kànzhe jiù tèbié yǒu fēngdù

↳ 그는 엄청 매너 있고 교양 있어 보여

风度는 품격. 훌륭한 대도. 풍모, 품위 있는 태도, 센스가 있다의 뜻을 가지고 있어요.
행동이 매너 있고 교양 있는 매력적인 사람에게 쓰는 칭찬입니다. 보통 남자에게 많이
사용됩니다.

1167

치장하다

今天**打扮**得好漂亮啊。

Jīntiān dǎbàn de hǎo piàoliang a

↳ 오늘 너무 예쁘게 꾸몄다

1168

부드럽다

你的皮肤好滑好**嫩**啊。

Nǐ de pífū hǎo huá hǎo nèn a

↳ 피부가 진짜 부드럽고 매끈하다

1169

신사

他看上去很温柔很**绅士**。

Tā kàn shàngqù hěn wēnróu hěn shēnshì

↳ 그분은 다정하고 신사다워 보여

1170

您不知道您看上去多年轻啊。

Nín bù zhīdào nín kàn shàngqù duō niánqīng a

↳ 본인이 얼마나 젊어 보이는지 모르시는구나

이런 표현 모르면 OUTSIDER!!!

29 칭찬 - 능력

솜씨가 있다

||71

手很巧。
Shǒu hěn qiǎo

↳ 손재주가 정말 좋다

(일을) 잘하다

||72

好样的。
Hǎoyàng de

↳ 멋지네 / 잘했네

어떤 일을 잘 처리했을 때 쓰는 말입니다.

슬기롭고 총명하다

||73

太英明了。
Tài yīng míng le

↳ 진짜 똑똑하다

자기가 맡은 일에 진지하게 책임지다

||74

他好敬业。
Tā hǎo jìngyè

↳ 그는 일을 열심히 한다 / 최선을 다한다

||75

他好专业。
Tā hǎo zhuānyè

↳ 그는 프로페셔널하다

말솜씨

口齿伶俐。

Kǒu chǐ líng lì

↳ 말솜씨가 유창하다 / 말주변이 좋다

干得不错啊。

Gàn de búcuò a

↳ 잘하셨습니다

만족하다

已经很满足了。

Yǐjīng hěn mǎnzú le

↳ 이미 만족합니다

발전성

这孩子真出息。

Zhè háizi zhēn chū xī

↳ 이 아이는 정말 전도가 유망합니다

대단하다

简直太厉害了。

Jiǎnzhí tài lìhai le

↳ 정말 대단하다

1181

역시, 과연

我**果然**没看错。

Wǒ guǒrán méi kàn cuò

↳ 과연 내가 제대로 보았어

1182

역시 ~답다

不愧是李老师。

Búkuì shì lǐ lǎoshī

↳ 역시 이 선생님답네요

1183

照片照得不错。

Zhào piàn zhào de bú cuò

↳ 사진 잘 찍었다

1184

안목이 있다

还是你**有眼光**。

Háishi nǐ yǒu yǎnguāng

↳ 역시 네가 안목이 있구먼

1185

你挺会说话的啊。

Nǐ tǐng huì shuōhuà de a

↳ 말을 어쩜 이렇게 잘하니

1186
□□□

빨리 늘다

他最近**进步**很快。

Tā zuìjìn jìnbù hěn kuài

↳ 실력이 엄청 빨리 늘었네

1187
□□□

눈치가 빠르다

你很**有眼力劲儿**。

Nǐ hěn yǒu yǎnlì jìnr

↳ 너 눈치 빠르구나

1188
□□□

품위, 취향

你**品位**越来越好了。

Nǐ pǐnwèi yuè lái yuè hǎo le

↳ 취향이 점점 좋아지고 있는걸

1189
□□□

뛰어난 재능

我们非常欣赏您的**才华**。

Wǒmen fēicháng xīnshǎng nín de cáihuá

↳ 저희는 당신의 실력을 좋게 평가하고 있습니다

1190
□□□

진굉식화와 같다

效率真是太高了。**快如闪电**嘛!

Xiàolǜ zhēn shì tài gāo le　　Kuài rú shǎn diàn ma

↳ 효율이 엄청 높네요. 눈 깜짝할 사이에 (끝내다니)!

快如闪电은 번갯불에 콩 볶아먹다, 번개가 번쩍한 것과 같이 빠르다는 의미입니다.

1191
□□□

유머

他很**幽默**。

Tā hěn yōumò

↳ 걔 웃겨

1192
□□□

책임감

他很有**责任感**。

Tā hěn yǒu zérèngǎn

↳ 그는 책임감이 강해

1193
□□□

你真会开玩笑。

Nǐ zhēn huì kāi wánxiào

↳ 농담도 잘하시네요

1194
□□□

낙관적이다, 밝다

她很热情**开朗**。

Tā hěn rèqíng kāilǎng

↳ 그녀는 밝고 열정적이야

1195
□□□

솔직하다

他的性格很**直爽**。

Tā de xìnggé hěn zhíshuǎng

↳ 그의 성격은 솔직해

1196

시원시원 하다

他怎么这么**大方**啊。

Tā zěnme zhème dàfang a

→ 걘 뭐가 이렇게 시원시원해 (인색하지 않다)

1197

她是感情很丰富的人。

Tā shì gǎnqíng hěn fēngfù de rén

→ 그녀는 감정이 풍부한 사람이야

1198

인내력

你的**忍耐力**可真强啊。

Nǐ de rěnnài lì kě zhēn qiáng a

→ 너 인내심 진짜 세구나

1199

생각하는 대로 가식 없이 말하다

我这个人是**直来直去**的。

Wǒ zhè ge rén shì zhíláizhíqù de

→ 저는 가식이 없는 솔직한 사람입니다

1200

다정다감한 사람

看不出来你还是个**情种**啊。

Kàn bu chūlái nǐ hái shì ge qíngzhǒng a

→ 이야 로맨티스트인 줄 몰랐네 (남자에게 사용)

빈칸 채우기

애애애~~~액션

앞에서 학습한 내용 중 보라색으로 칠을 괜히 한 게 아니겠지요?
기억을 더듬으며 빈칸을 채워나가 볼까요?

빈칸에 들어가는 단어가 아는 단어인가~ 모르는 단어인가~~
주황색 바에 체크해보세요!
감도 안잡힌다에 체크된 문장은 복습하기로 해요!

← 감도 안잡힌다. | 이정도는 알재 →

01 용서해 주세요.　　　　　　　　　　　　　　 ＿＿＿我。

02 양해 부탁드립니다.　　　　　　　　　　　 请＿＿＿。

03 제가 틀렸습니다.　　　　　　　　　　　　 我＿＿＿了。

04 꼭 고칠게요.　　　　　　　　　　　　　　 我＿＿＿改。

05 너무 죄송합니다.　　　　　　　　　　　＿＿＿对不起。

06 내가 괜히 너 돈만 쓰게 했네.　　　　 害你＿＿＿了。

07 우리 이걸로 비긴 거다.　　　　　　 咱俩算＿＿＿了。

08 내가 너무 서운하게 했지.

真是　　　你了。

09 이건 내가 부주의한 거야.

这是我的　　　。

10 내가 죄를 지었어. 내 잘못이야.

我　　　。是我的错。

11 내가 해명할 수 있어.

我可以给你　　　。

12 제가 그녀를 대신해 사과하겠습니다.

我　她向你道歉。

13 죄송해요. 제가 사람 잘못 봤어요.

不好意思，　　　人了。

14 방금은 내가 진짜 참을 수가 없었어.

刚才我是实在　　　了。

15 방금 꺼 진짜 고의가 아니었어.

我刚才真的不是　　　的。

16 나 지금 갑자기 머리가 너무 혼란스러워졌어.

我现在脑子突然有点◯◯。

17 내가 바람 맞추려고 한 건 아니었어. 我不是有意要◯你◯◯的。

18 제가 정말 진심을 담아 사과의 말씀 전합니다.

我◯◯◯地跟你们说一句对不起。

19 미안해, 감기 걸려서 목이 삼겼어. 不好意思，我感冒了嗓子◯了。

20 미안해, 우리 엄마한테 고자질하지 않을 거지.

对不起，你不会跟我妈◯◯吧。

21 놀랐어? 그냥 장난친 거야. 맘에 담아두지 마!

◯着你了吗? 只是一个小玩笑。别介意哦！

22 죄책감을 느끼고 있는 내가 뭐라고 입을 열어야 할지 모르겠지만, 잘못했단 말은 해야겠어.

◯◯的我不知道该怎样开口，但还要说声对不起。

㉓ 간지난다. / 느낌 있다.   很 _____ 。

㉔ 걔는 분위기가 있어. / 품위가 있어.   她很有 _____ 。

㉕ 너 점점 멋있어진다.   你越来越 ___ 了。

㉖ 몸 전체가 근육이심.   全身都是 _____ 。

㉗ 넌 이미 너무 완벽해.   你已经很 _____ 了。

㉘ 걔 옷 잘 입어. / 걔 옷 엄청 신경 써서 입잖아.   她穿得特别 _____ 。

㉙ 내 마음속 여신.   我心目中的 _____ 。

㉚ 실물이 사진보다 예쁘세요.   _____ 比照片还漂亮。

31 그는 점잖고 품위 있게 생겼어.　　　他长得⬚⬚⬚⬚⬚⬚的。

32 키도 크고, 외모도 출중해.　　　高高大大，⬚⬚⬚⬚⬚⬚。

33 이 헤어스타일 너무 좋아.　　　这个⬚⬚我就很喜欢。

34 그는 엄청 매너 있고 교양 있어 보여.　　　他看着就特别有⬚⬚。

35 오늘 너무 예쁘게 꾸몄다.　　　今天⬚⬚得好漂亮啊。

36 피부가 진짜 부드럽고 매끈하다.　　　你的皮肤好滑好⬚啊。

37 그분은 다정하고 신사다워 보여.　　　他看上去很温柔很⬚⬚。

38 손재주가 정말 좋다.　　　手很⬚。

39 멋지네. / 잘했네.　　　　　　　　　　　　　　　　　　的。

40 진짜 똑똑하다.　　　　　　　　　　　　　　　太　　　了。

41 그는 일을 열심히 한다. / 최선을 다한다.　　　　　他好　　　。

42 말솜씨가 유창하다. / 말주변이 좋다.　　　　　　　　　伶俐。

43 이미 만족합니다.　　　　　　　　　　　　　　已经很　　　了。

44 이 아이는 정말 전도가 유망합니다.　　　　　　这孩子真　　　。

45 정말 대단하다.　　　　　　　　　　　　　简直太　　　了。

46 과연 내가 제대로 보았어.　　　　　　　　　我　　　没看错。

Chapter **12**
사과·청찬

373

47 역시 이 선생님답네요.

是李老师。

48 역시 네가 안목이 있구먼.

还是你＿＿＿＿。

49 실력이 엄청 빨리 늘었네.

他最近＿＿＿很快。

50 너 눈치 빠르구나.

你很＿＿＿＿。

51 취향이 점점 좋아지고 있는걸.

你＿＿＿越来越好了。

52 저희는 당신의 실력을 좋게 평가하고 있습니다.

我们非常欣赏您的＿＿＿＿。

53 효율이 엄청 높네요. 눈 깜짝할 사이에 (끝내다니)!

效率真是太高了，＿＿＿嘛！

54 걔 웃겨.

他很＿＿＿＿。

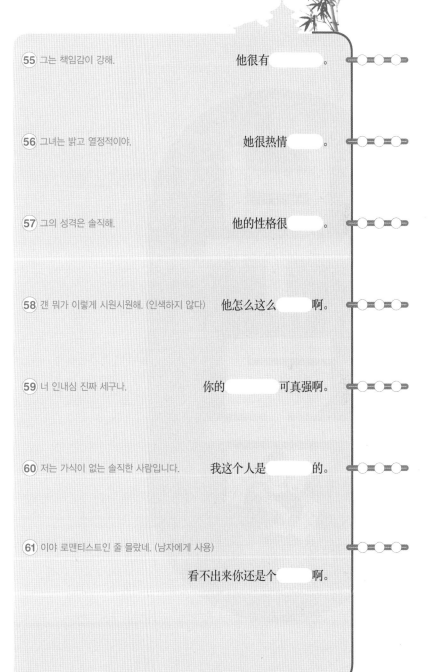

55 그는 책임감이 강해.

他很有〔　　　〕。

56 그녀는 밝고 열정적이야.

她很热情〔　　　〕。

57 그의 성격은 솔직해.

他的性格很〔　　　〕。

58 걘 뭐가 이렇게 시원시원해. (인색하지 않다)

他怎么这么〔　　　〕啊。

59 너 인내심 진짜 세구나.

你的〔　　　〕可真强啊。

60 저는 가식이 없는 솔직한 사람입니다.

我这个人是〔　　　〕的。

61 이야 로맨티스트인 줄 몰랐네. (남자에게 사용)

看不出来你还是个〔　　　〕啊。

Action Chinese

정답 & INDEX

빈칸 채우기

정답

Chapter 01

01	待会儿
02	巧
03	打扰
04	注意
05	称呼
06	过奖
07	认识
08	顺利
09	欢迎光临
10	终于
11	熟人
12	感激不尽
13	照顾
14	报答
15	哪位
16	挂
17	接
18	帮
19	删
20	接不了
21	聊
22	手机
23	回
24	发微信
25	记
26	随时
27	免提
28	打开蓝牙
29	打不通
30	响
31	耳熟
32	用户
33	拉黑

34	关机
35	酒单
36	预定
37	点
38	忌口
39	上菜
40	美式咖啡
41	上齐
42	服务员
43	现金, 刷卡
44	找零
45	合, 口味
46	小心
47	堵
48	车祸
49	开车
50	靠边
51	转机
52	挪走
53	师傅
54	加速
55	开慢
56	出发
57	难
58	速度
59	停车
60	搭
61	带
62	捎
63	系, 安全带
64	高峰期

Chapter 02

01	抱
02	浪漫
03	需要
04	背
05	惊喜
06	肉麻
07	拉钩
08	亲
09	吻
10	缘分
11	乐意
12	保护
13	着凉
14	散步
15	般配
16	一见钟情
17	一起
18	分开
19	眼光
20	心思
21	香
22	亲爱的
23	伪装
24	留
25	幸福
26	永远
27	默契
28	靠
29	想
30	格外
31	秀恩爱
32	迷住
33	激动
34	怪
35	伤感

36	吃醋	70	不知所措	15	上班
37	嫌弃	71	卖关子	16	将就
38	放开	72	八九不离十	17	嫁妆
39	碎	73	急	18	扇, 巴掌
40	心软	74	人见人爱	19	福气
41	瞒	75	暗恋	20	身在福中不知福
42	和好	76	嬉皮笑脸	21	工资
43	站住	77	至少	22	贷款
44	逼	78	根本	23	娘家
45	没可能	79	转移话题	24	验孕棒
46	复杂	80	单身狗	25	打算
47	结束	81	情绪	26	请假
48	有病	82	扯	27	糊弄
49	撒谎	83	绕来绕去	28	唠叨
50	露馅儿	84	扫兴	29	婆媳矛盾
51	逗, 玩儿	85	男朋友	30	回家
52	自作多情	86	寻欢作乐	31	没心情
53	希望	87	分手, 不靠谱	32	等不及
54	玩笑			33	委托
55	嗲	**Chapter 03**		34	压
56	说不过	01	啰嗦	35	夹枪带棒
57	伤心	02	磨叽	36	生日
58	哭	03	疯	37	舍不得
59	难过	04	寒酸	38	丰富
60	反常	05	后悔	39	事先
61	热, 冷	06	题外话	40	爱情, 婚姻
62	缠	07	睡觉	41	身不由己
63	介入	08	做, 手脚	42	执意
64	嘴硬	09	命好	43	出门
65	惹	10	生气	44	结婚
66	发泄	11	赚钱	45	嫁
67	打, 鸡血	12	洗澡	46	放心
68	伤害	13	羡慕	47	甜蜜蜜
69	天啊	14	洗碗	48	邂逅

정답

(49)	喜帖	**Chapter 04**		(34)	投票
(50)	支持	(01)	本事	(35)	漏嘴
(51)	愿意	(02)	答对	(36)	备选
(52)	胳膊肘往外拐	(03)	打瞌睡	(37)	鬼
(53)	好吃的	(04)	猜中	(38)	做作
(54)	这辈子	(05)	旁听	(39)	转告
(55)	贤妻良母	(06)	愣	(40)	一言为定
(56)	坎儿	(07)	站	(41)	学霸
(57)	盛	(08)	熬夜	(42)	闺蜜
(58)	对嘴	(09)	努力	(43)	欺负
(59)	焦	(10)	抄	(44)	孩子气
(60)	糊	(11)	加油	(45)	自找
(61)	敞开	(12)	惊险	(46)	笑
(62)	难吃	(13)	硬背	(47)	喜欢
(63)	口感	(14)	语言天赋	(48)	口福
(64)	热	(15)	包	(49)	死脑筋
(65)	冰箱	(16)	比拼	(50)	傻
(66)	烫	(17)	专心	(51)	管用
(67)	嚼劲儿	(18)	差	(52)	投缘
(68)	夜宵	(19)	血丝	(53)	年轻
(69)	外卖	(20)	搞砸	(54)	娇气
(70)	营养	(21)	前辈	(55)	管闲事
(71)	胃口	(22)	苛刻	(56)	答应
(72)	出血	(23)	埋头	(57)	够义气
(73)	中暑	(24)	专注	(58)	垂头丧气
(74)	噎	(25)	再接再厉	(59)	招人喜欢
(75)	舒服	(26)	阴差阳错	(60)	不争气
(76)	切	(27)	绝交	(61)	贿赂
(77)	反胃	(28)	打岔	(62)	客气
(78)	晕	(29)	帅气	(63)	尖子生
(79)	断片	(30)	浮夸	(64)	好朋友
(80)	困	(31)	丢, 人	(65)	撕破脸
		(32)	鞋带	(66)	管不着
		(33)	腼腆	(67)	笑话

68	不是省油的灯	25	偷懒	59	压力
69	脸	26	骨干	60	胜任
70	毕业	27	校对	61	敏感
71	在行	28	双击	62	求职信
72	抢	29	帮忙	63	录用
73	脸色	30	莫名其妙	64	机会
74	捉弄	31	力气	65	期望
75	形影不离	32	以一抵百	66	失望
		33	有道理	67	表现
		34	插	68	信心

Chapter 05

01	尽力	35	该说的		
02	复印	36	饭点	**Chapter 06**	
03	实习生	37	大胆	01	牛
04	下班	38	空降兵	02	萌
05	决定	39	严重	03	养
06	开会	40	占, 便宜	04	养眼
07	干活	41	自我介绍	05	耍大牌
08	配合	42	招待	06	怂
09	核对	43	提案	07	最爱
10	保密	44	菜鸟	08	正能量
11	志气	45	商量	09	朋友圈
12	生疏	46	客户	10	套路
13	借口	47	酒品	11	留言
14	动起来	48	一醉方休	12	K歌
15	功劳	49	不醉不归	13	老朋友
16	文件	50	聚会	14	爱吃的
17	二话	51	见涨	15	靠脸吃饭
18	解聘	52	失陪了	16	异地恋
19	谦虚	53	操心	17	崩溃
20	工作	54	吃力	18	花美男
21	座位	55	马屁精	19	场面话
22	整理	56	贪财	20	锁屏
23	资料	57	自私	21	自拍
24	摊上大事	58	得罪	22	打游戏

빈칸 채우기

정답

(23)	减肥	(05)	相信	(39)	改正
(24)	碰	(06)	借过	(40)	弄丢
(25)	透气	(07)	饭菜	(41)	急事
(26)	值得	(08)	合适	(42)	棘手
(27)	禁止	(09)	握, 手	(43)	一般见识
(28)	旅行	(10)	支, 招	(44)	垃圾食品
(29)	吐槽	(11)	礼物	(45)	静
(30)	搭讪	(12)	放弃	(46)	漏水
(31)	难抢	(13)	转达	(47)	速度
(32)	卸载	(14)	喘口气	(48)	赔钱
(33)	存款	(15)	一定	(49)	闭嘴
(34)	啤酒	(16)	安抚	(50)	踩
(35)	看中	(17)	借用	(51)	意气用事
(36)	盯	(18)	机场	(52)	赔偿
(37)	备胎	(19)	改天	(53)	直说
(38)	下载	(20)	邀请	(54)	拖
(39)	焦糖玛奇朵	(21)	拜托	(55)	收拾
(40)	无线吸尘器	(22)	餐巾纸		
(41)	颜值	(23)	转交	**Chapter 08**	
(42)	煲电话粥	(24)	毛巾	(01)	理
(43)	闲	(25)	送	(02)	耍赖
(44)	唐突	(26)	错开	(03)	有事
(45)	恐怖片	(27)	卡住	(04)	用心
(46)	自由	(28)	拼命	(05)	举手之劳
(47)	尽情	(29)	歇	(06)	不方便
(48)	误会	(30)	邮箱	(07)	熟
(49)	爱好	(31)	送佛送到西	(08)	死活
(50)	挑	(32)	算	(09)	恐怕
		(33)	谈	(10)	麻烦
Chapter 07		(34)	调小	(11)	算了
(01)	醒	(35)	扶	(12)	不在乎
(02)	求	(36)	重要	(13)	暧昧关系
(03)	打赌	(37)	看房	(14)	牵强
(04)	自由发挥	(38)	借	(15)	胃

⑯ 失约

⑰ 欠, 人情

⑱ 贪婪

⑲ 得逞

⑳ 花

㉑ 私事

㉒ 不灵

㉓ 范围

㉔ 开, 玩笑

㉕ 加班

㉖ 闲钱

㉗ 不好意思

㉘ 爽约

㉙ 出租车

㉚ 惦记

㉛ 专业

㉜ 代劳

㉝ 任何

㉞ 不收

㉟ 打水漂

㊱ 搅黄

㊲ 考虑

㊳ 颜色

㊴ 买不起

㊵ 感情

㊶ 没有感觉

㊷ 迫不得已

㊸ 临时

㊹ 欺负

㊺ 扛

㊻ 简历

㊼ 预算

㊽ 门口

㊾ 安排

㊿ 遗憾

51 突然

52 豪宅

53 首选

54 极限

55 抱歉

Chapter 09

① 没劲

② 惩罚

③ 无耻

④ 走眼

⑤ 吹牛

⑥ 插话

⑦ 装

⑧ 糊涂

⑨ 受不了

⑩ 爱装

⑪ 装, 蒜

⑫ 各怀鬼胎

⑬ 挑食

⑭ 没礼貌

⑮ 等着瞧

⑯ 过分

⑰ 扯后腿

⑱ 弄脏

⑲ 毛病

⑳ 烦人

㉑ 捣乱

㉒ 胡说

㉓ 对得起

㉔ 贪心

㉕ 调皮

㉖ 找茬

㉗ 性别歧视

㉘ 耳根子软

㉙ 脑子

㉚ 挤

㉛ 乌鸦嘴

㉜ 胡说八道

㉝ 胆子

㉞ 计较

㉟ 疼

㊱ 冲动

㊲ 鲁莽

㊳ 虚伪

㊴ 警告

㊵ 披着羊皮的狼

㊶ 随意

㊷ 善良

㊸ 饶

㊹ 珍惜

㊺ 没大没小

㊻ 素质

㊼ 满脑子

㊽ 性格

㊾ 小聪明

㊿ 高估

51 站着说话不腰疼

52 不懂事

53 世道

54 别人

55 狗屁

56 折寿

57 屎

58 费劲

59 道歉

60 吵

정답

(61) 蔫
(62) 谈恋爱
(63) 费脑子
(64) 披头散发
(65) 乱放
(66) 四天三夜
(67) 婆婆妈妈
(68) 年龄歧视
(69) 叽叽喳喳
(70) 揍
(71) 泼, 冷水
(72) 打断

Chapter 10

(01) 猜
(02) 拍
(03) 定
(04) 休息
(05) 润嗓子
(06) 有谱儿
(07) 敬
(08) 有机食品
(09) 买单
(10) 警惕
(11) 迟
(12) 保证
(13) 提醒
(14) 冷静
(15) 陪
(16) 忍
(17) 查
(18) 背
(19) 碰头
(20) 插队
(21) 试穿
(22) 许, 愿
(23) 方便面
(24) 催
(25) 嘛着
(26) 合, 影
(27) 赠品
(28) 担待
(29) 换
(30) 必须
(31) 灰心
(32) 擦嘴
(33) 眯
(34) 咖啡厅
(35) 按
(36) 待
(37) 胡思乱想
(38) 乔迁
(39) 无所谓
(40) 沮丧
(41) 黑眼圈
(42) 浪费时间
(43) 胡子
(44) 防晒霜
(45) 打拼
(46) 耽误
(47) 做东
(48) 叙叙旧
(49) 装作
(50) 千万
(51) 分歧
(52) 意大利面

Chapter 11

(01) 信
(02) 心事
(03) 心虚
(04) 指
(05) 眼红
(06) 清纯
(07) 保养
(08) 招
(09) 受伤
(10) 问
(11) 疑问
(12) 冒昧
(13) 滑稽
(14) 转正
(15) 二百五
(16) 吃荤, 吃素
(17) 表白
(18) 咨询
(19) 奇怪
(20) 怎么办
(21) 缺人
(22) 炫富
(23) 板, 脸
(24) 没眼力劲儿
(25) 冒
(26) 难为
(27) 鬼鬼祟祟
(28) 吹
(29) 小心眼
(30) 约
(31) 前男友
(32) 啥
(33) 兄弟姐妹

34	骗	05	实在	39	好样
35	尊重	06	破费	40	英明
36	逛街	07	扯平	41	敬业
37	提前	08	委屈	42	口齿
38	酒量	09	疏忽	43	满足
39	兴趣爱好	10	有罪	44	出息
40	名片	11	解释	45	厉害
41	礼金	12	替	46	果然
42	双休日	13	认错	47	不愧
43	严肃	14	忍不住	48	有眼光
44	唱反调	15	故意	49	进步
45	什么样	16	乱	50	有眼力劲儿
46	倒时差	17	放, 鸽子	51	品位
47	餐厅	18	真诚	52	才华
48	交往	19	哑	53	快如闪电
49	随便	20	告状	54	幽默
50	不介意	21	吓	55	责任感
51	私人问题	22	愧疚	56	开朗
52	闻	23	有范儿	57	直爽
53	草包	24	气质	58	大方
54	女朋友	25	帅	59	忍耐力
55	伤人	26	肌肉	60	直来直去
56	半天	27	完美	61	情种
57	酒味儿	28	讲究		
58	身正不怕影子斜	29	女神		
59	垫垫肚子	30	真人		
60	出尔反尔	31	斯斯文文		
61	难过	32	一表人才		
		33	发型		
Chapter 12		34	风度		
01	原谅	35	打扮		
02	见谅	36	嫩		
03	搞错	37	绅士		
04	肯定	38	巧		

INDEX

페이지	번호	우리말
027	0078	(거스름돈은) 안 주셔도 됩니다. 잔돈은 괜찮아요
053	0160	(거짓말이) 탄로 나지 않을 거야
118	0361	(너무 웃겨서) 아이고 배야
020	0041	(모르는 번호) 네, 누구신가요?
187	0587	(무료로 밥을 먹을 수 있는) 장기 식권 / 호구같이 돈 쓰는 남친
181	0561	(물건에) 꽂히다 / 뽐뿌 오다 / 지름신 강림
235	0729	(술) 나 진짜 더는 못 마시겠어
311	0999	(엘리베이터에서) 먼저 올라가세요, 다음 거 타고 갈게요
243	0768	(연애) 감정 같은 거 진짜 생각해 본 적 없어
326	1033	(인턴에서) 정직원이 된 거죠?
090	0279	(튀긴 게) 좀 탄 거 같긴 하네
136	0404	(회의 끝) 이상
215	0675	10만 위안만 좀 빌려줘. 내 손목시계 맡길게
139	0417	10분 후에 회의합니다
220	0697	2시 딱 맞춰서 무 앞에서 기다리세요
190	0600	3G 여성, 능력 있는 직장인 여성
278	0893	3박 4일 가는데 트렁크 3개라니 이사 가나?
115	0348	3판 2승이야
170	0515	BJ에게 댓글 남겨 주세요
142	0432	PPT는 할 줄 알아요
031	0097	가는 길에 데려갈까?
030	0091	가는 길에 운전 천천히 하고
025	0069	가리는 것 있으신가요?
247	0785	가봐. 난 이미 더 버틸 힘이 없어. 너무 힘들어
137	0407	가서 일하세요
115	0349	가위바위보
208	0645	가자. 나가서 뭐 좀 먹자
269	0847	간이 점점 커지는구나
358	1151	간지난다 / 느낌 있다
219	0693	감정적으로 일처리 하지마
245	0778	갑자기 문제가 생겨서 잠깐 동안은 자리를 뜰 수가 없을 거 같아
169	0506	강아지 길러요?
303	0960	같이 일하면서 그녀도 좀 잘 보살펴 주고
337	1088	개인적인 질문 하나 드려도 될까요?
116	0355	개 공부 완전 잘하는 학구파야

페이지	번호	우리말
124	0395	걔 남의 남자친구 뺏어가는 게 취미잖아
230	0701	걔 신경 쓰지 마
359	1157	걔 옷 잘 입어 / 걔 옷 엄청 신경 써서 입잖아
022	0055	걔 왜 전화가 안 되지?
366	1191	걔 웃겨
117	0358	걔가 날 괴롭힌 거라고
205	0630	걔가 알게 되면 안 돼
310	0995	걔가 언급 안 하면 우리도 모른 척 하자
235	0726	걔가 오해하는 거 신경 안 써
358	1152	걔는 분위기가 있어 / 품위가 있어
121	0379	걔는 사람들한테 예쁨 받는 거 같아
109	0316	걔는 언어에 재능이 있어
124	0393	걔는 한국 외국어 대학교 졸업했어요
204	0624	걔한테 부탁 하나만 할 수 있을까?
176	0545	걔한테 있어서 너는 그냥 어장일 뿐이야
367	1196	걘 뭐가 이렇게 시원시원해 (인색하지 않다)
271	0856	걘 양의 탈을 쓴 늑대야
052	0152	거기 서! / 멈춰!
217	0684	거실 에어컨에서 물이 새. 수리해 주시는 분께 연락해서 봐달라고 해
054	0161	거짓말이야. 장난친 거야
087	0265	걱정 마. 내가 있잖아!
156	0498	걱정 마십시오. 실망 시켜드리지 않겠습니다
322	1013	걱정 있어?
297	0927	경계심을 늦춰선 안 돼
270	0853	경고했어. 움직이지 마!
024	0065	계산서요!
107	0310	계속 열심히 해
273	0869	계집애 머릿속에 잔머리만 꽉 차 가지고
090	0278	고기가 좀 탔어
018	0031	고맙습니다
118	0364	고집불통 자식!
308	0985	곤란한 일 있으면 나한테 전화해
107	0306	공부 열심히 해 / 공부 잘해
364	1181	과연 내가 제대로 보았어
183	0570	관종 (관심 종자) / 연기 천재

페이지	번호	우리말
236	0734	괜찮습니다. 제가 둘러볼게요
233	0720	괜찮아요, 귀찮게 뭘요
232	0713	괜찮아요, 별거 아닌데요
241	0756	괜찮아요, 차 가져왔어요
321	1008	괜찮을 거 같냐?
263	0817	괜히 사서 고생이야
181	0562	구매욕 상승
261	0809	구제 불능이다
325	1026	궁금한 게 있습니다
184	0576	귀여운 연하남친 / 멍뭉미
332	1062	그 사람 네 전남친 아냐?
336	1081	그 사람과 다음에 약속 잡으면 안 될까?
302	0955	그 사람에게 우리랑 같이 사진 찍자고 하자
231	0709	그 일은 그 일이고
205	0629	그 자료들 나 줘
144	0444	그 폴더 더블클릭해 봐
046	0122	그냥 너랑 같이 있고 싶어
108	0315	그냥 무조건 암기 하는 거죠
367	1197	그녀는 감정이 풍부한 사람이야
366	1194	그녀는 밝고 열정적이야
017	0028	그녀에게서 말씀 많이 들었는데, 드디어 이렇게 뵙네요
361	1166	그는 엄청 매너 있고 교양 있어 보여
362	1174	그는 일을 열심히 한다 / 최선을 다한다
233	0717	그는 절대 허락 안 할 걸
360	1162	그는 점잖고 품위 있게 생겼어
366	1192	그는 책임감이 강해
362	1175	그는 프로페셔널하다
125	0400	그들은 어려서부터 정말 절친한 친구였어요
320	1001	그래? / 그런가?
124	0394	그래도 이 분야는 내가 전문가이니, 내가 알려줄게
321	1007	그럴 필요까지 있어?
327	1040	그럼 나보고 어쩌라고?
090	0280	그럼 맘껏 먹을게요
302	0952	그럼 술 대신 차로 들어요
152	0476	그럼 우리 이번 잔 먼저 원샷?

페이지	번호	우리말
139	0416	그럼 이렇게 결정합니다
029	0090	그럼 제가 속도 좀 올리겠습니다. 조심하세요
175	0539	그렇게 구하기 힘든 티켓을 샀어?
147	0460	그렇게 심각한 것 아냐. 일단 안심하고 일해
058	0183	그만 뜸들여
168	0505	그만 마셔!
361	1169	그분은 다정하고 신사다워 보여
060	0191	그의 맘속엔 내가 아예 없는 거 같아
366	1195	그의 성격은 솔직해
311	0997	급할 거 없어요. 얘기가 잘 안 된 부분은 천천히 다시 상의하시죠
170	0511	긍정 에너지 충만!
044	0115	기꺼이 기다리지요
211	0659	기사님, 저희 왕푸징으로 빨리 좀 가주세요
029	0089	기사님, 좀만 더 빨리요
324	1022	기억해?
321	1010	기억했지?
213	0667	기왕 일할 거면, 철저히 끝까지 해야지
155	0493	기회를 주셔서 감사합니다
042	0105	깜짝 놀래켜줄게
185	0581	껌딱지 / 따라쟁이
016	0024	꼭 건강 챙기세요
349	1109	꼭 고칠게요
014	0013	꼭 만나자
050	0144	꿈 깨
049	0139	나 1분도 너랑 떨어져 있기 싫어. 너한테 완전 빠졌나 봐
079	0226	나 계속 열심히 돈 벌게
155	0491	나 구직서 써야 해
207	0640	나 기다릴게. 꼭 와야 해
338	1093	나 너 하루 종일 찾았어. 어디 갔었어?
339	1099	나 너랑 상의하고 싶은 게 있는데 시간 있어?
094	0298	나 너무 어지러워
239	0747	나 너무 피곤해서 아무것도 하고 싶지 않아
329	1049	나 너에게 좀 물어보고 싶은 게 있어
051	0147	나 놔줘
203	0616	나 대신 좀 물어봐 줘

ㄴ

부록
Index

페이지	번호	우리말
020	0044	나 대신 좀 받아줘
093	0293	나 더위 먹었어요
014	0011	나 먼저 갈게
243	0770	나 못 가. 너도 우리집 일 있는 거 알잖아
083	0248	나 못 기다리겠어. 빨리 와
177	0549	나 무선청소기 샀는데 진짜 편해
220	0700	나 방해하지 마. 얼른 끝내야 해
202	0614	나 부탁 하나만 하자
207	0639	나 숨 좀 고르고
235	0727	나 썸 타는 거 싫어
046	0121	나 아무래도 첫눈에 반한 것 같아
240	0752	나 안 가. 아직 일이 남았어
058	0182	나 어떻게 해야 할지 모르겠어
214	0673	나 엄청 중요한 일 좀 부탁할 게 있는데
307	0976	나 오늘 기분이 안 좋아 다음에 얘기하자
246	0782	나 오늘 못 가요. 아직도 해야 할 게 많아
217	0683	나 오늘 아무 말도 하고 싶지 않아. 나 조용히 있게 해줄래
077	0217	나 왔어
023	0059	나 왜 차단했어? 전화도 안 받고
244	0774	나 요즘 너무 피곤해. 집에 가서 일찍 좀 자고 싶어
060	0194	나 요즘 제정신이 아닌 거 같아
208	0642	나 위로 좀 해주라
201	0607	나 잊지 마요
078	0221	나 잘래
272	0861	나 좀 놔주라, 응?
330	1054	나 좀 데려다 줄 수 있어?
202	0615	나 좀 도와주세요
204	0623	나 좀 도와줄 수 있니?
048	0135	나 좀 힘드네. 어깨 좀 빌려 줄래?
320	1005	나 주는 거야?
320	1002	나 주는 거예요?
354	1133	나 지금 갑자기 머리가 너무 혼란스러워졌어
021	0046	나 지금 전화를 받을 수 없어
216	0680	나 지금 좀 곤란한 일이 있는데 너희랑 상담 좀 하고 싶어
083	0247	나 지금 진짜 너랑 대화할 기분 아니야

페이지	번호	우리말
152	0479	나 진짜 못 마시겠어요. 나 보고 더 마시라고 하지 마요
028	0083	나 차 사고 났어
106	0305	나 청강하는거야
311	1000	나 파스타 진짜 맛있게 하는 집 아는데 먹으러 가 볼래?
201	0608	나 한 모금만
337	1089	나 향수 바꿨는데 향 맡아 볼래?
175	0536	나 혼자 여행 한번 가보려고 해
241	0760	나는 너랑 어울리지 않는 것 같아
169	0509	나는 너무 쫄보야
119	0369	나는 젊은데 뭐. 힘든 건 두렵지 않아
084	0253	나는 점점 우리 딸 시집 보내기가 아까워
179	0555	나는 쫄보라서, 공포 영화는 잘 안 봐
177	0548	나는 캐러멜 마끼아또 마실래. 휘핑크림은 빼고!
057	0178	나는 항상 흥에 넘쳐야 한다고 누가 정해놨다구
239	0748	나도 눈치 없게 꼽사리로 껴서 가고 싶지 않거든
267	0839	나도 말 좀 끝내자
354	1134	나도 알아, 너 분명 화났을 거야
087	0264	나랑 결혼해 줄래?
201	0609	나랑 내기하자
322	1012	나를 꼬셔보겠다?
205	0628	나에게 기회를 한 번만 더 줘
169	0510	나의 최애템!
304	0964	나중 일은 나중에 다시 얘기하자
334	1074	나한테 두 턱 쏴야 하는 거 아니에요?
015	0018	나한테 뭘 감사야
114	0342	나한테 보내줘
051	0150	나한테 숨기지 마
052	0153	나한테 억지로 시키지 마
206	0632	나한테 팁 좀 줘
125	0398	나한테 한마디 물어보지도 않고 결정했어?
353	1128	나한테 화난 거야?
219	0692	나한테서 멀리 떨어져
154	0486	난 그녀에게 미움을 사고 싶지 않아
121	0378	난 내가 아무것도 도와줄 수 없을까봐 걱정돼
048	0131	난 너 제일 행복하게 해줄거야

페이지	번호	우리말
242	0762	난 너랑 어떤 생각도 얘기하고 싶지 않아
053	0158	난 너한테 거짓말 안 해
297	0930	난 너한테 알려줬다
242	0764	난 네가 또 흥청망청 돈 날리게 두지 않을 거다 (돈 안 주겠다는 뜻)
042	0103	난 네가 필요해
236	0731	난 못 갈 거 같아. 위가 안 좋아
122	0381	난 뭐 이렇게 모지리 같냐
180	0559	난 뭐 특별히 취미라는 게 없고, 맛있는 거 먹는 거 좋아해요
243	0767	난 이렇게 일 처리 하는 거 좋아하지 않아
172	0521	난 이미 멘붕이야
244	0775	난 지금 감정에 대한 걸 얘기하고 싶지 않아
143	0439	난 차에서 자료 좀 볼게
301	0949	날 너무 오래 기다리게는 하지 마
265	0826	날 방해하지 마
293	0909	날 보고 배워
056	0172	날도 이렇게 더운데, 이렇게 쌀쌀맞을 필요 있어?
270	0854	남의 일에 쓸데없이 참견하지 마쇼
074	0201	남편
123	0388	내 돈 내가 쓰는데 네가 뭔 상관이야
359	1158	내 마음속 여신
046	0125	내 마음은 온통 너에게 있어
207	0637	내 말 들어. 포기 해
294	0914	내 말 들어~
146	0453	내 생각엔 네 말이 일리가 있어
206	0635	내 선물 사 오는 거 잊지 마
047	0129	내 앞에서는 너를 포장 안 해도 돼 / 내 앞에서는 그런 척 안 해도 돼
117	0356	내 절친이야
219	0694	내 정신적 피해 보상해줘
173	0527	내 취미는 게임 하는 거예요
212	0661	내 컴퓨터가 멈췄어. 빨리 와서 좀 봐줘
022	0054	내 휴대전화 블루투스 연결해서 노래 좀 틀어줘
021	0048	내 휴대전화 어디 갔지
124	0392	내가 가서 너희 얼굴을 볼 면목이 없다
302	0953	내가 가서 잘 한번 생각해 볼게
061	0197	내가 갑자기 이 말 해서 분위기 깨는 거 아냐?

페이지	번호	우리말
023	0060	내가 걔한테 무진장 전화를 했는데, 전화기 계속 꺼져있더라
056	0173	내가 경고했어 앞으로 걔한테 질척거리지 마
295	0920	내가 계획이 있어
049	0138	내가 공공장소에서 애정행각 하는데도 뭐라고 안 하네
350	1113	내가 괜히 너 돈만 쓰게 했네
091	0283	내가 꺼내서 데울게
091	0284	내가 냉장고에 넣어놨어
355	1137	내가 너 서운할 짓은 절대 다시는 안 할게
149	0466	내가 너만 했을 때, 햇병아리였어
351	1117	내가 너무 서운하게 했지
146	0454	내가 너한테 준 USB 좀 꽂아줘
237	0737	내가 너희 뜻대로 되게 할 거 같아?
273	0870	내가 널 너무 높게 평가했나 보다 (실망)
148	0462	내가 널 이용해 먹는다고 생각하는 게 싫었어
090	0276	내가 담을게
338	1095	내가 당당하면 두려울 것이 없다는 말 알아?
293	0907	내가 데려다줄게
301	0946	내가 라면 끓여 줄게
339	1100	내가 말을 뭐 잘못해서, 널 곤란하게 한 건 아니지?
356	1144	내가 무슨 잘못을 해도, 용서해 줄 수 있겠니?
057	0176	내가 뭐 잘못해서, 널 이렇게 화나게 한 거야?
355	1136	내가 바람 맞추려고 한 건 아니었어
275	0877	내가 방금 물어봤잖아. 왜 말이 없어?
213	0668	내가 부탁하는 거로 할게. 걔 좀 도와주라
078	0222	내가 수를 좀 썼지
051	0146	내가 싫어?
061	0198	내가 아직 소개 안 했는데, 내 남자친구야
333	1066	내가 언제 너 속인적 있어?
042	0104	내가 업어줄게
349	1108	내가 요해했어
021	0050	내가 이따가 너한테 위챗할게
215	0676	내가 잘못했어. 내가 고칠 기회를 줘
142	0431	내가 절대 두말하지 않을게
351	1120	내가 죄를 지었어. 내 잘못이야
215	0678	내가 준 선물, 잘 간직해야 해. 잃어버리면 안 돼

INDEX

페이지	번호	우리말
326	1034	내가 쪼다냐?
028	0084	내가 차로 데리러 갈게
089	0272	내가 평생 맛있는 것 사줄게
277	0889	내가 한 번은 속아도, 두 번은 절대 안 속아
243	0766	내가 할게, 나 힘세거든
352	1121	내가 해명할 수 있어
125	0399	내가 화 안 나게 생겼어? 네가 매번 이렇게 사람을 갖고 노는데
082	0242	내가 회사에 계속 휴가를 낼 순 없잖아
234	0721	내일 못 갈 거 같아요
047	0130	내일 시간은 나한테 쓰기
049	0140	내일 우리 드디어 만난다. 나 좀 흥분돼
210	0654	냅킨 좀 주실 수 있을까요?
045	0117	너 감기 걸릴까 걱정된다
178	0553	너 걔 좋아하지? 얼굴에 씌어 있어
059	0188	너 걔 짝사랑하지?
279	0896	너 계속 이렇게 하면, 1원 한 푼도 안 줄 거야
117	0357	너 나 아직 기억나니?
085	0255	너 나한테 무슨 미안할 짓 했지?
276	0883	너 나한테 뭘 또 잘못했는데?
280	0900	너 내 말 좀 계속 끊지 마 어? 내가 어디까지 말했는지 모르겠잖아
108	0311	너 내꺼 베끼지 마
277	0886	너 너무 시끄럽다. 조용히 좀 해라
235	0728	너 너무 억지 아니냐
264	0825	너 너무한다
365	1187	너 눈치 빠르구나
274	0875	너 대학 4년 동안 뭐했냐?
084	0254	너 돈 없어도 되는데, 마음만큼은 꼭 부자여야 해
299	0936	너 등 좀 곧게 펴
053	0159	너 말 제대로 하고 가
262	0811	너 머저리냐
047	0126	너 먹는 거 보니까 나도 먹고 싶네
268	0843	너 미쳤냐? / 너 돌았냐?
076	0214	너 미쳤어?
118	0365	너 바보냐?
122	0384	너 반에서 모범생이지?

페이지	번호	우리말
044	0114	너 보고 있으니까 너무 좋다
140	0423	너 비밀 꼭 지켜
203	0620	너 빨리 좀 와봐
078	0223	너 사주팔자가 정말 좋네
309	0987	너 선크림 좀 발라. 안 그럼 엄청 탈 거야
110	0321	너 수학을 왜 이렇게 못해?
151	0473	너 술버릇 안 좋더라
113	0339	너 신발 끈 풀렸어
306	0971	너 아파서 이 모양인데 가지 마
125	0397	너 안색이 좀 안 좋은 거 같아
327	1039	너 어떻게 알았어?
056	0171	너 왜 이래? 너 이러는 거 정상 아니야
153	0483	너 이 아부쟁이!
143	0440	너 이번에 큰일 저질렀구나
367	1198	너 인내심 진짜 세구나
107	0308	너 일단 일어나
298	0931	너 일단 좀 진정해
358	1154	너 점점 멋있어진다
089	0274	너 점점 현모양처가 되는 거 같은데
245	0776	너 정말 좋은 사람이야. 그런데 난 너한테 느낌이 없어 (고백 거절)
274	0873	너 정말 후회 안 할 자신 있어?
053	0157	너 정신 나갔어?
334	1072	너 주량 세지 않아?
055	0168	너 지금 그 말 나 엄청 상처받았어
327	1036	너 진짜 고백할 거야?
268	0842	너 진짜 귀 얇다
267	0837	너 진짜 너무 말을 안 듣는다
118	0363	너 진짜 먹을 복 있다
336	1082	너 집에서 시차적응 중 아니었어?
359	1159	너 하나도 안 변했구나
054	0163	너 혼자 착각하지 마!
146	0452	너 혼자서 일당백 가능하잖아
059	0186	너네 둘이 진짜 잘 어울린다
080	0233	너네 이미 삼십대야
122	0385	너는 언제나 우리의 좋은 친구야

INDEX

페이지	번호	우리말
045	0119	너랑 같이 걸으니까 정말 좋다
046	0123	너랑 떨어지기 아쉽다
048	0132	너를 향한 내 마음은 한 번도 변한 적이 없어
168	0503	너무 귀엽다!
115	0350	너무 꿍꿍이가 있어 보여
295	0918	너무 늦게까지 하지 말고
042	0102	너무 로맨틱해!
235	0730	너무 비싸요. 제가 받을 수 없습니다
331	1058	너무 속이 좁은가?
050	0142	너무 슬프다
307	0980	너무 실망하지 마. 또 기회가 있잖아
113	0337	너무 오버다 / 너무 과장됐다
349	1110	너무 죄송합니다
094	0300	너무 피곤해! 내 눈꺼풀이 달라붙은 듯이 안 떨어져
204	0622	너에게 부탁할 게 하나 있어
353	1126	너에게 실망감을 안겨준 거 같아
047	0127	너한테 뽀뽀를 못 하게 하는 건 내게 넘 가혹한 벌이야
060	0195	너희 둘의 일에, 나까지 끌어들이지 마
060	0193	너희 지금 우리 싱글들을 괴롭히는 거냐
249	0796	너희 호화저택 보면 질투 날 거 같아. 난 안 가!
334	1073	넌 걔 취미가 뭔지 알아?
339	1098	넌 걔가 한 입 갖고 두말할 거 같아?
273	0867	넌 그 머릿속에 무슨 생각이 들었냐?
044	0113	넌 나한테 진짜 잘해
078	0225	넌 날 열 받게 했어
120	0372	넌 날 진짜 열 받게 했어
082	0243	넌 내가 그렇게 쉽게 속아넘어갈 거라 생각했어?
089	0273	넌 내가 평생 만난 최고의 사람이야
120	0374	넌 너무 오지라퍼야
264	0823	넌 너무 이기적이야
274	0874	넌 원 애가 이렇게 철이 안 들었냐
266	0833	넌 원 헛소리야?
110	0325	넌 스스로에게 너무 엄격해
272	0863	넌 어째 이렇게 소중함을 모르냐!
176	0544	넌 왜 그렇게 계속 핸드폰만 뚫어지라 보고 있냐

페이지	번호	우리말
328	1045	넌 왜 그렇게 정색하고 있어?
333	1070	넌 왜 사전에 말도 안 해줘
325	1028	넌 왜 안 먹어?
272	0862	넌 왜 이렇게 늘 기분이 나빠?
270	0852	넌 왜 이렇게 허세를 부려?
273	0866	넌 왜 이제야 와?
154	0490	넌 이 문제에 대해서 너무 예민한 거 같아
359	1156	넌 이미 너무 완벽해
360	1165	넌 젊고 예쁘잖아
088	0270	널 위해서라면 다시 미친다 해도 기꺼이 할 거야
189	0597	널 응원할게
020	0045	널 지워버렸다고?
045	0116	널 지켜주고 싶어
359	1160	네 남편 키 크고 잘 생겼잖아
337	1090	네 맘속으로는 나를 똥멍충이라고 생각하고 있지?
057	0179	네 장점은 잘생긴 거야. 단점은 그 잘생김이 드러나지 않는 거야
292	0902	네 차례야
119	0368	네가 걔를 어떻게 알아?
298	0933	네가 늘 참을 수는 없지
088	0269	네가 뭘 하든 내가 응원할게(지지할게)
354	1132	네가 사과한 거 그녀에게 전해줄게
045	0118	네가 없으면 안 돼
056	0174	네가 이렇게 개입하는 거, 나 진짜 싫어
153	0485	네가 이렇게 이기적일 줄 몰랐다
087	0261	네가 있어서 다행이다
336	1085	네까짓 게 뭐라고 나한테 이렇게 제멋대로 상처 주는데?
183	0571	노답
357	1148	놀랐어? 그냥 장난친 거야. 맘에 담아두지 마!
366	1193	농담도 잘하시네요
116	0352	누가 그런 소리를 해
323	1019	누가 순진한 척한대?
320	1004	누가 알겠어?
335	1077	누가 이런 휴일에 일을 하고 싶겠어요?
209	0646	누가 저 좀 공항에 데려다 줘겠습니다
023	0056	누구 전화가 울리는 거야. 얼른 받아봐

INDEX

페이지	번호	우리말
336	1084	누구랑 사귀는 게 이렇게 힘든 일이야?
323	1016	누굴 가리키는 거야?
169	0507	눈 호강하네
260	0805	눈이 삐었어
114	0341	늦잠 잤어
172	0524	다 그냥 하는 소리들이지
050	0141	다 너 때문이야
117	0360	다 본인이 자초한 거야
350	1111	다 제 잘못입니다
348	1105	다 제 탓입니다
263	0819	다들 꿍꿍이속이야
125	0396	다들 여기 봐, 하나 둘 셋, 다시 한 번 더
118	0362	다들 좋아하셨으면 좋겠어요
025	0068	다른 것 필요하신 것 있으신가요?
357	1147	다른 뜻은 없었어. 너 들으라고 한 것 아니야
245	0779	다른 사람의 집에 가서 밥을 먹는다는 건 아무래도 좀 불편하죠
280	0898	다신 따라오지 마. 아니면 만날 때마다 패버릴 거야
107	0309	다신 밤 새지 마
141	0426	다신 변명하지 마세요
055	0169	다신 울고 싶지 않아. 나 울 만큼 울었어
084	0252	다음 주 내 생일인 거, 잊지 마세요
220	0698	다음 주로 더 미루시는 건 절대 안 됩니다
237	0738	다음주에 이미 친구랑 약속 있어
324	1024	다친 데 있어?
013	0006	당연한 걸요
297	0928	당장 안 사면 늦는다
147	0458	대범하게 '노'라고 말하는 것도 능력이야
207	0638	대신 축하 좀 해달래
114	0345	대안이 있어?
238	0744	대책을 바꾸자! 이건 소용이 없어
338	1091	대체 어떤 스타일의 여자친구를 찾고 싶은 거야?
276	0884	대화하기가 왜 이렇게 힘드냐
175	0537	댓글 창에 얼마든지 하소연해 주세요
108	0312	더 분발하세요
250	0799	더 사지 마. 이렇게 많이 사면 우리 언제 다 먹어

페이지	번호	우리말
265	0827	더럽히지 마
111	0329	더욱 열심히 해서 좋은 성적을 얻겠습니다
231	0706	도와주실 게 없네요
328	1042	도와줄 사람 필요하지 않아?
019	0038	도와줘서 고마워
018	0034	도움 주셔서 감사하기 그지없습니다
022	0051	도착하면 전화하는 거 기억하고!
328	1043	돈 자랑하러 왔어?
308	0983	돌아가. 여기서 시간 낭비하지 말고
247	0787	됐어. 몇 번을 말해도 결국 그 얘기 이제 그만해
234	0724	됐어. 내가 직접 연락할게
055	0167	됐어. 말로 내가 널 어떻게 당해
024	0062	두 분 이쪽으로 모시겠습니다
080	0235	두 분은 정말 복이 많으시네요
264	0824	두고봐라
082	0245	둘이 또 고부간의 갈등이야
109	0319	둘이 엄청 경쟁하잖아
138	0415	드디어 바쁜 거 끝났다
061	0200	드디어 헤어진 거네. 그 남자 너무 못 미더웠어
178	0551	딱 보니 또 남친이랑 전화통 붙들고 앉았구먼
083	0249	딸아이 부탁을 받고 왔습니다
076	0213	똑같은 말 계속하지 마 / 뭉그적거리지 좀 마
268	0844	똥멍충이냐
091	0285	뜨거워 조심해. 천천히 먹어
292	0903	릴랙스~
018	0032	마음만 받겠습니다
154	0487	마음에 비수가 꽂힌 것 같아
275	0879	마음을 치유해 준다는 얘기들은 다 개소리야
308	0982	마음이 깊다면 원샷이고요. 마음이 얕다면 입만 대세요
182	0566	마장 드라마
012	0001	만나서 반가워요
150	0469	만나서 반갑습니다. 오늘부터 함께 일하게 되었습니다
086	0259	만약 네가 기어코 나 가지 말라고 한다면 안 갈게
057	0177	만약 네가 날 때려서 화가 풀린다면 때려
357	1149	만약 방금 한 말이, 불편하게 했다면, 정말 미안해요

ㄹ
ㅁ

INDEX

페이지	번호	우리말
292	0905	많이 먹어
112	0334	말 꺼내지 마
084	0251	말 꼭 이렇게 비아냥거릴 필요 없잖아?
261	0807	말 끼어들지 마
061	0196	말 빙빙 돌린 게 이 얘기 하려고 그런 거었어?
266	0831	말 조심 좀 해
050	0143	말 한번 잘했다
230	0703	말도 마라
176	0541	말도 안 돼. 통장에 돈이 이거밖에 안 남았다고!
363	1176	말솜씨가 유창하다 / 말주변이 좋다
114	0344	말실수한 거야
013	0008	말씀 많이 들었습니다
016	0022	말씀 많이 들었습니다
364	1185	말을 어쩜 이렇게 잘하니
274	0871	많이면 다인 줄 아나
219	0695	말하기 전에 세 번 생각하고 말해
116	0354	말한 거 꼭 지켜!
077	0218	말한 거는 꼭 지킨다
138	0412	말한 건 반드시 지킵니다
292	0904	말해 봐
051	0149	맘 약해지지 마
350	1115	맘에 담아두지 마
299	0940	맘에 들면 입어 보세요
051	0148	맘이 다 부서졌어
052	0155	맘이 좀 복잡하네
091	0281	맛없다고 싫어하면 안 돼
024	0063	맛있게 드세요
292	0901	맞춰 봐 (추측해 보라는 의미)
027	0079	매니저 있어요? 매니저랑 얘기할게요
019	0036	매번 나 도와줘서 고마워
049	0137	매일 예쁘지만, 오늘은 유달리 더 예쁘네
111	0327	매일 학교 끝나면 방에 들어앉아서 공부만 해요
278	0891	머리 좀 묶어. 풀어헤쳐 놓으니까 보기 흉하다
276	0882	머리에 똥만 찼냐?
173	0528	먹고 싶은 거 있으면 먹어

페이지	번호	우리말
014	0014	먼 길 조심히 가세요
304	0963	먼저 가, 나 곧 갈게
018	0033	먼저 감사드려야겠네요
020	0042	먼저 끊을게
295	0919	먼저 목 좀 축이세요
339	1096	먼저 뭘 좀 먹어서 배 좀 채울래?
016	0021	먼저 서로 인사부터 나누시죠
295	0917	먼저 실례 좀 하겠습니다
152	0480	먼저 실례하겠습니다. 즐거운 시간 되세요
354	1131	먼저 여러분께 죄송하단 말씀 드립니다
362	1172	멋지네 / 잘했네
075	0207	며느리
246	0783	며칠 동안 남자 친구랑 같이 못 있어 줘서 남친이랑 있기로 했어
092	0286	면이 너무 흐물거려서 씹는 맛이 없어
334	1075	명함 한 장 주실 수 있을까요?
024	0061	몇 분이신가요?
141	0429	모두 여러분 덕입니다
261	0810	모른 척하지 마라
326	1032	모양새가 웃기지 않았어?
093	0294	목 메어
358	1155	몸 전체가 근육이심
109	0317	몸에 좋은 약이 입에는 쓰다
120	0371	몸이 좀 안 좋아
188	0592	몹시 난감
230	0705	못 하겠어요 (일이 익숙하지 않아서 할 수 없음)
112	0333	못난이
115	0346	무슨 꿍꿍이야?
331	1057	무슨 바람이 불어서 왔대? / 어쩐 일이래?
329	1046	무슨 일 있어? 말해 봐
310	0993	무슨 일 있으면 나한테 먼저 얘기해, 내가 전화하라고 할게
300	0943	무슨 일 있으면 전화하고
022	0052	무슨 일 있음 언제든 전화해
333	1067	무슨 일 있지?
330	1051	무슨 일 하는 집안이세요?
323	1017	무슨 일이야?

페이지	번호	우리말
121	0377	무슨 일이야? 의기소침해져 가지고
218	0688	문 좀 꽉 닫아
309	0989	문제가 생겼으면 가서 해결해야지, 죽상을 하고 있으면 무슨 소용이야
242	0763	물건 가져가세요! 전 받지 않겠습니다
324	1025	물어볼 게 있어요
121	0380	뭐 가지고 놀아?
145	0447	뭐 도와드릴까요?
325	1030	뭐 도와드릴까요?
092	0288	뭐 먹고 싶으면, 그거 만들어 줄게
153	0484	뭐 이리 돈 욕심이 많아
232	0714	뭐가 그렇게 급하니
212	0663	뭐가 그리 바빠, 막 왔는데 일단 좀 쉬자
023	0057	뭐가 이렇게 많이 들어본 목소리지?
330	1055	뭐가 이렇게 미심쩍은 행동을 하는 거지?
119	0370	뭐가 이렇게 약해빠져서는
279	0894	뭐야 다 큰 사내 녀석이 이러쿵저러쿵 쓸데없는 소리나 지껄이고
055	0166	뭐야 이 콧소리는. 못 들어주겠네
123	0387	뭐야, 나랑 대놓고 싸우자는 거야?
265	0828	뭔 수작이야?
059	0189	뭔데, 이렇게 히죽거려
179	0556	뭘 좋아하고, 뭘 싫어하는지는 각자의 자유야
216	0682	미국 가면, 정크 푸드 많이 먹지 마. 너 더 뚱뚱해지면 안 돼
348	1101	미안합니다
356	1141	미안해, 감기 걸려서 목이 잠겼어
356	1143	미안해, 우리 엄마한테 고자질하지 않을 거지
236	0732	미안해요. 약속을 어길 수가 없어요
321	1006	믿어?
202	0611	믿어주세요
075	0208	바깥사돈
012	0003	바이바이
306	0973	밖에 추워. 차 안에 있어
156	0496	반드시 기대를 저버리지 않겠습니다
155	0494	반드시 열심히 하겠습니다
145	0450	밥을 안 먹으면 무슨 힘으로 일을 해
214	0674	방 보러 갈 거면, 같이 가게 나도 불러

페이지	번호	우리말
356	1145	방금 그 말 내가 한 거 아니야. 내가 사실을 말해줄게
352	1125	방금 그건 오해였던 거 같아요
353	1130	방금 꺼 진짜 고의가 아니었어
145	0446	방금 이 자료들 출력했습니다
352	1123	방금 전 말 취소할게
212	0664	방금 하신 말씀 다시 한번만 해주세요
353	1129	방금은 내가 진짜 참을 수가 없었어
268	0845	방정맞은 소리 좀 안 할 수 없어?
092	0289	배달시켜 먹지 마. 배달음식 몸에 안 좋아
145	0449	배부르게 먹었으니 힘내서 일해봅시당
260	0803	벌 줄 테다
151	0472	벌주 석 잔!
185	0579	변태 찌질이
018	0035	별것 아니에요. 제 감사함이라고 생각해주세요
230	0704	별로 안 좋은 거 같은데요
049	0136	보고 싶어. 네가 어디 있든, 네가 너무 보고 싶어
320	1003	보냈어?
137	0408	복사 좀
361	1170	본인이 얼마나 젊어 보이는지 모르시는구나
079	0228	부러울 게 뭐 있어
294	0911	부르면 달려갑니다
200	0604	부탁드려요
208	0641	부탁인데 다시는 찾아오지 마세요
200	0603	부탁한다
177	0550	비주얼 쩌네! 예쁜기만 한 게 아니라 도도해 보이기까지 해
137	0409	빠르면 빠를수록 좋아
200	0605	빨리 (그를) 부축해
311	0998	빨리 뭐 좀 먹자. 나 너무 배고파서 가슴이 등가죽에 달라붙었어
200	0602	빨리 일어나
220	0699	빨리 자기 방 좀 치워
029	0088	빨리 차 빼세요
146	0451	빨리 해, 사람들 기다리게 하지 말고
141	0428	빨리들 움직이자
043	0109	뽀뽀해줘
074	0203	사돈

INDEX

페이지	번호	우리말
075	0209	사돈댁 / 안사돈
144	0445	사람들 먹을 음식 좀 배달시켜줘
058	0185	사랑은 조급하게 해서 되는 게 아니야
085	0257	사랑이랑 결혼은 별개야!
075	0206	사위
364	1183	사진 잘 찍었다
302	0951	사진 찍을 때 입을 쭉 내밀면 날씬해 보여
264	0822	살기 싫구나?
200	0601	살려주세요
213	0669	삼촌 안녕하세요. 저희 얘기 좀 할 수 있을까요?
185	0578	상남자
187	0586	상실의 문화 / 좌절 문화
029	0087	상하이에서 경유합니다
170	0513	새로 산 가방 포스팅하기
148	0463	새로 오셨으니까 사람들에게 간단히 자기소개 해주세요
299	0939	새치기하지 말아 주실래요?
261	0808	생각도 마라
078	0224	생리 시작했어
017	0030	샤오린에게 하도 얘기를 들어서, 이미 잘 아는 사람인 거 같아요
017	0029	샤오진시죠. 그녀에게 말씀 많이 들었습니다
176	0543	샵에서 딱 보자마자 맘에 들었어
279	0895	서른 살이 뭐! 내가 젤 짜증나는 게 나이 가지고 차별하는 거야
156	0499	석 달의 기회를 줄게요. 잘 한번 해보세요
303	0958	설령 네가 옳은 일이라고 해도 너무 사람들을 몰아 붙이지 마
266	0832	성가시게 굴지 마
015	0017	성함이 어떻게 되시나요?
149	0468	세 번째 항목의 가격을 좀, 다시 협의해 볼 수 있겠습니까?
058	0181	세상에
108	0314	세상에! 이렇게 스릴 있다니
173	0526	셀카는 여자들의 취미야
293	0910	소리 좀 낮춰
300	0944	소원 빌고, 초를 불어
094	0297	속이 급 울렁거려
362	1171	손재주가 정말 좋다
184	0574	손하트 (손가락 하트)

페이지	번호	우리말
012	0005	수고하셨습니다
186	0584	수다쟁이 / 이간질하는 잘하는 여자
109	0320	수업 시간엔 집중해
172	0522	수준이 너무 구리군
214	0671	스피커 볼륨 너무 큰데, 줄여주실 수 있나요?
022	0053	스피커폰으로 틀어줘 내가 얘기할게
305	0969	시간 있으면 눈 좀 붙여
211	0660	시간을 좀 바꿀 수 있나요?
260	0802	시시해 / 재미없어
074	0204	시아버지
074	0205	시어머니
293	0906	시켜 먹자
091	0282	식감 좋다
232	0712	신경 써주셔서 감사합니다
088	0266	신혼 생활 달달하지
365	1186	실력이 엄청 빨리 늘었네
325	1027	실례를 무릅쓰고 여쭤보겠습니다
013	0010	실례했습니다
304	0965	실망하지 말고, 자신감을 가져
360	1161	실물이 사진보다 예쁘세요
058	0184	십중팔구 그렇지
153	0481	쓸데없는 걱정하지 마
306	0974	쓸데없는 생각 하지 말고, 얼른 쉬어
074	0202	아내
240	0755	아뇨, 오늘은 차를 끌고 왔어요. 다음에요
305	0967	아니면 걔한테 전화해 볼까?
301	0950	아니면 내가 전화해서 재촉해 볼게
296	0921	아니면 이렇게 하자
015	0019	아니에요. 과찬이십니다
217	0685	아래서 친구가 기다리고 있어서요, 저희 조금 빨리 진행해야 할 듯해요
048	0134	아마도 이게 우리가 케미가 좋다는 거겠지
112	0335	아무거나
031	0096	아무래도 네 차 타고 가야겠다
233	0719	아무래도 도와드릴 수가 없을 거 같네요
248	0791	아무리 급한 일이라도 교문 앞에 주차하시면 안 됩니다

◎

페이지	번호	우리말
238	0742	아빠 엄마 돈은 뒀다가 본인이 쓰세요
094	0296	아야, 나 손 베었어
182	0567	아이돌
187	0588	아이돌 굿즈
081	0236	아주 복에 겨워서 행복이 뭔지도 모르는구먼
138	0414	아직 퇴근 안 했어?
140	0425	아직은 좀 서툴러요
269	0849	아파! 네가 나 아프게 했어
338	1094	아휴 술냄새. 얼마나 마신 거야?
205	0626	악수 좀 해도 될까요?
014	0012	안 나간다~ (배웅 안 할게)
244	0773	안 돼, 너무 비싸. 난 살 수가 없어
246	0781	안 돼, 이건 전형적으로 윗사람이 아랫사람 괴롭히는 거잖아
237	0736	안 돼. 사람이 과한 욕심을 부리면 안 되는 거야
242	0765	안 돼 이번 일은 걔가 망쳐버린 거잖아
236	0733	안 돼요. 이번 것은 아무래도 제가 살게요
248	0789	안 될 것 같아요. 이미 저희 예산을 넘었어요
031	0099	안녕하십니까, 안전벨트 착용해주시기 바랍니다. 감사합니다
012	0004	안녕히 가세요, 조심히 가세요
042	0101	안아줘용~
322	1014	앉아도 되나요?
207	0636	앉아서 얘기 좀 잘해 보자
245	0780	앉으세요. 회사에서 내내 앉아있었더니, 서 있는 게 편해요
120	0375	알겠어, 승낙할게
355	1138	앞으로 다시는 너네 귀찮게 안 할게
110	0324	앞으로 선배 따라서 열심히 공부할게요
156	0497	앞으로 열심히 일하겠습니다
155	0495	앞으로 잘 부탁드립니다
274	0872	앞으로는 이런 농담 하지 마
117	0359	애처럼 굴지 마
054	0162	야, 지금 몇 시야?
092	0287	야식 안 먹어. 나 다이어트 중이야
304	0962	약 먹기 전에는 꼭 뭘 좀 먹어줘야 해
216	0681	약속해, 나처럼 굴지 않겠다고. 화내면 안 돼
218	0686	얌전히 있어

페이지	번호	우리말
184	0575	양다리 걸치다
348	1104	양해 부탁드립니다
211	0658	어디 살아요? 저 좀 데려다주실 수 있어요?
209	0649	어디가 쇼핑하기 좋은지, 생각 좀 해봐
330	1052	어디서 튀어나왔어? / 네가 거기서 왜 나와?
156	0500	어때, 오늘 면접 자신 있어?
027	0080	어떠신가요? 입에는 맞으시나요?
335	1080	어떤 남자 스타일 좋아하세요?
324	1021	어떻게 관리한 거야?
267	0838	어떻게 이럴 수가 있어
120	0373	어떻게 이렇게 말할 수 있어
266	0834	어떻게 이렇게 말할 수 있어?
175	0538	어떻게 제가 좋아하는 사람을 꼬실 수 있을까요?
250	0800	어렵게 입을 여신 걸텐데. 저는 진짜 안 될 듯합니다. 정말 죄송합니다
151	0471	어림없지
082	0244	어머님이 그때 가서 또 잔소리하시면 어떡해?
017	0027	어서 오세요, 어떤 물건 보시나요?
204	0621	어울리는지 봐줘
094	0299	어제 나 필름 끊겼어
357	1146	어제저녁에는 너무 화가 났는데, 자고 나니까 좀 괜찮아졌어
178	0552	어쨌든 아무것도 안 하는 것보다 산책이라도 가는 게 낫겠어
230	0702	억지 부리지 마
082	0241	언제 아이 가질 거니?
325	1029	언제 필요해?
331	1059	언제로 바꾸고 싶으신데요?
171	0519	얼굴로 먹고 사는 사람
309	0990	얼른 가. 여기서 나랑 시간 끌지 말고
300	0942	얼른 밥 먹을만한 데 찾아서 밥 먹어
218	0687	얼른 배상해
309	0986	얼른 수염 좀 깎아. 너 수염 기르는 거 안 어울려
294	0913	얼른 쉬어
079	0227	얼른 씻고 자
308	0981	얼른 자. 너 다크서클 생긴 거 봐
043	0106	얼마 안 해
329	1047	얼마나 눈치가 없는 거니?

INDEX

페이지	번호	우리말
182	0568	얼빠
015	0020	엄마 아빠는 잘 지내시고?
206	0634	엄마, 먼저 들어가서 좀 자요
331	1056	엄마, 왜 아직도 안 주무세요?
215	0677	엄마한테 전화 드려. 큰일 났어. 빨리!
219	0691	여기 밟지 마세요
141	0427	여기 본인 사원증이요
030	0095	여기 주차하시면 안 됩니다. 차 빼세요
244	0772	여기 학교 사람 아니잖아요. 못 들어갑니다
143	0436	여기가 본인 자리예요
305	0966	여기도 고쳐야 하지 않을까요?
142	0435	여기서 일하세요?
277	0887	여기에 채소 놓으면 금방 시들어
307	0977	여러분 일단 일하던 건 잠시 내려놓으시고요
079	0230	여보(남편), 나 출근한다
086	0260	여보(부인), 난 작은 방에서 잘게. 내일 일찍 나가야 하거든
185	0580	여성스런 남자
186	0582	여시 / 불여우 / 불륜녀
189	0594	역시 그럴 줄 알았어
174	0533	역시 내가 만든 게 제일 맛있어
364	1184	역시 네가 안목이 있구먼
364	1182	역시 이 선생님답네요
295	0916	연락하고 지내자
277	0888	연애하지 마! 남자는 좋은 놈 하나 없어
139	0418	열심히 일해, 파이팅
108	0313	열심히 할 거예요
145	0448	영문도 모른 채 파견 왔어
025	0066	예약하셨습니까?
188	0590	오글거리는 멘트
179	0557	오늘 내 생일이니까, 다들 취할 때까지 못 가. 맘껏 마셔!
361	1167	오늘 너무 예쁘게 꾸몄다
019	0037	오늘 너무 즐거웠어. 고마워
151	0475	오늘 다들 안 취하면 집에 못 가요
302	0954	오늘 맘껏 마셔, 내가 쏜다
081	0239	오늘 아내 친정 갔어요

이것만 중국어다!
중드 표현 1200

페이지	번호	우리말
017	0026	오늘 어땠어? 별일 없었어?
240	0754	오늘 저녁에 약속이 있는데, 깰 수가 없어요
310	0991	오늘 저녁은 제가 한턱 쏩니다. 다들 회식해요
276	0885	오늘은 나한테 꼭 사과해. 꼭
055	0170	오늘은 맘이 불편해서 잠을 잘 자지 못할 거 같아
249	0794	오늘은 안 되겠어요. 갑자기 약속 있었던 게 생각났어요
243	0769	오늘은 약속이 있어요. 다음에 제가 살게요
233	0718	오늘은 진짜 못 갈 거 같아
174	0534	오늘은 축하할 만한 날이지
015	0016	오래 기다리셨습니다
171	0517	오랜 친구들과의 모임
013	0009	오랜만이에요
310	0994	오랜만인데, 같이 점심이나 먹으면서 회포 좀 풀어볼까
231	0710	올 필요 없어
218	0690	옷 가져오는 거 잊지마
093	0295	와 편하다
188	0593	완전 짱짱맨
328	1044	왜 그런지 알고 싶어?
107	0307	왜 멍 때리고 있어?
263	0816	왜 모른 척해?
326	1031	왜 안 돼?
328	1041	왜 안 들어가고 있어?
061	0199	왜 여자는 남자처럼 그냥 즐기면 안 되는데?
335	1079	왜 자꾸 저한테 태클 거시는 건데요?
234	0722	왜 진작 말 안 했어
238	0741	왜인지 너한테 말 안 해줄 거야
152	0478	요즘 주량 좀 세졌나 보지, 나한테 대적하고
332	1061	요즘 회사에서 스트레스가 많아?
348	1103	용서해 주세요
351	1113	용서해 주시기 바랍니다
299	0937	우리 거기서 만나
087	0263	우리 결혼하자
045	0120	우리 너무 잘 어울려
307	0979	우리 다 상관없어요. 뭘 먹어도 괜찮아요
048	0133	우리 둘 너무 잘 맞는 것 같아

페이지	번호	우리말
119	0367	우리 둘은 죽이 아주 척척 맞는구먼
298	0935	우리 러브샷 해요
329	1048	우리 만난 적 있죠?
122	0383	우리 사이에 웬 예의를 차리실까?
306	0972	우리 셀카 찍자. 중간에 이거 눌러
331	1060	우리 약속한 거 아니었어?
300	0941	우리 어디 가서 좀 앉을까?
210	0653	우리 어디 좀 앉을까?
303	0957	우리 이걸로 결정하자, 응?
351	1116	우리 이걸로 비긴 거다
140	0422	우리 좀 맞춰보자
306	0975	우리 집들이하자
123	0389	우리 평생 사이좋게 지내자 / 우리 평생 좋은 친구하자
083	0246	우리 할 말 있으면 (집에) 가서 하자, 응?
148	0461	우리 힘께 XX 회사를 위해 노력합시다
052	0151	우리 화해하자
144	0442	우리 회사의 능력자야
080	0231	우리가 우선 아쉬운 대로 참자
089	0275	우리가 함께라면 넘지 못할 장애물은 없어
139	0419	우리는 그를 응원해
266	0835	우리를 볼 면목이 있나?
081	0238	우린 매달 320만원씩 대출 갚아야 해
052	0154	우린 안 될 것 같아 (가능성이 없다)
053	0156	우린 이미 끝났어
249	0795	우린 잘 안 맞는 거 같아, 그냥 친구로 지내자
088	0267	운명적인 만남
030	0094	운전 조심해. 속도 줄이고
123	0390	울지 마, 사람들이 비웃겠다
111	0330	원래 미국 유학 가려고 했는데 어쩌다 보니 중국에 와있네
280	0899	원래는 그의 의견을 들어볼까 했는데, 처음부터 끝까지 찬물만 끼얹더라
021	0049	위챗 보면 나한테 꼭 연락해
179	0558	위챗, 전화 같은 건 쉽게 오해를 살 수 있잖아
170	0512	위챗모멘트(SNS)에 올려야지
296	0925	유기농 식품으로 사자
326	1035	육식 아니면 채식?

페이지	번호	우리말
189	0595	은형빈곤인구
203	0618	음식 좀 데워주세요
021	0047	응, 그럼 만나서 얘기 해
060	0192	의도적으로 말 돌리지 마라
250	0798	이 가격은 이미 저희가 해드릴 수 있는 최선이에요
269	0850	이 결정은 너무 충동적이었어
272	0864	이 녀석아, 어째 위아래도 없어
311	0996	이 말은 절대 그에게 하지 마. 쉽게 오해 살 거 같아
057	0180	이 말이 너에게 상처를 준 건지는 모르겠다만, 난 꼭 말해야 했어
141	0430	이 문서는 드릴게요
324	1023	이 방법이 먹히려나?
244	0771	이 색깔은 내 나이대에는 안 어울리는 거 같아
275	0876	이 세상, 누구 말도 믿을 수가 없어
211	0657	이 수건 좀 가져다 세탁하라고 해줘
363	1179	이 아이는 정말 전도가 유망합니다
177	0547	이 앱 깔아. 엄청 유용해
119	0366	이 약 잘 들어
083	0250	이 이불 내 꺼야. 네가 다 깔고 있잖아
109	0318	이 일들은 내가 맡을게
140	0421	이 일은 나에게 맡겨
296	0923	이 일은 나에게 맡겨둬
332	1064	이 일은 어느 분께 여쭤봐야 하죠?
123	0386	이 일은 진짜 화나서 참을 수가 없어
172	0523	이 팀은 전부 꽃미남이군
270	0851	이 행동은 너무 무모했어
360	1164	이 헤어스타일 너무 좋아
144	0443	이거 교정 좀 봐줘요
268	0841	이거 성차별이야
330	1053	이건 날 너무 괴롭히는 거 아니냐?
200	0715	이건 내 능력 밖이에요
351	1118	이건 내가 부주의한 거야
234	0725	이건 원래 할 수 없었던 거야
077	0220	이건 주제랑 벗어난 말이잖아
238	0743	이건 프라이버시라 말해줄 수 없어
202	0612	이것 좀 봐줘

INDEX

페이지	번호	우리말
088	0268	이게 너희 청첩장이구나
044	0112	이게 바로 인연이라는 거야
150	0470	이게 좀 급하게 필요해. 월요일에 클라이언트가 문서 보겠대. 빨리 좀 해줘
054	0165	이게 할 농담이야?
269	0846	이게 헛소리가 아니냐?
190	0599	이겼닭. 오늘 저녁은 치킨이닭 (위너위너 치킨 디너)
079	0229	이따 설거지 좀 해줘
210	0651	이따 오면 나한테 소개 좀 해줘
241	0757	이따 택시 타고 가면 돼요
246	0784	이러면 사람 너무 귀찮게 하는 거잖아. 가기 미안해
276	0881	이러지 마, 진짜 제 명에 못 살겠어
271	0857	이러지 좀 않을 수 없어?
122	0382	이런 걸로 나한테 뇌물을 먹이시려는군
334	1071	이런 게 이렇게나 비싸요?
271	0860	이런 농담은 힘부로 하는 게 아냐
275	0880	이런 상황에서 농담이 나오나?
338	1092	이런 식으로 말하면 사람이 상처 받을 수 있다는 거 몰라?
013	0007	이런 우연이 있나
237	0739	이런 일은 내가 응원해줄 수가 없겠다
242	0761	이런 일은 대신해줄 수가 없는 거야
085	0256	이런 일은 사전에 나한테 물어봤어야지
335	1078	이렇게 심각하게 굴지 않으면 안 돼?
267	0836	이렇게 욕심 부리면 안 돼
278	0892	이렇게 중요한 물건을 어쩜 이렇게 아무렇게나 둘 수 있어
279	0897	이렇게 쫑알쫑알하면, 누가 네 말을 알아들어
140	0424	이렇게 패기가 없어서야
294	0912	이렇게 하시죠
270	0855	이렇게 흥 좀 깨지 않을 수 없냐
028	0082	이렇게나 막혀?
247	0788	이력서 봤는데요. 그녀의 전공은 저희와 아예 안 맞습니다
016	0023	이름이 뭐였더라?
044	0111	이리 와. 뽀뽀 좀 하게
136	0402	이리 와봐
212	0665	이메일로 파일 보냈으니 확인해 보세요
363	1178	이미 만족합니다

페이지	번호	우리말
147	0456	이미 밥때가 지났네. 배 안고파?
308	0984	이번 기회를 통해 가까워져 봐
234	0723	이번 일은 내가 개입할 수 없을 거 같아
149	0465	이번 제안서 가장 빠르면 언제까지 줄 수 있어?
248	0792	이번 주는 이미 스케줄이 다 짜여 있어요. 시간이 없을 거 같아요
148	0464	이번에 한국 오셨을 때 잘 챙겨드리지 못했네요. 죄송합니다
110	0323	이번에는 절대로 망치면 안돼
247	0786	이번주는 안 되고요. 다음주면 도와드릴 수 있을 듯 해요
327	1038	이상하지 않아?
367	1200	이야 로맨티스트인 줄 몰랐네 (남자에게 사용)
241	0758	이쪽은 괜찮아. 걱정하지 마
298	0934	인터넷에서 찾아봐
138	0413	인턴이세요?
299	0938	일 너무 그렇게 열심히 하려고 하지 마
212	0662	일 너무 무리해서 하지 마. 건강 챙겨
231	0708	일 얘기 안 할래
092	0290	일도 그렇게 힘든데, 저런 거 먹으면 무슨 영양가가 있겠냐
054	0164	일말의 희망도 없어 보인다
337	1086	일부러 그녀 트집 잡는 것 아닌가요?
278	0890	일어나지도 않을 일 머리 써서 생각해서 뭐 해?
076	0215	일장일단이 있지
081	0240	임신테스트기가 두 줄이야!
218	0689	입 다물어
090	0277	입대고 마시는 건 안 돼
186	0585	입덕하다
093	0291	입맛이 없어요
298	0932	자, 같이 한잔해
043	0108	자, 손가락 걸고 약속!
137	0410	자, 이제 본론으로 들어가 볼까
047	0128	자기야 나와 얼굴 좀 보자
208	0644	자료 좀 준비해 달라고 하세요
304	0961	자리 옮겨서 잘 얘기해 보자
211	0656	자리로 돌아가 주시겠어요?
294	0915	자신을 너무 탓하지 마
301	0947	자신을 잘 보살펴줘

INDEX

페이지	번호	우리말
149	0467	자자자, 다들 인사 합시다. 새로 온 직원이에요
076	0212	잔소리 그만해
332	1063	잘 안 들려요. 뭐라고 하셨어요?
239	0749	잘 안 맞네요. 저 오늘 야근해야 돼요
184	0577	잘생기고 카리스마 있는 남자
363	1177	잘하셨습니다
174	0532	잠도 안 오는데 나가서 바람이나 쐬자
027	0077	잠시만 기다리세요. 잔돈 거슬러 드릴게요
171	0520	장거리 연애는 너무 괴로워
075	0210	장모님
076	0211	장인어른
124	0391	쟤 딱 봐도 말썽쟁이일 거 같잖아
169	0508	쟤 연예인병 걸림
056	0175	쟤가 말투가 세서 그렇지, 정작 안 그래
116	0351	쟤는 너무 가시저이야
059	0187	쟤는 사람마다 다 좋아해
111	0328	쟤는 책 볼 때 완전 집중해서, 다른 사람이 말하는 것도 잘 못 들어
262	0815	쟤는 허세 부리는 거 너무 좋아해
203	0619	저 사진 좀 찍어주세요
269	0848	저 여자 너무 따지는 거 아니냐
029	0086	저 옆쪽에 세워주세요
136	0403	저 찾으셨나요?
275	0878	저기요, 남을 위해서 살아주는 거 아니거든요
336	1083	저기요, 식당이 몇 층에 있어요?
173	0530	저기요, 우리 위챗 추가해요
026	0074	저기요, 맥주 한 병 주세요
025	0070	저기요, 음식 올려주세요
206	0631	저녁 시간은 좀 빼줘
171	0516	저녁에 노래방 가자
232	0711	저녁에 일이 있어요
213	0666	저는 가서 일 보겠습니다. 일 있으면 부르세요
367	1199	저는 가식이 없는 솔직한 사람입니다
147	0457	저는 저번에 연락 드렸던 샤오진입니다
176	0542	저는 집에서 혼자 맥주 마시는 거 좋아해요
233	0716	저도 잘 몰라요

페이지	번호	우리말
245	0777	저도 회사 그만두고 싶지 않아요. 그렇지만 이건 어쩔 수 없는 상황이잖아요
239	0750	저랑 털끝만큼의 상관도 없거든요
273	0868	저런 성격에 친구 있기 힘들지
272	0865	저런 인간은 너무 교양이 없어
263	0818	저속(低俗)하기 짝이 없다 / 쌍스럽기 그지없다
209	0650	저희 회사는 당신에게 광고를 맡기고 싶습니다
248	0790	저희끼리 구경할게요. 같이 있어 주실 필요 없어요
365	1189	저희는 당신의 실력을 좋게 평가하고 있습니다
240	0751	저희는 정말 여윳돈이 얼마 없어요
030	0092	저희는 푸동공항으로 갑니다
112	0332	적당히 좀 해
059	0190	적어도 너희 둘이 사랑했단 뜻이잖아
170	0514	전부 개수작이구먼
171	0518	전부 내가 즐겨 먹는거야
106	0304	전부 맞혔어
020	0043	전화 좀 받을게요
112	0331	절교야!
144	0441	절대 꾀부리시면 안 됩니다
335	1076	절친 결혼하는데 축의금 얼마 내?
309	0988	젊은 사람이 지금 이럴 때 열심히 일해야지
106	0302	정답
363	1180	정말 대단하다
264	0821	정말 매너 없다
350	1112	정말 부끄럽습니다
043	0107	정말 오글거려 / 진짜 닭살이야
348	1102	정말 죄송합니다
265	0830	정말 짜증나는 인간이다
265	0829	정신 나갔어?
250	0797	제 맘 속에 우선순위도 아니었고, 심지어 3위 안에도 못 들어요
180	0560	제 미저 간가요로 끝났어요. 좋이히신지 모그겠네요
031	0098	제 차가 고장 나서. 그런데 저 좀 태워 주실 수 있을까요
293	0908	제가 (사진) 찍어 드릴게요
352	1122	제가 그녀를 대신해 사과하겠습니다
303	0959	제가 나가서 커피 한 잔 살게요
147	0459	제가 낙하산인 거 회사 전체가 다 아는데요 뭘~

부록
index

INDEX

페이지	번호	우리말
113	0340	제가 낯을 좀 가려요
297	0926	제가 내겠습니다
210	0652	제가 뭐 부탁 좀 해도 될까요?
174	0535	제가 사는 아파트는 동물을 못 키워요
237	0740	제가 생각할 때는 아직은 예의를 갖추는 게 좋을 거 같아요
154	0489	제가 이 일을 감당할 수 없을까 걱정입니다
236	0735	제가 이렇게 신세를 질 순 없죠
143	0438	제가 이미 다 정리했습니다
209	0648	제가 일이 좀 있어서 그러는데, 다음에 얘기하시죠
143	0437	제가 있잖아요, 제가 도와드릴게요
356	1142	제가 잘못했어요. 다시는 안 그럴게요
297	0929	제가 장담합니다
116	0353	제가 전달하겠습니다
355	1140	제가 정말 진심을 담아 사과의 말씀 전합니다
327	1037	제가 좀 조언을 구해도 될까요?
337	1087	제가 질문 하나 드려도 괜찮으실까요?
019	0040	제가 최대한 여러분께 보답하겠습니다
139	0420	제가 최선을 다해서 서포트하겠습니다
349	1107	제가 틀렸습니다
296	0924	제가 한 잔 올리겠습니다
241	0759	조금 알긴 하는데 전문적이진 않아요
026	0071	조금만 기다리시면 바로 됩니다
209	0647	조금만 마셔. 차 끌고 왔잖아
014	0015	조심해서 가 / 조심하세요
028	0081	조심히 가
016	0025	조심히 가세요. 다음에 또 오세요
106	0303	졸지 마
305	0968	좀 닦아. 입에 뭐 묻었어
204	0625	좀 도와주라. 응?
202	0613	좀 도와주세요
205	0627	좀 빌붙자. 날 거둬줘
012	0002	좀 이따가 만나
138	0411	좀 적겠습니다
271	0859	좀 착하게 굴 수 없어?
111	0326	좀 천천히 해도 돼. 다만 멈추지만 마

페이지	번호	우리말
271	0858	좀 편하게 할 수는 없는 거야?
153	0482	좀 힘드네요
210	0655	죄송한데 저 대신 그에게 전달 좀 해주실 수 있을까요?
203	0617	죄송한데 좀 지나가겠습니다
339	1097	죄송한데. 제가 실례되는 질문 하나만 드려도 될까요?
213	0670	죄송한데요, 제가 먼저 화장실 좀 써도 될까요?
349	1106	죄송합니다
352	1124	죄송합니다. 곧 됩니다
031	0100	죄송해요 너무 늦었죠. 러시아워 때라 차가 엄청 막히네요
216	0679	죄송해요, 제가 급한 일이 있어서요. 들어가게 문 좀 열어주세요
355	1139	죄송해요. 제가 커피를 따라야 했는데
240	0753	죄송해요. 저녁 약속 있어요
353	1127	죄송해요. 제가 사람 잘못 봤어요
357	1150	죄책감을 느끼고 있는 내가 뭐라고 입을 열어야 할지 모르겠지만, 잘못했단 말은 해야겠어
024	0064	주류 메뉴판 있나요?
206	0633	주말에 만나서 다시 얘기하자
177	0546	주말에 하고 싶은 거 있으면 하는 거지
026	0075	주문하신 술 입니다. 지금 열어드릴까요?
026	0072	주문하신 아메리카노 나왔습니다
026	0073	주문하신 요리가 다 나왔습니다
307	0978	죽 쑤어 개 주지 않게 조심해
262	0813	쥐뿔도 모르는 게
303	0956	지금 구매하시면 증정품도 있어요
175	0540	지금 삭제 중입니다. 잠시만 기다리세요
301	0948	지금 열어서 한번 봐봐
178	0554	지금 전화 거는 건 너무 무례할 거 같고 그냥 문자를 보내자
023	0058	지금은 전화기가 꺼져있어 연결이 되지 않습니다
232	0715	지금은 좀 그래요
142	0434	지나치게 겸손하십니다
354	1135	지난 번 일은 개념치 말아 줬으면 좋겠어요
181	0563	지름, 구매욕 상실 / 비추
231	0707	직접 하세요
267	0840	진심으로 트집 잡아 보겠다는 거야?
136	0405	진전이 없네요

페이지	번호	우리말
077	0216	진짜 궁상맞다
080	0234	진짜 그 여자 뺨을 후려갈겨 주고 싶네
350	1114	진짜 너무너무 죄송합니다
106	0301	진짜 능력있네
362	1173	진짜 똑똑하다
262	0814	진짜 못 참겠다
358	1153	진짜 예쁘게 생겼다
260	0804	진짜 파렴치하다
321	1009	진짜야?
329	1050	질문 하나 해도 돼요?
323	1018	질투 안 나니?
186	0583	질투가 심한 사람 / 질투쟁이 / 질투의 화신
050	0145	질투해?
262	0812	짜증 나 죽겠네
174	0531	찐~ 원샷!
168	0502	짱이네
113	0338	쪽팔려 죽겠네
182	0564	찌질남 / 나쁜 남자, 인간 쓰레기 같은 남자
030	0093	차 끌고 와? 여기 주차하기 힘들어
028	0085	차 좀 천천히 몰아줄래
087	0262	찰떡같이 사이가 좋아요
249	0793	참석할 수 없어서 너무 아쉽네요. 저 대신에 그가 갈 거예요
310	0992	책 많이 읽고, 신문 많이 보고, 간식 적게 먹고, 잠은 많이 자고
136	0401	최대한 빨리요 / 되도록 빨리요
137	0406	최선을 다하겠습니다
333	1068	최소한의 리스펙트는 어디 있는 거죠?
155	0492	축하드립니다. 합격하셨습니다
365	1188	취향이 점점 좋아지고 있는걸
121	0376	친구야. 의리 있다잉
189	0598	친구에게 팩폭당함
300	0945	커피 좀 따라 드릴게요
305	0970	커피숍 가서 뭐 좀 마시자
322	1015	켕기는 거 지?
151	0474	코가 삐뚤어질 때까지 마시자!
360	1163	키도 크고, 외모도 출중해

페이지	번호	우리말
043	0110	키스해도 돼?
187	0589	타인의 의견에 반대만 하는 사람들
190	0598	텔레파시가 통하다
114	0343	투표로 결정하자
025	0067	특별히 널 위해 주문했어
089	0271	팔은 원래 안으로 굽는 거야
263	0820	편식하지 마
333	1069	평소에 쇼핑 어디로 가세요?
173	0529	포만감도 있고 다이어트가 되고
113	0336	폼나지 / 멋지지
201	0610	프리스타일로 하자
093	0292	피 난다
110	0322	피곤해서 눈에 핏발 섰어
361	1168	피부가 진짜 부드럽고 매끈하다
183	0572	하우스 푸어 (평생 주택 대출금을 갚아야 하는 부동산의 노예)
296	0922	한 그릇 더 줄게
081	0237	한 달 월급 순삭
239	0746	한 시간? 무슨 장난하시나
220	0696	할 말 있으면 단도직입적으로 말해
146	0455	할 말은 다 한 것 같습니다
168	0504	할 수 있다! / I CAN DO IT!
188	0591	해외 유학파 엄친아
115	0347	행운이 있길! / 굿럭!
214	0672	허리를 삐끗했어요. 움직일 수가 없는데, 부축 좀 해주세요
261	0806	허풍 떨지 마라
168	0501	헐
260	0801	헛소리
027	0076	현금으로 하시나요 카드로 하시나요?
183	0569	현타 왔다 (무념무상의 상태)
201	0606	협조 좀 해주세요
332	1065	형제자매가 어떻게 되세요?
080	0232	혼수 준비는 마음대로 하세요
323	1020	화 안 나게 생겼어?
322	1011	화났어?
172	0525	화면 잠겼다. 잠시만

(ㅌ)

(ㅍ)

(ㅎ)

INDEX

페이지	번호	우리말
208	0643	화장실 좀 쓸 수 있을까요?
154	0488	회사 스트레스는 어딜 가나 있어
085	0258	회사가 출장 가라는데 나라고 별수 있나, 안 그래?
152	0477	회사에서 갑자기 무슨 회식?
142	0433	회사에서 쟤 해고하려고 한대
019	0039	회사에서 줄곧 잘 챙겨줘서 고마워요
365	1190	효율이 엄청 높네요. 눈 깜짝할 사이에 (끝내다니)!
077	0219	후회해? 너무 일찍 시집가서?
182	0565	훈남
046	0124	흥! 걔네가 보는 눈이 없네
184	0573	힘들엉~